Der Regulierungsrechtliche Rahmen für ein Offshore-Stromnetz in der Nordsee

Veröffentlichungen des Instituts für deutsches und europäisches Wirtschafts-, Wettbewerbs- und Regulierungsrecht der Freien Universität Berlin

Herausgegeben von Franz Jürgen Säcker

Band 42

PL ACADEMIC RESEARCH

Franz Jürgen Säcker / Carsten König / Lydia Scholz

Der regulierungsrechtliche Rahmen für ein Offshore-Stromnetz in der Nordsee

Rechtliche Hemmnisse und Vorschläge für deren Überwindung

PL ACADEMIC RESEARCH

Bibliografische Information der Deutschen Nationalbibliothek
Die Deutsche Nationalbibliothek verzeichnet diese Publikation in der Deutschen Nationalbibliografie; detaillierte bibliografische Daten sind im Internet über http://dnb.d-nb.de abrufbar.

Gedruckt auf alterungsbeständigem, säurefreiem Papier.

ISSN 1863-494X
ISBN 978-3-631-65147-6 (Print)
E-ISBN 978-3-653-04325-9 (E-Book)
DOI 10.3726/978-3-653-04325-9

PL Academic Research ist ein Imprint der Peter Lang GmbH.

Peter Lang – Frankfurt am Main · Bern · Bruxelles · New York · Oxford · Warszawa · Wien

Dieses Buch erscheint in einer Herausgeberreihe bei PL Academic Research und wurde vor Erscheinen peer reviewed.

www.peterlang.com

Vorwort

Die Europäische Union strebt eine sichere, nachhaltige und wettbewerbsfähige Energieversorgung an. Diese grundlegende energiepolitische Zielsetzung ist seit Inkrafttreten des Vertrags von Lissabon in Art. 194 Abs. 1 AEUV primärrechtlich verankert und wurde zuletzt u. a. in der „Energiestrategie 2020“ und im „Energiefahrplan 2050“ von der Europäischen Kommission aufgegriffen. Seit dem 1. Januar 2013 ist das Ziel eines einheitlichen EU-Marktes für Energie für die EU-Mitgliedstaaten verpflichtend. Das energiepolitische Zieldreieck aus Klimaschutz, Versorgungssicherheit und Wettbewerbsfähigkeit ist ein fester Bestandteil der europäischen Energiepolitik und für die Gesetzgebungsorgane der Union und der Mitgliedstaaten verbindlich. Eine gleichzeitige Verfolgung aller drei Ziele mit jeweils maximaler Intensität führt jedoch zu Inkonsistenzen. So machen erneuerbare Energien und Maßnahmen zur Steigerung der Energieeffizienz die europäische Energieversorgung zwar klimafreundlicher, gleichzeitig entstehen aber auch erhebliche Zusatzkosten, die insbesondere deutsche Unternehmen im globalen Wettbewerb benachteiligen, weil Deutschland der CO_2-Vermeidung durch den absoluten Vorrang des Einsatzes erneuerbarer Energien trotz höherer Kosten einen höheren Stellenwert beimisst als der Bezahlbarkeit von Energie. Der tiefgreifende Umbau der Energieversorgungssysteme birgt außerdem nicht unerhebliche Risiken für die Versorgungssicherheit.

Die gegenläufigen Ziele der europäischen Energiepolitik können stets nur im Rahmen von konkreten Projekten miteinander abgewogen und im Wege praktischer Konkordanz in Einklang gebracht werden. Ein besonders ambitioniertes, aber vielversprechendes Projekt, an dem sich dies veranschaulichen lässt, ist die Errichtung eines integrierten Offshore-Stromnetzes in der Nordsee. Ein solches „Nordseenetz“ bietet die Möglichkeit, aus Sicht des energiepolitischen Zieldreiecks eine „win-win-win“-Situation zu verwirklichen. Ein integriertes, also weitgehend vermaschtes Offshore-Netz in der Nordsee würde gleichzeitig zu einer sicheren, nachhaltigen und wettbewerbsfähigen Energieversorgung beitragen. Es würde den Austausch von Strom zwischen den Nordseeanrainerstaaten erleichtern und damit die Versorgungssicherheit erhöhen. Außerdem würde es den Ausbau einer nachhaltigen Energieversorgung fördern, da es die Möglichkeit bietet, die geplanten Offshore-Windparks in der Nordsee effizient an die Netze an Land anzuschließen. Auch die Wettbewerbsfähigkeit der europäischen Energieversorgung würde durch ein solches Netz erhöht, da es den grenzüberschreitenden Stromhandel vereinfachen, Kosten einsparen und damit zur Verwirklichung des Elektrizitätsbinnenmarktes beitragen würde.

Die Verwirklichung eines integrierten Offshore-Stromnetzes ist jedoch nur in gemeinsamer Planung und Verantwortung der Nordseeanrainerstaaten möglich und kann nur gelingen, wenn die unterschiedlichen Ansätze, die derzeit in den Nordseeanrainerstaaten hinsichtlich der Errichtung von grenzüberschreitenden Verbindungsleitungen und der Netzanbindung von Offshore-Windparks verfolgt werden, in den nächsten Jahren schrittweise harmonisiert werden. Eine integrierte Netzinfrastruktur in der Nordsee kann angesichts der komplizierten technischen und regulatorischen Probleme, die dabei zu lösen sind, nicht von einem Tag auf den anderen entstehen, sondern – den notwendigen politischen Willen vorausgesetzt – nur nach und nach aus einer Annäherung der bestehenden nationalen Konzepte und Strukturen erwachsen. Die technischen, ökonomischen und rechtlichen Herausforderungen, die mit der Errichtung eines Offshore-Stromnetzes in der Nordsee verbunden sind, sind gewaltig, aber lösbar, wovon sich die Verfasser in Workshops und Diskussionsrunden mit Experten der Regulierungsbehörden der wichtigsten Nordseeanrainerstaaten überzeugt haben. Der vorliegende Band soll einen Beitrag dazu leisten, die regulierungsrechtlichen Fragestellungen, die sich im Zusammenhang mit der Errichtung und dem Betrieb des Nordseenetzes stellen, näher zu beleuchten. In ihm wird insbesondere der Frage nachgegangen, ob die geltenden europäischen und nationalen Rechtsnormen für die Errichtung und den Betrieb von Energieinfrastruktur auch auf ein integriertes Netz in der Nordsee passen oder ob und ggf. inwieweit sich aus ihnen rechtliche Hemmnisse ergeben können, die beseitigt werden müssen. Es liegt auf der Hand, dass ein integriertes Offshore-Stromnetz in der Nordsee einen wirksamen Beitrag zu einer sicheren, nachhaltigen und wettbewerbsfähigen Energieversorgung in Europa nur leisten kann, wenn die Nordseeanrainerstaaten in engster Abstimmung miteinander an seiner Verwirklichung arbeiten.

Berlin, im Januar 2014

Franz Jürgen Säcker
Carsten König
Lydia Scholz

Inhaltsverzeichnis

Abkürzungsverzeichnis

a. a. O.	am angegebenen Ort
a. A.	anderer Ansicht
ABl. EG	Amtsblatt der Europäischen Gemeinschaft
ABl. EU	Amtsblatt der Europäischen Union
Abs.	Absatz
ACER	Agency for the Cooperation of Energy Regulators (Agentur für die Zusammenarbeit der Energieregulierungsbehörden)
ACER-VO	Verordnung (EG) Nr. 713/2009 des Europäischen Parlaments und des Rates vom 13.7.2009 zur Gründung einer Agentur für die Zusammenarbeit der Energieregulierungsbehörden (ABl. EG L 211/1)
AEUV	Vertrag über die Arbeitsweise der Europäischen Union
Anl.	Anlage
ARegV	Anreizregulierungsverordnung vom 29. Oktober 2007 (BGBl. I S. 2529), zuletzt geändert durch Artikel 4 der Verordnung vom 14. August 2013 (BGBl. I S. 3250)
Art.	Artikel, Article
Aufl.	Auflage
AusglMechV	Ausgleichsmechanismusverordnung vom 17. Juli 2009 (BGBl. I S. 2101), zuletzt geändert durch Artikel 2 des Gesetzes vom 17. August 2012 (BGBl. I S. 1754)
AWZ	Ausschließliche Wirtschaftszone
BfN	Bundesamt für Naturschutz
BGB	Bürgerliches Gesetzbuch in der Fassung der Bekanntmachung vom 2. Januar 2002 (BGBl. I S. 42, 2909; 2003 I S. 738), das durch Artikel 4 Absatz 5 des Gesetzes vom 1. Oktober 2013 (BGBl. I S. 3719) geändert worden ist

BGBl.	Bundesgesetzblatt
BET	Büro für Energiewirtschaft und technische Planung GmbH
BK	Beschlusskammer
BNetzA	Bundesnetzagentur für Elektrizität, Gas, Telekommunikation, Post und Eisenbahnen
BSH	Bundesamt für Seeschifffahrt und Hydrographie
BT	Bundestag
BT-Drs.	Drucksache des Deutschen Bundestages
B.V.	Besloten Vennootschap met beperkte aansprakelijkheid (Gesellschaft mit beschränkter Haftung nach niederländischem Recht)
bzw.	beziehungsweise
ca.	circa
CACM-Rahmenleitlinie	Framework Guidelines on Capacity Allocation and Congestion Management for Electricity, FG-2011-E-002, 29. Juli 2011 (Rahmenleitlinie über die Kapazitätsvergabe und das Engpassmanagement)
CAPEX	Capital Expenditure (Investitionsausgaben)
CCS	Carbon Capture and Storage (Kohlendioxidabscheidung und -speicherung)
CDU	Christlich Demokratische Union Deutschlands
cf.	confer
CREG	Commission de Régulation de l'Electricité et du Gaz (Belgische Regulierungsbehörde)
CSU	Christlich-Soziale Union in Bayern e.V.
d.	des, der
DECC	Department of Energy and Climate Change (Ministerium im Vereinigten Königreich)
dena	Deutsche Energie-Agentur GmbH
ders.	derselbe
d.h.	das heißt
DKK	Dänische Kronen
EACI	European Agency for Competitiveness and Innovation (Europäische Agentur für Wettbewerbsfähigkeit und Innovation)
ECJ	European Court of Justice
EdF	Electricité de France
EEA	European Economic Area

EEG 2004	Erneuerbare-Energien-Gesetz vom 21. Juli 2004 (BGBl. I S. 1918)
EEG 2009	Erneuerbare-Energien-Gesetz vom 25. Oktober 2008 (BGBl. I S. 2074)
EEG	Erneuerbare-Energien-Gesetz vom 25. Oktober 2008 (BGBl. I S. 2074), zuletzt geändert durch Artikel 5 des Gesetzes vom 20. Dezember 2012 (BGBl. I S. 2730)
EEPR	European Energy Programme for Recovery (Europäisches Energieprogramm zur Konjunkturbelebung)
EE-RL	Richtlinie 2009/28/EG des Europäischen Parlaments und des Rates vom 23.4.2009 zur Förderung der Nutzung von Energie aus erneuerbaren Quellen und zur Änderung und anschließenden Aufhebung der Richtlinien 2001/77/EG und 2003/30/EG, ABl. EU vom 5.6.2009 Nr. L 140/16
e. g.	exempli gratia
EG	Europäische Gemeinschaft
EGBGB	Einführungsgesetz zum Bürgerlichen Gesetzbuche in der Fassung der Bekanntmachung vom 21. September 1994 (BGBl. I S. 2494; 1997 I S. 1061), zuletzt geändert durch Artikel 4 Absatz 4 des Gesetzes vom 1. Oktober 2013 (BGBl. I S. 3719)
Elektriciteits- wet 1998	Wet van 2 juli 1998, houdende regels met betrekking tot de productie, het transport en de levering van elektriciteit (Energiewirtschaftsgesetz der Niederlande)
Electricity Act 1989	Electricity Act 1989 Chapter 29 v. 27. Juli 1989 (Elektrizitätsgesetz für Großbritannien)
EltRL	Richtlinie 2009/72/EG des Europäischen Parlaments und des Rates vom 13.7.2009 über gemeinsame Vorschriften für den Elektrizitätsbinnenmarkt und zur Aufhebung der Richtlinie 2003/54/EG, ABl. EU vom 14.8.2009 Nr. L 211/55
endg.	endgültig
Energy Act 2004	Energy Act 2004 Chapter 20 v. 22. Juli 2004 (Energiewirtschaftsgesetz für Großbritannien)
Energy Act 2008	Energy Act 2008 Chapter 32 v. 26. November 2008 (Energiewirtschaftsgesetz für Großbritannien)

Energy Act 2010	Energy Act 2010 Chapter 27 v. 8. April 2010 (Energiewirtschaftsgesetz für Großbritannien)
Ent.	Entscheidung
ENTSO-E	European Network of Transmission System Operators for Electricity (Verband Europäischer Übertragungsnetzbetreiber)
EnWG	Energiewirtschaftsgesetz vom 7. Juli 2005 (BGBl. I S. 1970, 3621), das durch Artikel 3 Absatz 4 des Gesetzes vom 4. Oktober 2013 (BGBl. I S. 3746) geändert worden ist
EnWZ	Zeitschrift für das gesamte Recht der Energiewirtschaft (Zeitschrift)
ERA 1999	Electricity Regulation Act 1999 (Energiewirtschaftsgesetz der Republik Irland)
ET	Energiewirtschaftliche Tagesfragen (Zeitschrift)
etc.	et cetera (und so weiter)
EU	Europäische Union
EuGH	Der Gerichtshof der Europäischen Union
EUR	Euro
EuZW	Europäische Zeitschrift für Wirtschaftsrecht (Zeitschrift)
EWEA	European Wind Energy Association (Europäischer Windenergieverband)
EWR	Europäischer Wirtschaftsraum
EWR-Abkommen	Völkerrechtliches Abkommen über den Europäischen Wirtschaftsraum (ABl. EG Nr. L 1/1 vom 3.1.1995)
FAZ	Frankfurter Allgemeine Zeitung
f., ff.	folgend(e)
Fn.	Fußnote
FTO 2012	The Feed-in Tariffs (Specified Maximum Capacity and Functions) Order 2012, No. 2782 (Einspeisesystem in Großbritannien)
GBP	Great British Pound
gem.	gemäß
ggf.	gegebenenfalls
GmbH	Gesellschaft mit beschränkter Haftung
GW	Gigawatt
Herv.	Hervorhebung

HGÜ	Hochspannungs-Gleichstrom-Übertragung
Hrsg., hrsg.	Herausgeber; herausgegeben
HVDC	High-voltage direct current
i. d. F.	in der Fassung
i. e.	id est
IEO	Instytut Energetyki Odnawialnej (Institut für Erneuerbare Energien in Polen)
IGH	Internationaler Gerichtshof
i. S. d.	im Sinne des, im Sinne der
i. V. m.	in Verbindung mit
Kap.	Kapitel
KOM	Europäische Kommission
km	Kilometer
kV	Kilovolt (Spannungseinheit)
kWh	Kilowattstunde
KWKG	Gesetz für die Erhaltung, die Modernisierung und den Ausbau der Kraft-Wärme-Kopplung (Kraft-Wärme-Kopplungsgesetz) vom 19. März 2002 (BGBl. I S. 1092), zuletzt geändert durch Artikel 4 Absatz 77 des Gesetzes vom 7. August 2013 (BGBl. I S. 3154)
LC	Licence conditions (Lizenzbedingungen)
lit.	Litera
Lovbekg	Bekendtgørelse af lov om elforsyning (Dänisches Energiewirtschaftsgesetz)
Ltd.	Limited
max.	maximal
Mio.	Millionen
Mrd.	Milliarden
m. w. N.	mit weiteren Nachweisen
MW	Megawatt
MWh	Megawattstunde
NFPA	Non-Fossil Purchasing Agency (Agentur in Großbritannien)
No.	number (Nummer)
N&R	Netzwirtschaften und Recht (Zeitschrift)
NuR	Natur und Recht (Zeitschrift)
Nr.	Nummer
NSCOGI	North Seas Countries Offshore Grid Initiative

NTUA	Nationale Technische Universität Athen
Ofcom	The Office of Communications (Regulierungsbehörde für Telekommunikation im Vereinigten Königreich)
Ofgem	The Office of Gas and Electricity Markets (Regulierungsbehörde für Gas und Strom im Vereinigten Königreich)
OFTO	Offshore Transmission Owner (Eigentümer einer Offshore-Übertragungsleitung im Vereinigten Königreich)
OPEX	Operational Expenditure (Kosten für den Geschäftsbetrieb)
PCI	Project of Common Interest (Vorhaben von Gemeinsamem Interesse)
PCIJ	Permanent Court of International Justice (Ständiger Internationaler Gerichtshof)
RdE	Recht der Energiewirtschaft (Zeitschrift)
REFIT	Renewable Energy Feed-in Tariff (System zur Förderung von erneuerbaren Energien in Irland)
RES	Renewable Energy Sources (erneuerbare Energiequellen)
RIIO	Revenue=Incentives+Innovation+Outputs (Regulierungsmodell im britischen Energierecht)
RL	Richtlinie
RNotZ	Rheinische Notar-Zeitschrift
RO	Renewables Obligation (Erneuerbare Energien-Quote)
ROC	Renewables Obligation Certificate (Erneuerbare Energien-Zertifikat)
ROO	Renewable Obligation Order 2009 for England and Wales (Verordnung über das englisch-walisische Quoten- und Zertifikate-Modell zum Ausbau erneuerbarer Energien)
ROO 2002–2007	Renewable Obligation Order 2002–2007 for England and Wales (Verordnung über das englisch-walisische Quoten- und Zertifikate-Modell zum Ausbau erneuerbarer Energien)
RTE	Réseau de Transport d'Electricité, S.A. (französischer Übertragungsnetzbetreiber)
s.	siehe
S.	Seite
Sec.	Section (Paragraph)

SDE+	Besluit van 16 oktober 2007, houdende regels inzake de verstrekking van subsidies ten behoeve van de productie van hernieuwbare elektriciteit, hernieuwbaar gas en elektriciteit opgewekt door middel van warmtekrachtkoppeling, Besluit stimulering duurzame energieproductie (Erneuerbare-Energien Erlass der Niederlande
SINTEF	Norwegisches Institut für Energieforschung
Slg.	Amtliche Sammlung der Entscheidungen des Europäischen Gerichtshofes
s.o.	siehe oben
sog.	sogenannte, sogenannter
SPD	Sozialdemokratische Partei Deutschlands
SRÜ	Seerechtsübereinkommen der Vereinten Nationen v. 10.12.1982, in Kraft getreten am 16.11.1994 (United Nations Convention on the Law of the Sea, UNCLOS)
StromHVO 2003	Verordnung 1228/2003 des Europäischen Parlaments und des Rates vom 13.7.2009 über die Netzzugangsbedingungen für den grenzüberschreitenden Stromhandel (ABl. 2003 L 176/1)
StromHVO	Verordnung 714/2009 des Europäischen Parlaments und des Rates vom 13.7.2009 über die Netzzugangsbedingungen für den grenzüberschreitenden Stromhandel und zur Aufhebung der Verordnung (EG) Nr. 1228/2003 (ABl. 2009 L 211/15)
StromNEV	Stromnetzentgeltverordnung vom 25. Juli 2005 (BGBl. I S. 2225), zuletzt geändert durch Artikel 1 u. 2 der Verordnung vom 14. August 2013 (BGBl. I S. 3250)
StIGH	Ständiger Internationaler Gerichtshof (bis 1946)
TSO	Transmission system operator (Übertragungsnetzbetreiber)
TWh	Terawattstunde
TYNDP	Ten-Year Network Development Plan (zehnjähriger Netzentwicklungsplan der ENTSO-E)
u.a.	unter anderem
Uabs.	Unterabsatz
UK	United Kingdom (Vereinigtes Königreich)
ÜNB	Übertragungsnetzbetreiber

Urt.	Urteil
usw.	und so weiter
Utilities Act 2000	Utilities Act 2000 Chapter 27 v. 28. Juli 2000 (Energiewirtschaftsgesetz für Großbritannien)
u. U.	unter Umständen
v.	vom, von
VE-Lov	Lov om fremme af vedvarende energi (Dänisches Gesetz zur Förderung erneuerbarer Energien)
Verf.	Verfasser, Verfassers
VersR	Versicherungsrecht (Zeitschrift)
VG	Verwaltungsgericht
vgl.	vergleiche
VO	Verordnung
vs.	versus
z. B.	zum Beispiel
ZfBR (Zeitschrift)	Zeitschrift für deutsches und internationales Bau- und Vergaberecht
ZG (Zeitschrift)	Zeitschrift für Gesetzgebung
Ziff.	Ziffer
z. T.	zum Teil

A. Einleitung

Die Europäische Union hat sich das Ziel gesetzt, den Anteil der erneuerbaren Energien am Gesamtenergieverbrauch bis zum Jahr 2020 auf mindestens 20 Prozent zu steigern.[1] Dieses Ziel kann nur erreicht werden, wenn der Anteil der erneuerbaren Energien am Stromverbrauch in demselben Zeitraum auf über 30 Prozent erhöht wird; zuletzt ist die Europäische Kommission sogar von einer Steigerung auf 37 Prozent ausgegangen.[2] Die Offshore-Windenergie nimmt dabei in den Planungen der Kommission und der Mitgliedstaaten einen hohen Stellenwert ein. So soll z. B. in Deutschland die installierte Offshore-Windenergieleistung bis zum Jahr 2030 auf 15 GW erhöht werden.[3] Für Großbritannien ist der Ausbau der Windenergie eines der Hauptinstrumente, um bis zum Jahr 2020 einen Anteil der erneuerbaren Energien am Gesamtenergieverbrauch in Höhe von 15 Prozent zu erreichen. Die installierte Offshore-Windenergieleistung soll deshalb bis dahin auf 16 GW und bis zum Jahr 2030 auf 39 GW gesteigert werden.[4] Europaweit könnte die installierte Offshore-Leistung bis zum Jahr 2030 auf 150 GW steigen.[5] Die meisten Anlagen sollen in der Nordsee errichtet werden, die sich wegen hoher Windgeschwindigkeiten[6], einer geringen durchschnittlichen Tiefe von nur 94 Metern und vergleichsweise flachen Küsten gut für die Stromerzeugung mit Offshore-Windenergieanlagen eignet.

---

1 Vgl. Art. 3 Abs. 1 EE-RL; Europäischer Rat, Schlussfolgerungen des Vorsitzes zur Tagung am 8./9.3.2007, 7224/1/7, Anl. 1, Rn. 7.

2 Europäische Kommission, Erneuerbare Energien: Fortschritte auf dem Weg zum Ziel für 2020, Mitteilung v. 31.1.2011, S. 6.

3 CDU/CSU/SPD, Deutschlands Zukunft gestalten, Koalitionsvertrag für die 18. Legislaturperiode, 27.11.2013, S. 54; die Vorgängerkoalition hatte noch 25 GW angestrebt, Bundesregierung, Energiekonzept für eine umweltschonende, zuverlässige und bezahlbare Energieversorgung, 28.9.2010, S. 9.

4 DECC, UK Renewable Energy Roadmap, 2013 update, November 2013, S. 47.

5 EWEA, Pure Power – Wind energy targets for 2020 and 2030, Juli 2011, S. 37.

6 Fraunhofer Institut für Windenergie und Energiesystemtechnik (IWES), Windmonitor, abrufbar unter http://windmonitor.iwes.fraunhofer.de/windwebdad/www_reisi_page_new.show_page?lang=ger&owa=wind_condition_new.do_query%3Fp_lang=ger%26p_lov=2005%26p_parm=1 (Stand 27.12.2013).

Die Anbindung von Offshore-Windenergieanlagen an die Elektrizitätsversorgungsnetze an Land erfolgt bisher mit einzelnen Leitungen oder Sammelanbindungen, die mehrere Anschlussleitungen verbinden und gebündelt zum Festland führen. Ein Netz, also eine Vielzahl von miteinander verbundenen Leitungen, gibt es in der Nordsee bisher nicht. Die Anzahl der Leitungen, die als Unterseekabel in der Nordsee verlegt werden, wird aber mit dem Ausbau der Stromerzeugung aus Offshore-Windenergie in den nächsten Jahren stark ansteigen. In diesem Zusammenhang wird zunehmend über optimierte Anbindungslösungen diskutiert. So können etwa Querverbindungen zwischen an sich getrennten Anbindungsleitungen sinnvoll sein, um den Ausfall einzelner Leitungen besser kompensieren zu können.[7] Auch kann im Einzelfall die Möglichkeit bestehen, Offshore-Windparks gleichzeitig mit den Übertragungsnetzen an zwei gegenüberliegenden Küsten zu verbinden, um das Anbindungskabel zusätzlich für grenzüberschreitende Stromtransporte nutzen zu können.

Neben Anbindungsleitungen, die sich nur im Hoheitsgebiet eines einzelnen Staates befinden, gibt es in der Nordsee außerdem sog. Interkonnektoren, die sich dadurch auszeichnen, dass sie zwei Übertragungsnetze in unterschiedlichen Staaten miteinander verbinden, mithin transnational sind.[8] Bisher existieren in der Nordsee die Unterseekabel „NorNed“ zwischen Norwegen und den Niederlanden und „BritNed“ zwischen Großbritannien und den Niederlanden. Weitere Unterseekabel sind zwischen Deutschland und Norwegen („NorGer“, „NORD. LINK“), Großbritannien und Belgien („Nemo“) sowie Dänemark und den Niederlanden („Cobra Cable“)[9] geplant. Interkonnektoren ermöglichen die Durchführung grenzüberschreitender Stromlieferungen und damit den Abschluss grenzüberschreitender Stromhandelsgeschäfte. Diese wiederum führen zu einer Angleichung der Großhandelspreise auf den gegenwärtig überwiegend noch national abzugrenzenden Strommärkten.[10] Mit dem Ausbau der Interkonnektoren kommt es somit zu einer immer stärkeren Verflechtung der nationalen Märkte. Ziel ist die Verwirklichung des europäischen Elektrizitätsbinnenmarktes (vgl. Art. 194 Abs. 1 AEUV), von dem sich die Europäische Kommission und die Mitgliedstaaten niedrigere Großhandelspreise für Strom und ein höheres Niveau der Versorgungssicherheit versprechen.

---

7 Ausführlich BET, Technische Optionen zur Verbindung von Offshore-HGÜ-Kopfstationen und deren wirtschaftliche Implikation, Kurzgutachten, 30.3.2012.

8 Ofgem, Electricity interconnector policy, 26.1.2010, S. 4.

9 Dazu ausführlicher unten, S. 13 f.

10 Vgl. hierzu *König*, Engpassmanagement in der deutschen und europäischen Elektrizitätsversorgung, 2013, S. 79 ff., 335 ff.

Der geplante Ausbau von Anbindungsleitungen und Interkonnektoren wird zu einer Vervielfachung der Offshore-Netzinfrastruktur in der Nordsee führen. Um diesen Infrastrukturausbau möglichst effizient zu gestalten, müssen die Nordseeanrainerstaaten miteinander kooperieren. Im Dezember 2010 unterzeichneten die Energieminister Deutschlands, Großbritanniens, Frankreichs, Dänemarks, Schwedens, Norwegens, Irlands, der Niederlande, Belgiens und Luxemburgs sowie der europäische Energiekommissar ein Memorandum of Understanding zur Gründung einer intergouvernementalen Nordseenetzinitiative (*Northern Seas Countries Offshore Grid Initiative* – NSCOGI).[11] Die Initiative sieht sich selbst als Forum für Diskussionen und den Austausch von Informationen. Sie hat das Ziel, Hemmnisse für einen koordinierten Offshore-Netzausbau zu identifizieren und zu beseitigen. Bereits im November 2011 wurde die Schaffung eines integrierten Offshore-Netzes in der Nordsee auch von der Europäischen Kommission als eines von sechs strategisch priorisierten Infrastrukturprojekten in der EU identifiziert.[12]

Im Zusammenhang mit der Errichtung einer transnationalen Offshore-Netzinfrastruktur in der Nordsee stellen sich vielfältige regulatorische und regulierungsrechtliche Fragen. Die vorliegende Untersuchung geht diesen Fragen nach und prüft, ob rechtliche Hemmnisse für den angestrebten Ausbau der Offshore-Netzinfrastruktur in der Nordsee bestehen. Dies liegt bereits auf den ersten Blick nahe, da in der Nordsee die Regulierungsregime von neun[13] Staaten völkerrechtlich aufeinander treffen. Hinzu kommt als zehntes Regulierungsregime der supranationale Regulierungsrahmen, den die EU mit der dritten Elektrizitätsbinnenmarktrichtlinie (EltRL)[14] und der europäischen Stromhandelsverordnung (StromHVO)[15]

---

11 Zur geographischen Abgrenzung des „Nordsee-Netzes" unten, S. 21 f.

12 Europäische Kommission, Energieinfrastrukturpaket, 2011, ausführliche Informationen abrufbar unter http://ec.europa.eu/energy/infrastructure/strategy/2020_en.htm (Stand 27.12.2013); bestätigt durch Anhang 1 Nr. 1 der Verordnung 347/2013 des Europäischen Parlaments und des Rates vom 17.4.2013 zu Leitlinien für die transeuropäischen Energieinfrastruktur, ABl. 2013 L 115/39.

13 Auch wenn die NSCOGI von zehn Staaten getragen wird, so sind auf den Nordseeraum nur neun nationale Regulierungsregime anwendbar, da das luxemburgische wegen des fehlenden Zugangs zur Nordsee nicht zur Anwendung gelangt.

14 Richtlinie 2009/72/EG des Europäischen Parlaments und des Rates v. 13.7.2009 über gemeinsame Vorschriften für den Elektrizitätsbinnenmarkt und zur Aufhebung der Richtlinie 2003/54/EG, ABl. 2009 L 211/55.

15 Verordnung (EG) Nr. 714/2009 des Europäischen Parlaments und des Rates v. 13.7.2009 über die Netzzugangsbedingungen für den grenzüberschreitenden Stromhandel und zur Aufhebung der Verordnung (EG) Nr. 1228/2003, ABl. 2009 L 211/15.

vorgibt. Es liegt auf der Hand, dass aus den unterschiedlichen Regulierungsrahmen Anwendungskonflikte resultieren können. Bei näherer Betrachtung wirft die Umsetzung eines transnationalen Offshore-Netzes in der Nordsee zudem Fragen auf, die derzeit in den nationalen Energierechtsordnungen entweder gar nicht oder nur oberflächlich thematisiert werden, da sie sich bei Stromnetzen an Land schlicht nicht stellen.

Die aufzuwerfenden regulatorischen und regulierungsrechtlichen Fragen werden für alle Nordseeanrainerstaaten auf Grundlage der jeweils geltenden nationalen Gesetze sowie unter maßgeblicher Berücksichtigung des europäischen Rechtsrahmens beurteilt. Im Mittelpunkt der Untersuchung stehen „klassische" Regulierungsthemen, z. B. Fragen des Netzanschlusses und des Netzzugangs von Offshore-Windenergieanlagen. Es werden jedoch auch Schwierigkeiten angesprochen, die sich aus anderen rechtlichen Vorgaben, z. B. aus nationalen Vorschriften über die Förderung der Stromerzeugung aus erneuerbaren Energien ergeben. In der Nordsee treffen nämlich nicht nur zehn Regulierungsregime aufeinander, sondern auch neun nationale Förderregime, die unter dem Dach der Erneuerbare-Energien-Richtlinie (EE-RL)[16] mit verschiedenen Instrumenten die Stromerzeugung aus erneuerbaren Energien begünstigen und Anreize zum Ausbau der Offshore-Windenergie setzen.

16 Richtlinie 2009/28/EG des Europäischen Parlaments und des Rates vom 23.4.2009 zur Förderung der Nutzung von Energie aus erneuerbaren Quellen und zur Änderung und anschließenden Aufhebung der Richtlinien 2001/77/EG und 2003/30/EG, ABl. 2009 L 140/16.

B. Tatsächlicher Hintergrund

Im Zusammenhang mit der Errichtung und dem Betrieb einer transnationalen Offshore-Netzinfrastruktur in der Nordsee stellen sich vielfältige regulatorische und regulierungsrechtliche Fragen. Die vorliegende Untersuchung geht diesen Fragen nach und prüft, ob rechtliche Hemmnisse für den angestrebten Ausbau der Offshore-Netzinfrastruktur in der Nordsee bestehen. Da ein integriertes Offshore-Netz in der Nordsee bisher nicht existiert, ist zunächst der Gegenstand der Untersuchung zu konkretisieren. Im Folgenden wird deshalb dargestellt, welche technischen und ökonomischen Annahmen den nachfolgenden rechtlichen und rechtspolitischen Ausführungen zugrunde gelegt worden sind. Die Erforschung einer möglichen Errichtung eines Offshore-Netzes in der Nordsee befindet sich derzeit noch in einem frühen Stadium. Bisher gibt es nur wenige wissenschaftliche Veröffentlichungen, die sich mit der technischen Realisierbarkeit oder der ökonomischen Sinnhaftigkeit eines Offshore-Netzes in der Nordsee befassen. Eine Auseinandersetzung mit regulatorischen und regulierungsrechtlichen Fragen findet bisher, wenn überhaupt, lediglich in den Unternehmen und Unternehmensverbänden, insbesondere bei den Übertragungsnetzbetreibern (ÜNB), und in den Regulierungsbehörden statt. Hier liegt der Fokus bisher auf Pilotprojekten, mit denen Einzelprobleme der Regulierung eines Offshore-Netzes in einem überschaubaren Rahmen erprobt werden können.

I. Technische Studien

Die umfassendste veröffentlichte Untersuchung der technischen und ökonomischen Aspekte eines Offshore-Netzes in der Nordsee ist die Studie „Offshore Electricity Grid Infrastructure in Europe", die im Zeitraum von Mai 2009 bis Oktober 2011 von einem Konsortium unter Leitung des belgischen Beratungsunternehmens „3E" erstellt worden ist.[17] Die Studie wurde aus dem

17 3E/dena/EWEA/ForWind/IEO/NTUA/Senergy/SINTEF, Offshore Electricity Grid Infrastructure in Europe, Final Report, Oktober 2011.

„Intelligent Energy Europe"-Programm der Europäischen Agentur für Wettbewerbsfähigkeit und Innovation (EACI) gefördert und von der Europäischen Kommission unterstützt. Gegenstand der „3E-Studie" war die Erstellung einer Kosten-Nutzen-Analyse für ein mögliches Offshore-Netz in der Nordsee. Die Autoren der Studie kommen zunächst zu dem Ergebnis, dass Sammelanbindungen von Offshore-Windparks gegenüber Einzelanbindungen erhebliche wirtschaftliche Vorteile versprechen. Sammelanbindungen (sog. „*hubs*") führen die Anbindungsleitungen von mehreren Offshore-Windparks zusammen. Der Strom wird dann anstatt mit mehreren kleinen Leitungen mit einer großen Leitung zum nächstgelegenen Elektrizitätsversorgungsnetz an Land transportiert. Die Autoren der 3E-Studie haben 321 Windparkprojekte untersucht und ermittelt, dass bei diesen Projekten durch Sammelanbindungen insgesamt Kosten in Höhe von 14 Mrd. EUR bis zum Jahr 2030 eingespart werden können.[18]

Auf Grundlage dieser Berechnung werden in der Studie unterschiedliche „Vernetzungsoptionen" definiert, mit denen Querverbindungen zwischen Anbindungsleitungen, zwischen Interkonnektoren oder zwischen Anbindungsleitungen und Interkonnektoren geschaffen werden können.[19] Zu diesen Vernetzungsoptionen zählen insbesondere (s. Abb. 1):

- T-förmige Verbindungen („*tee-in connections*"), mit denen Offshore-Windparks an bestehende Interkonnektoren oder Anbindungsleitungen angeschlossen werden;
- Geteilte Verbindungen („*split connections*"), mit denen Offshore-Windparks über zwei verschiedene Anbindungsleitungen an die Übertragungsnetze an zwei Küsten angeschlossen werden;
- Hub-to-Hub-Interkonnektoren („*hub-to-hub interconnections*"), d.h. Interkonnektoren, mit denen zwei Anbindungsleitungen miteinander verbunden werden;
- Vermaschte, also miteinander verbundene Interkonnektoren („*meshed interconnections*").

Die genannten Vernetzungsoptionen sind in der Praxis gegenwärtig noch nicht anzutreffen. Sie sind auch nicht mit Vernetzungsoptionen, die sich bei der Errichtung

18 Ebenda, S. 8.
19 Ebenda, S. 10 ff., 35 ff.

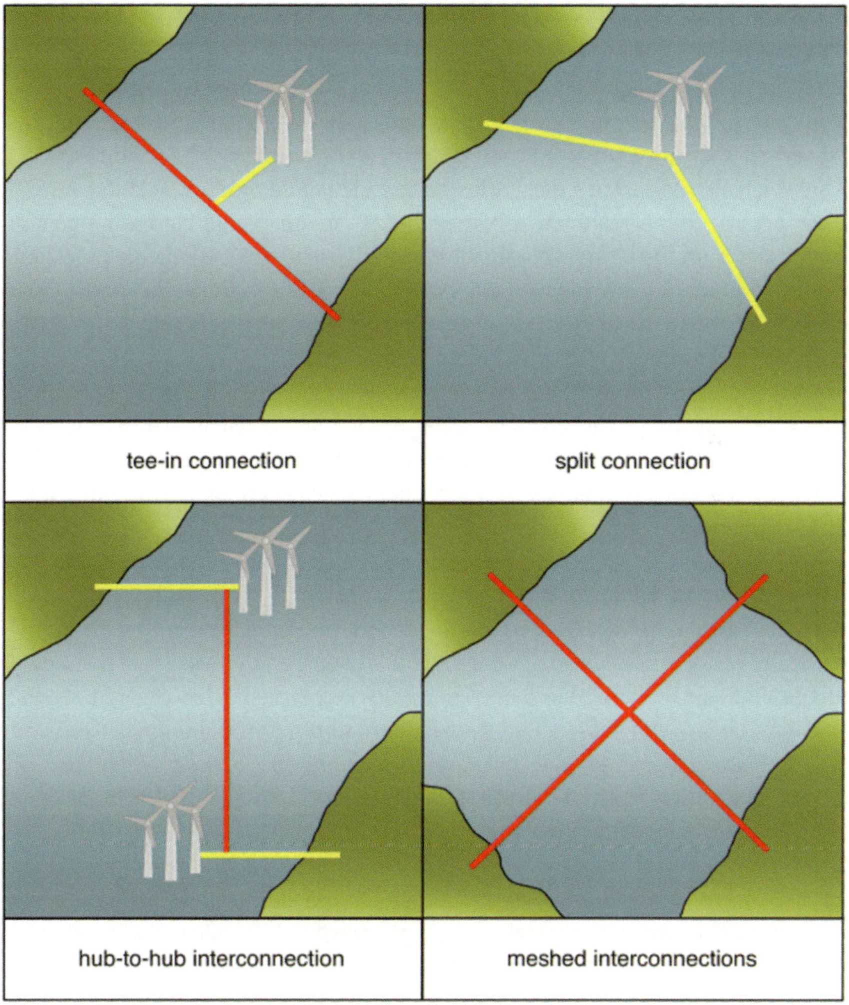

Abb. 1: Vernetzungsoptionen (Quelle: eigene Darstellung)

von Elektrizitätsversorgungsnetzen an Land ergeben, vergleichbar. Insbesondere stellt sich an Land nicht die Frage, ob Erzeugungsanlagen unmittelbar an Interkonnektoren angeschlossen werden können, da Interkonnektoren an Land in der Regel nur wenige Kilometer lang sind und von zahlreichen herkömmlichen Leitungen umgeben werden, die sich für einen Netzanschluss gut eignen. Die Offshore-Vernetzungsoptionen werfen deshalb neuartige regulatorische und regulierungsrechtliche

Fragen auf. Gleichzeitig bieten sie die Möglichkeit, die vorliegende Untersuchung an Fallgruppen zu orientieren. Ein präzises Design für ein Offshore-Netz in der Nordsee existiert bisher nicht. Es handelt sich bei dieser Infrastruktur vielmehr um ein ambitioniertes technisches Konzept, das in den kommenden Jahren erst noch ausgearbeitet werden muss, und mit dessen Realisierung nicht vor 2025–2035 zu rechnen ist. Deshalb muss die vorliegende Untersuchung zwangsläufig mit Vereinfachungen und Annahmen arbeiten. Die Offshore-Vernetzungsoptionen bieten sich dafür an, da es sich bei ihnen um die wesentlichen Elemente eines jeden Offshore-Netzes handelt, die deshalb auch bei der Entwicklung eines solchen Netzes in der Nordsee – unabhängig von dessen konkreter Ausgestaltung – in verschiedenen Varianten immer wieder auftreten werden.

Unter Berücksichtigung der genannten Vernetzungsoptionen werden in der 3E-Studie zwei mögliche Designs eines Offshore-Netzes in der Nordsee herausgearbeitet, nämlich das „Direct Design" und das „Split Design". Das Direct Design sieht vor, dass zunächst weitere Interkonnektoren gebaut werden, um die Marktgebiete der Nordseeanrainerstaaten besser miteinander zu vernetzen. Später sollen dann auch komplexere Lösungen realisiert werden, insbesondere *tee-in connections* und *hub-to-hub-interconnections*. Auf einer dritten Stufe sollen Interkonnektoren zu *meshed interconnections* miteinander verbunden werden. Das Split Design orientiert sich demgegenüber stark an den vorhandenen und bereits geplanten Offshore-Windparks und entwickelt das Offshore-Netz in erster Linie ausgehend von diesen Parks und ihren Anbindungsleitungen. Konventionelle Interkonnektoren spielen bei diesem Design eine weniger wichtige Rolle. Nur auf der ersten Stufe des Split Designs sollen konventionelle Interkonnektoren, aber insbesondere auch mehrere *split connections* errichtet werden. Auf der zweiten Stufe folgen dann – wie bei dem Direct Design – *tee-in connections* und *hub-to-hub connections*. Schließlich sollen auf der dritten Stufe die *meshed interconnections* errichtet werden, die somit in beiden Designs das Rückgrat des Offshore-Netzes darstellen, deren Realisierung allerdings auch mit dem größten Aufwand verbunden ist.

In der 3E-Studie werden die Investitionskosten des Direct Designs auf 86 Mrd. EUR und diejenigen des Split Designs auf 84 Mrd. EUR beziffert.[20] Ein Großteil dieser Kosten würde allerdings auch bei einer klassischen Netzanbindung der geplanten Offshore-Windparks mit Einzel- und Sammelanbindungen anfallen. Die reinen Vernetzungskosten werden für das Direct Design mit 7,4 Mrd. EUR und für das Split Design mit 5,4 Mrd. EUR angegeben. Diesen vergleichsweise geringen

20 Ebenda, S. 9.

zusätzlichen Kosten steht nach den Berechnungen der Autoren der 3E-Studie ein gesamtwirtschaftlicher Nutzen durch die Vernetzung in Höhe von 21 Mrd. EUR (Direct Design) bzw. 16 Mrd. EUR (Split Design) gegenüber.[21] Aus wohlfahrtsökonomischer Sicht wird in der 3E-Studie eine Vernetzung der geplanten Offshore-Infrastruktur in der Nordsee deshalb dringend empfohlen.

Das Offshore-Netz in der Nordsee, wie es in der 3E-Studie zugrunde gelegt wird, würde dem Netzanschluss von 126 GW installierter Windenergieleistung dienen.[22] Außerdem könnte die Kapazität der Interkonnektoren, also der grenzüberschreitenden Verbindungsleitungen, von 8 GW auf 30 GW gesteigert werden.[23] Das Offshore-Netz würde damit einen bedeutenden Beitrag zum Ausbau des grenzüberschreitenden Stromhandels und somit zur Verwirklichung des europäischen Elektrizitätsbinnenmarktes leisten, die zu den vorrangigen Zielen der europäischen Energiepolitik zählt. Ein integriertes Stromnetz in der Nordsee würde außerdem die Integration von Strom aus erneuerbaren Energien in die Elektrizitätsversorgungsnetze und -systeme erleichtern, da unvermeidbare Einspeiseschwankungen durch die enorme Ausdehnung des Netzes besser ausgeglichen werden könnten. Schließlich würde durch das Offshore-Netz die Versorgungssicherheit erhöht, da die stärkere Vernetzung der nationalen Strommärkte mit einer weiteren Diversifizierung der Bezugsquellen einherginge.

Die Autoren der 3E-Studie gehen davon aus, dass mit den Windparks, die an das Offshore-Netz angeschlossen werden würden, innerhalb von 25 Jahren 13.300 TWh Strom erzeugt werden könnten, die bei einem durchschnittlichen Spotpreis von 50 EUR/MWh einen Wert von 421 Mrd. EUR hätten.[24] Die Kosten des Offshore-Netzes würden also nur ein Fünftel des möglichen Erlöses ausmachen. Die zusätzlichen Kosten der Vernetzung beziffern die Autoren der 3E-Studie auf sogar lediglich 0,1 Cent/kWh. Verglichen mit den erheblichen gesamtwirtschaftlichen Vorteilen, die sich aus einer Vernetzung ergäben, ist dies ein sehr geringer Betrag.

Die ökonomische Effizienz einer vernetzten Offshore-Infrastruktur in der Nordsee wird durch weitere Studien bestätigt.[25] Bereits im September 2009 schlug die European Wind Energy Association (EWEA) in ihrer Studie „Oceans of Opportunity“ einen „20 Year Offshore Network Development Master Plan“ vor, der

---

21 Ebenda, S. 9.

22 Ebenda, S. 10.

23 Ebenda, S. 10.

24 Ebenda, S. 9.

25 Vgl. neben den hier genannten Studien auch die Hinweise bei *Linnemann/Drees/Moser*, ET 2011, Heft 9, S. 38 ff.

auf früheren Studien verschiedener Autoren und ergänzenden Überlegungen beruht.[26] Die wirtschaftlichen Abschätzungen in dieser Analyse sind zwar sehr grob, aber einhellig positiv. Im Mai 2011 veröffentlichte außerdem der irische ÜNB EirGrid einen Executive Report seiner „Offshore Grid Study", in der die Vernetzung von Offshore-Infrastruktur insbesondere zwischen Irland und Großbritannien untersucht und als ökonomisch vorteilhaft charakterisiert wird.[27] Das Aachener Beratungsunternehmen BET kam in einem im März 2012 veröffentlichten Kurzgutachten für die Stiftung Offshore-Windenergie zu dem Schluss, dass die Errichtung von Querverbindungen zwischen Anbindungsleitungen vor der deutschen Nordseeküste technische und ökonomische Vorteile mit sich bringe, insbesondere da Ausfälle einzelner Leitungen bei einer solchen Vernetzung besser kompensiert werden können.[28]

Im November 2012 hat auch die NSCOGI eine technisch-ökonomische Studie über die Vor- und Nachteile eines Offshore-Netzes in der Nordsee vorgelegt.[29] Die Studie basiert auf Daten, die der federführenden Arbeitsgruppe von den Mitgliedstaaten der Initiative zur Verfügung gestellt worden waren. Auf dieser Grundlage wurde zunächst ein Referenzszenario für die Stromerzeugung im Nordseeraum im Jahr 2030 ermittelt. Anschließend wurde berechnet, welcher Stromtransportbedarf in diesem Szenario besteht und welche Netzinfrastruktur dafür erforderlich sein wird. Als Ausgangspunkt wurde der unionsweite Netzentwicklungsplan der europäischen ÜNB für die Jahre 2010–2020 gewählt.[30] Das Referenzszenario geht davon aus, dass im Jahr 2030 eine Offshore-Leistung von 56 GW installiert sein wird, und liegt damit deutlich unter den Annahmen der 3E-Studie. Zusätzlich haben die Autoren der NSCOGI-Studie jedoch ein als „RES+" bezeichnetes Szenario berechnet, bei dem sie von 117 GW Offshore-Leistung im Jahr 2030 ausgehen. In beiden Szenarien ergibt sich durch die Vernetzung ein positiver ökonomischer Nutzen gegenüber einer Netzanbindung mit einzelnen Leitungen. Der Nutzen fällt im RES+-Szenario höher aus als im Referenzszenario.[31] Daraus lässt sich folgern,

---

26 EWEA, Oceans of Opportunity, Harnessing Europe's largest domestic energy resource, September 2009.

27 EirGrid, Offshore Grid Study, Executive Report, Mai 2011.

28 BET, Technische Optionen zur Verbindung von Offshore-HGÜ-Kopfstationen und deren wirtschaftliche Implikation, Kurzgutachten, 30.3.2012.

29 The North Seas Countries Offshore Grid Initiative, Initial Findings, Working Group 1: Grid Configuration, 16.11.2012.

30 ENTSO-E, Ten-Year Network Development Plan 2010–2020, 28.6.2010.

31 Aber auch im Referenzszenario der NSCOGI-Arbeitsgruppe 1 werden die Kostenvorteile einer vernetzten Lösung immerhin auf 77 Mio. EUR pro Jahr beziffert.

dass die gesamtwirtschaftlichen Vorteile eines Offshore-Netzes umso höher sind, je mehr Offshore-Windparks insgesamt in der Nordsee errichtet werden.

II. Praktische Beispiele

Außer in breit angelegten technischen Studien werden Fragen der Errichtung und des Betriebs eines Offshore-Netzes in der Nordsee auch im Zusammenhang mit konkreten Pilotprojekten und insbesondere in dazu angefertigten Machbarkeitsstudien erörtert. Zwei Projekte, an denen sich viele regulatorische Fragen, die sich in Hinblick auf ein Offshore-Netz in der Nordsee ergeben, exemplarisch beleuchten lassen, sind die Projekte „Kriegers Flak“ und „Cobra Cable“.

1. Kriegers Flak

Das nordwestlich von Rügen in der Ostsee gelegene Gebiet Kriegers Flak eignet sich wegen eines hohen Windaufkommens gut für den Betrieb von Offshore-Windenergieanlagen.[32] Gleichzeitig treffen sich dort die Ausschließlichen Wirtschaftszonen (AWZ) von Deutschland, Dänemark und Schweden, sodass das Gebiet außerdem für den Bau grenzüberschreitender Infrastrukturen zur Förderung des grenzüberschreitenden Stromhandels in Betracht kommt. Insgesamt ist in den deutschen, dänischen und schwedischen Gebieten von Kriegers Flak eine installierte Offshore-Windleistung in Höhe von 1,6 GW geplant.[33] Die zu errichtenden Windenergieanlagen könnten entweder in der üblichen Weise über getrennte, national geplante Anbindungsleitungen mit den Stromnetzen an Land verbunden werden oder durch eine gemeinsame Anbindungslösung der beteiligten ÜNB (*combined grid solution*). Eine solche gemeinsame Anbindungslösung böte die Möglichkeit, nicht nur den Netzanschluss der Windenergieanlagen in dem Gebiet Kriegers Flak zu realisieren, sondern gleichzeitig die Übertragungskapazität für den grenzüberschreitenden Stromhandel zwischen den beteiligten Staaten zu erhöhen. Die jeweiligen Anbindungsleitungen würden dafür durch *hub-to-hub-connections* miteinander verbunden werden. Die Anbindungsleitungen würden dann nicht mehr nur für den Abtransport von Windstrom eingesetzt werden, sondern außerdem für die Durchführung von grenzüberschreitenden Stromlieferungen.

---

32 Vgl. Information der EnBW AG über den im Kriegers Flak-Gebiet gelegenen Windpark EnBW Baltic 2, abrufbar unter http://www.enbw.com/content/de/windkraft_offshore/baltic2/projekt/ (Stand 15.3.2013).

33 ENTSO-E, Ten-Year Network Development Plan 2010–2020, 28.6.2010, S. 156.

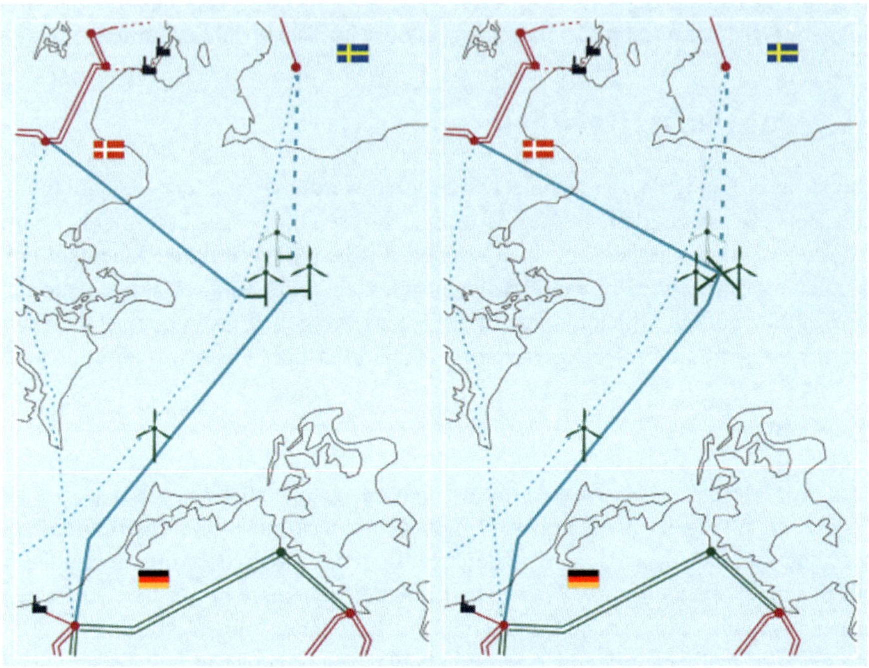

Abb. 2: Individuelle Anbindung und Combined Grid Solution im Gebiet Kriegers Flak (Quelle: ENTSO-E[34]*)*

Die drei ÜNB 50Hertz Transmission GmbH (Deutschland), Energinet.dk (Dänemark) und Svenska Kraftnät (Schweden) haben die Machbarkeit einer gemeinsamen Anbindungslösung untersucht und sind in ihrer am 24.2.2010 veröffentlichten Studie zu positiven Ergebnissen gekommen.[35] Sie ermittelten, dass die gemeinsame Anbindungslösung sowohl aus technischer als auch aus wirtschaftlicher Sicht die optimale Lösung darstellt.[36] Die Mehrkosten der *hub-to-hub-connections* wären, verglichen mit dem Nutzen einer vernetzten Lösung, gering. Ein Vorteil des Modells ist insbesondere, dass es sehr flexibel ist und schrittweise erweitert werden kann.[37] Vorgesehen ist, dass die gemeinsame

---

34 ENTSO-E, Ten-Year Network Development Plan 2010–2020, 28.6.2010, S. 156.

35 50Hertz/Energienet.dk/Svenska Kraftnät, Kriegers Flak Combined Grid Solution, Feasibility Study, Final Report, 24.2.2010.

36 Ebenda, S. 1.

37 Ebenda, S. 2.

Anbindungslösung in erster Linie für den Transport des erzeugten Windstroms und nur nachrangig für den grenzüberschreitenden Stromhandel genutzt werden soll.[38] Dennoch versprechen sich die beteiligten ÜNB von der gemeinsamen Anbindungslösung auch eine spürbare Erweiterung der tatsächlich nutzbaren Übertragungskapazität zwischen Deutschland, Schweden und Dänemark. Das Projekt ist zunächst mit jeweils 600 MW Gleichstromkapazität zwischen den Windparks im Kriegers Flak-Gebiet und jedem der drei beteiligten Länder geplant worden. Die Windsparks im deutschen Teil von Kriegers Flak sollen zusätzlich mit einem 400 MW-Wechselstromkabel an das Netz der 50Hertz Transmission GmbH angebunden werden.

Am 11.1.2010 kündigte der schwedische ÜNB Svenska Kraftnät an, sich aus dem Kriegers Flak-Projekt zurückzuziehen. Als Grund gab das Unternehmen an, es sei unsicher geworden, ob in naher Zukunft Offshore-Windenergieanlagen in dem schwedischen Teil des Gebiets Kriegers Flak realisiert werden könnten. Die ÜNB 50Hertz Transmission GmbH und Energienet.dk werden das Projekt daher zunächst allein fortführen, wollen sich aber die Möglichkeit offen halten, zu einem späteren Zeitpunkt auch schwedische Anlagen in das Projekt zu integrieren. Das Projekt Kriegers Flak wird von der Europäischen Union mit 150 Mio. EUR aus dem Europäischen Energieprogramm zur Konjunkturbelebung (European Energy Programme for Recovery – EEPR) unterstützt.[39]

2. Cobra Cable

Das Cobra Cable ist ein 700 MW-Gleichstrom-Unterseekabel, das zwischen Eemshaven in den Niederlanden und Endrup in Dänemark gebaut werden soll und voraussichtlich dicht an einigen Offshore-Windparks in der deutschen AWZ vorbeiführen wird. Das Kabel mit einer Länge von etwa 275 km wird von dem niederländischen ÜNB TenneT TSO B.V. und dem dänischen ÜNB Energinet.dk geplant und soll voraussichtlich im Jahr 2018 in Betrieb genommen werden. Die endgültige Entscheidung über das Projekt, das von der EU mit 86,5 Mio. EUR aus dem EEPR gefördert wird, wurde wegen offener rechtlicher Fragen auf Ende 2014 verschoben. Das Projekt ist aus regulatorischer Sicht anspruchsvoll, da möglicherweise Offshore-Windparks unmittelbar an das Cobra Cable angeschlossen werden sollen. Mit einem Direktanschluss von Erzeugungsanlagen an Interkonnektoren (*tee-in connection*) gibt es

38 Zur rechtlichen Zulässigkeit eines solchen Vorrangs s. unten, S. 96 ff.

39 Dazu noch unten, S. 74 ff.

bisher aber keinerlei praktische Erfahrungen. Auch der geltende europäische Regulierungsrahmen sieht die Möglichkeit eines Direktanschlusses nicht vor.[40] Vor diesem Hintergrund eignet sich das Cobra Cable sehr gut, um regulierungsrechtliche Fragen im Zusammenhang mit dem unmittelbaren Netzanschluss von Offshore-Windparks an Interkonnektoren zu illustrieren.

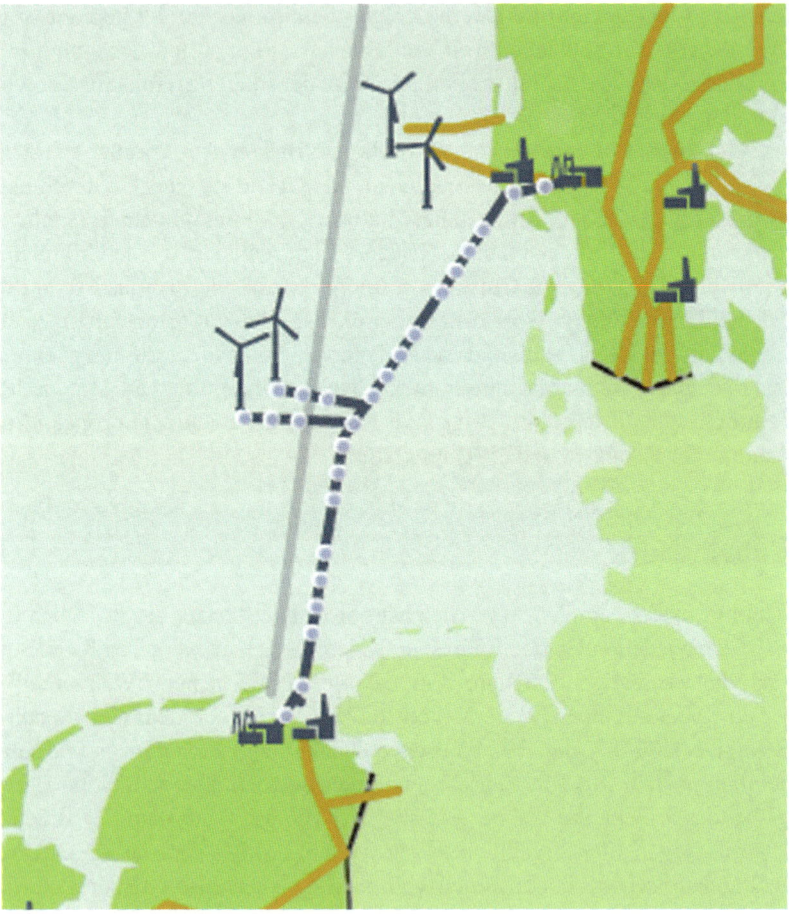

Abb. 3: Cobra Cable (Quelle: Energinet.dk[41])

---

40 Ausführlich unten, S. 95 ff.

41 Vgl. energienet.dk, abrufbar unter: http://energinet.dk/Flash/COBRA/cobra_med_vind.html (Stand 27.12.2013).

C. Rechtliche Rahmenbedingungen

Der für die Errichtung und den Betrieb eines Offshore-Netzes in der Nordsee geltende Rechtsrahmen ergibt sich aus dem europäischen Recht, aus dem internationalen Recht (Seevölkerrecht) und schließlich aus den nationalen Rechtsordnungen der Nordseeanrainerstaaten.

I. Rechtsrahmen der EU

Für ein Offshore-Netz in der Nordsee würden zunächst einmal dieselben Rechtsvorschriften gelten wie für Netzinfrastruktur an Land. Dies sind in erster Linie die dritte Elektrizitätsbinnenmarktrichtlinie (RL 2009/72/EG, im Folgenden: „EltRL")[42], die europäische Stromhandelsverordnung (VO 714/2009, im Folgenden: „StromHVO")[43] und die Erneuerbare-Energien-Richtlinie (RL 2009/28/EG, im Folgenden: „EE-RL")[44].

Die Richtlinien sind gemäß Art. 288 UAbs. 3 AEUV für die Mitgliedstaaten der EU verbindlich, und müssen von ihnen deshalb überall dort umgesetzt werden, wo sie Hoheitsgewalt ausüben können. Dies sind nicht nur die jeweiligen Staatsgebiete einschließlich der Küstenmeere, sondern mit gewissen Einschränkungen auch die Ausschließlichen Wirtschaftszonen (AWZ), die sich bis zu 200 Seemeilen in das Meer erstrecken.[45] Die Pflicht zur Umsetzung der Richtlinien gilt ebenso für Norwegen, auch wenn es kein Mitgliedstaat der EU ist. Die Bindungswirkung

---

42 Richtlinie 2009/72/EG des Europäischen Parlaments und des Rates vom 13.6.2009 über gemeinsame Vorschriften für den Elektrizitätsbinnenmarkt und zur Aufhebung der Richtlinie 2003/54/EG, ABl. 2009 L 211/55.

43 Verordnung (EG) Nr. 714/2009 des Europäischen Parlaments und des Rates vom 13.7.2009 über die Netzzugangsbedingungen für den grenzüberschreitenden Stromhandel und zur Aufhebung der Verordnung (EG) Nr. 1228/2003, ABl. 2009 L 211/15.

44 Richtlinie 2009/28/EG des Europäischen Parlaments und des Rates vom 23.4.2009 zur Förderung der Nutzung von Energie aus erneuerbaren Quellen und zur Änderung und anschließenden Aufhebung der Richtlinien 2001/77/EG und 2003/30/EG, ABl. 2009 L 140/16.

45 Ausführlich sogleich, S. 21 ff.

folgt insoweit aus Art. 7 des völkerrechtlichen Abkommens über den EWR.[46] Norwegen nimmt seit dem 1. Januar 1994 am EWR teil und partizipiert dadurch am Binnenmarkt der EU. Damit geht die Verpflichtung einher, den *acquis communautaire* umzusetzen, sofern der jeweils umzusetzende Rechtsakt formal in das EWR-Abkommen aufgenommen wurde. Eine solche Aufnahme erfolgt in der Regel für alle Rechtsakte mit Relevanz für den Binnenmarkt. Hierzu gehören auch die vorgenannten Sekundärrechtsakte des europäischen Energierechts.[47] Bei der Aufstellung eines regulatorischen Rahmens für ein Offshore-Netz in der Nordsee ist Norwegen deshalb ebenso wie die Mitgliedstaaten der EU an die einschlägigen europäischen Richtlinien gebunden.

Die unmittelbare Geltung der StromHVO ergibt sich bereits aus dem besonderen Regelungsgegenstand der Verordnung, die ja ohnehin nur auf grenzüberschreitende Sachverhalte anwendbar ist. Die AWZ der Nordseeanrainerstaaten liegen außerhalb der Staatsgrenzen und damit im transnationalen Bereich. Dies ist der originäre Anwendungsbereich der StromHVO, deren Vorschriften deshalb auch und gerade im Zusammenhang mit den Planungen für ein Offshore-Netz in der Nordsee Berücksichtigung finden müssen.

1. Elektrizitätsbinnenmarktrichtlinie

Die europäische Elektrizitätsbinnenmarktrichtlinie (EltRL)[48], die am 13.7.2009 verabschiedet wurde, enthält Vorschriften über die Erzeugung, Übertragung und Verteilung von Elektrizität sowie über die Versorgung von Letztverbrauchern und den Verbraucherschutz. Nach ihren Erwägungsgründen und ihrem Art. 1 dient die Richtlinie dem Ziel, den Wettbewerb auf den europäischen Elektrizitätsmärkten anzuregen und damit zur Verwirklichung des Elektrizitätsbinnenmarktes beizutragen. Dafür enthält die Richtlinie unter anderem Vorschriften über die Organisation des Elektrizitätssektors, die Entflechtung der ÜNB, deren Rechte und Pflichten, den diskriminierungsfreien Netzzugang und die Regulierungsbehörden.

---

46 Abkommen über den Europäischen Wirtschaftsraum, ABl. 1994 L 1/3.

47 Für die EE-RL: *Hammer*, The Role of Energy Networks in Facilitating the Production and Use of Renewable Sources in Norway, in: Energy Networks and the Law, 2012, S. 205, 209.

48 Richtlinie 2009/72/EG des Europäischen Parlaments und des Rates vom 13.6.2009 über gemeinsame Vorschriften für den Elektrizitätsbinnenmarkt und zur Aufhebung der Richtlinie 2003/54/EG, ABl. 2009 L 211/55.

Außerdem werden in der EltRL Regelungen über die Grundversorgung, den Verbraucherschutz und die Versorgungssicherheit getroffen.

Die EltRL enthält zahlreiche Vorschriften zur Kooperation der ÜNB und der Regulierungsbehörden in grenzüberschreitenden Angelegenheiten, die auch mit Blick auf ein Offshore-Netz in der Nordsee Bedeutung erlangen können. Art. 6 Abs. 1 EltRL verpflichtet die Mitgliedstaaten und die Regulierungsbehörden zu einer regionalen Zusammenarbeit, um als ersten Schritt hin zu einem vollständig liberalisierten Binnenmarkt die nationalen Märkte auf einer oder mehreren regionalen Ebenen zu integrieren. Die Mitgliedstaaten und die Regulierungsbehörden müssen danach insbesondere die Zusammenarbeit der ÜNB auf regionaler Ebene fördern und auf eine Kohärenz ihrer Rechtsvorschriften einschließlich der regulatorischen und rechtlichen Rahmenbedingungen hinarbeiten. Gemäß Art. 6 Abs. 2 EltRL muss die Europäische Agentur für die Zusammenarbeit der Energieregulierungsbehörden (ACER) mit den nationalen Regulierungsbehörden und den ÜNB zusammenarbeiten, um die Kompatibilität der regional geltenden Regulierungsrahmen und damit die Verwirklichung des Elektrizitätsbinnenmarktes zu gewährleisten. Ist die Agentur der Auffassung, dass verbindliche Regeln für eine derartige Zusammenarbeit erforderlich sind, so hat sie geeignete Empfehlungen auszusprechen.

Art. 12 EltRL formuliert die Aufgaben der ÜNB. Danach sind die ÜNB unter anderem verpflichtet, auf lange Sicht die Fähigkeit des Netzes sicherzustellen und so eine angemessene Nachfrage nach Übertragung von Elektrizität zu befriedigen. Sie müssen außerdem unter wirtschaftlichen Bedingungen und unter gebührender Beachtung des Umweltschutzes sichere, zuverlässige und leistungsfähige Übertragungsnetze betreiben, warten und ausbauen. Außerdem müssen die ÜNB durch entsprechende Übertragungskapazität und Zuverlässigkeit des Netzes zur Versorgungssicherheit beitragen. Es sind also in erster Linie die ÜNB, die nach dem europäischen Recht für die Planung, die Errichtung und den Betrieb der Übertragungsnetze und damit auch eines künftigen Offshore-Netzes in der Nordsee verantwortlich sind.[49] Die Zuständigkeit der ÜNB beschränkt sich nach den Vorgaben der Richtlinie zwar auf ihre jeweilige Regelzone; durch die StromHVO werden sie aber in weitreichendem Umfang auch zur grenzüberschreitenden Zusammenarbeit verpflichtet.[50]

Gemäß Art. 22 EltRL müssen die ÜNB der zuständigen nationalen Regulierungsbehörde jedes Jahr einen zehnjährigen Netzentwicklungsplan vorlegen,

---

49 Unten, S. 121 ff.

50 Dazu sogleich, S. 19 f.

der wirksame Maßnahmen zur Gewährleistung der Angemessenheit des Netzes mit dem Ziel der Versorgungssicherheit enthalten muss. Der Netzentwicklungsplan hat sich auf die derzeitige Lage und die Prognosen im Bereich von Angebot und Nachfrage zu stützen und muss mit den maßgeblichen Interessenträgern (z. B. Stromerzeugern, -händlern und -verbrauchern) beraten werden. Bei der Aufstellung der nationalen Netzentwicklungspläne ist auch die Entwicklung des Stromaustausches mit anderen Ländern zu berücksichtigen. Außerdem müssen die nationalen Pläne mit dem unionsweiten zehnjährigen Netzentwicklungsplan (vgl. Art. 8 Abs. 3 lit. b VO 714/2009) und den Investitionsplänen für regionale und unionsweite Netze abgestimmt werden.[51] Da es sich bei dem geplanten Offshore-Netz in der Nordsee um ein solches regionales Netz handelt, ist auf Planungen im Zusammenhang mit dem Nordseenetz auch in den nationalen Netzentwicklungsplänen einzugehen.

In der EltRL werden schließlich auch noch die Zuständigkeiten der nationalen Regulierungsbehörden angesprochen. Art. 37 EltRL macht Vorgaben für die Aufgaben und Befugnisse der Regulierungsbehörden, und Art. 38 EltRL enthält einige ergänzende Vorschriften für grenzüberschreitende Aspekte. Die nationalen Regulierungsbehörden müssen gemäß Art. 37 Abs. 1 lit. b EltRL gewährleisten, dass die ÜNB ihren Pflichten nach der Richtlinie und den anderen einschlägigen Rechtsvorschriften nachkommen. In grenzüberschreitenden Angelegenheiten müssen die nationalen Regulierungsbehörden gemäß Art. 37 Abs. 1 lit. c EltRL miteinander und mit ACER kooperieren. Sie sind außerdem verpflichtet, allen rechtsverbindlichen Entscheidungen ACERs und der Europäischen Kommission nachzukommen und diese gegenüber den Unternehmen in ihrem Zuständigkeitsgebiet durchzusetzen.

Gemäß Art. 38 Abs. 2 EltRL müssen die nationalen Regulierungsbehörden zumindest auf regionaler Ebene zusammenarbeiten, um unter anderem ein optimales Netzmanagement zu ermöglichen und, z. B. durch neue Verbindungsleitungen, ein angemessenes Maß an Verbindungskapazitäten innerhalb der Region und zwischen den Regionen sicherzustellen. Hierunter lässt sich auch die Zusammenarbeit im Rahmen der NSCOGI subsumieren. Die Zuständigkeit für die Aufsicht über ein Offshore-Netz in der Nordsee fällt also in erster Linie den nationalen Regulierungsbehörden zu, die dabei intensiv miteinander kooperieren müssen.[52]

51 ENTSO-E hat mit dem Netzentwicklungsplan 2012–2022 auch einen regionalen Investitionsplan für die Nordsee vorgelegt, abrufbar unter https://www.entsoe.eu/major-projects/ten-year-network-development-plan/tyndp-2012/ (Stand 27.12.2013).

52 Ausführlich unten, S. 124 f.

Dabei haben sie sich erforderlichenfalls mit ACER und der Europäischen Kommission abzustimmen.

2. Erneuerbare-Energien-Richtlinie

Die Erneuerbare-Energien-Richtlinie (EE-RL)[53] enthält zahlreiche Vorschriften zur Förderung der erneuerbaren Energien. Sie verpflichtet die Mitgliedstaaten in Art. 3 Abs. 1 zur Erreichung individueller Förderziele, ausgedrückt in einem prozentualen Anteil der erneuerbaren Energien am Gesamtenergieverbrauch. Die EE-RL gilt dabei nicht nur für den Bereich der Elektrizitätserzeugung, sondern enthält auch Vorgaben für die Energienutzung in anderen Bereichen z. B. der Wärmeerzeugung und dem Verkehrssektor. Zur Förderung von erneuerbaren Energien erlaubt Art. 3 Abs. 3 S. 1 EE-RL den Mitgliedstaaten die Inkraftsetzung von Förderregelungen, wie z. B. Investitionsbeihilfen, Steuerbefreiungen oder Preisstützungssystemen. Art. 11 EE-RL erlaubt den Mitgliedstaaten eine Zusammenlegung oder Koordinierung ihrer nationalen Fördersysteme, und ermöglicht somit eine weitgehende regionale Harmonisierung, wie sie sich auch für ein Offshore-Netz in der Nordsee anbieten kann.[54] In Art. 16 EE-RL werden schließlich Vorgaben für die Netznutzung durch Betreiber von Anlagen zur Erzeugung von Strom aus erneuerbaren Energien gemacht. Insbesondere müssen die Mitgliedstaaten gemäß Art. 16 Abs. 2 lit. b EE-RL entweder einen vorrangigen Netzzugang oder einen garantierten Netzzugang für Elektrizität aus erneuerbaren Energiequellen vorsehen.[55]

3. Stromhandelsverordnung

Die europäische Stromhandelsverordnung (StromHVO)[56] wurde gemeinsam mit der EltRL am 13.7.2009 verabschiedet. Sie enthält ein besonderes

53 Richtlinie 2009/28/EG des Europäischen Parlaments und des Rates vom 23.4.2009 zur Förderung der Nutzung von Energie aus erneuerbaren Quellen und zur Änderung und anschließenden Aufhebung der Richtlinien 2001/77/EG und 2003/30/EG, ABl. 2009 L 140/16.

54 Ausführlich unten, S. 140 f.

55 Ausführlich dazu noch unten, S. 89 ff.

56 Verordnung (EG) Nr. 714/2009 des Europäischen Parlaments und des Rates vom 13.7.2009 über die Netzzugangsbedingungen für den grenzüberschreitenden

Regulierungsregime für Interkonnektoren, d. h. grenzüberschreitende Verbindungsleitungen zwischen den Übertragungsnetzen der Mitgliedstaaten gemäß Art. 2 Abs. 1 StromHVO. Außerdem werden in der Verordnung Vorgaben für die grenzüberschreitende Zusammenarbeit der ÜNB und die Harmonisierung der nationalen Regulierungsregime gemacht. Das Ziel der StromHVO ist, technische und regulatorische Hemmnisse für den grenzüberschreitenden Stromhandel zu beseitigen und damit zur vollständigen Verwirklichung des europäischen Elektrizitätsbinnenmarktes beizutragen.

Art. 4 ff. StromHVO verpflichten die ÜNB zur Gründung des Europäischen Netzwerks der Übertragungsnetzbetreiber für Elektrizität (ENTSO-E) und zur Wahrnehmung von bestimmten Aufgaben im Rahmen dieses Netzwerks. Hierzu gehört auch die Koordinierung der Netzentwicklungsplanung durch das Aufstellen von gemeinschaftsweiten zehnjährigen Netzentwicklungsplänen gemäß Art. 8 Abs. 3 lit. b StromHVO. Mit diesen Plänen soll sichergestellt werden, dass die ÜNB bei der Planung von Aus-, Um- und Neubaumaßnahmen in ausreichendem Maße die Entwicklungen in anderen Mitgliedstaaten berücksichtigen, da die europäischen Elektrizitätsversorgungsnetze im Verbund betrieben werden und deshalb nicht ohne Rücksicht auf etwaige Wechselwirkungen in anderen Netzen geplant werden können. Gemäß Art. 8 Abs. 1, 2 und 6 StromHVO müssen die ÜNB im Rahmen von ENTSO-E außerdem Netzkodizes für grenzüberschreitende Angelegenheiten entwickeln, wobei sie die Vorgaben ACERs und der Europäischen Kommission zu berücksichtigen haben. Netzkodizes sind ein wirkungsvolles Regelungsinstrument für die Harmonisierung von technischen Fragen und Standards und könnten deshalb auch bei der Entwicklung eines Offshore-Netzes in der Nordsee zum Einsatz kommen.[57] Gemäß Art. 8 Abs. 6 StromHVO sollen Netzkodizes z. B. für den Netzanschluss, den Netzzugang und die Interoperabilität der Netze ausgearbeitet werden.

Weitere Regelungen, die für ein Offshore-Netz in der Nordsee von Bedeutung sind, enthalten Art. 16 und 17 StromHVO, welche besondere Vorgaben für den Betrieb von Interkonnektoren machen. Art. 16 StromHVO regelt gemeinsam mit den Engpass-Leitlinien im Anhang der StromHVO und weiteren untergesetzlichen Vorschriften das sog. Engpassmanagement, also die Bewirtschaftung knapper Übertragungskapazitäten von Interkonnektoren. Die Norm bestimmt, dass

---

Stromhandel und zur Aufhebung der Verordnung (EG) Nr. 1228/2003, ABl. 2009 L 211/15.

57 Siehe dazu unten, S. 92 ff., 132 ff.

Netzengpässe mit nichtdiskriminierenden, marktorientierten und transparenten Maßnahmen bewirtschaftet werden müssen.[58] Diese Anforderungen sind auch im Zusammenhang mit einem Offshore-Netz in der Nordsee von Bedeutung, da sie für alle Interkonnektoren mit knappen Übertragungskapazitäten gelten und somit zumindest in den ersten Jahren voraussichtlich auch für die meisten Interkonnektoren, die Bestandteil eines integrierten Nordseenetzes wären. Erst mit einer zunehmenden Vermaschung der Netzinfrastruktur in der Nordsee würden die Engpässe allmählich zurückgehen und ein Engpassmanagement entbehrlich werden. Art. 17 StromHVO ermöglicht im Einzelfall die Freistellung von Regulierungsvorgaben, um die Errichtung neuer Interkonnektoren durch sog. *Merchant Investors* anzureizen.[59]

II. Das völkerrechtliche Territorialitätsprinzip

Zu den maßgeblichen rechtlichen Vorgaben für die Errichtung und den Betrieb eines Offshore-Netzes in der Nordsee gehört auch das völkerrechtliche Territorialitätsprinzip. Auf seinem jeweiligen Staatsgebiet hat jeder Staat die Gebietshoheit. Sie bezeichnet die von äußerer Einflussnahme unabhängige Hoheitsgewalt auf dem eigenen Territorium, also die exklusive Befugnis zur Wahrnehmung staatlicher Funktionen.[60] Die Hoheitsgewalt erstreckt sich auf die umfassende Macht, Rechtsregeln zu erlassen (*jurisdiction to prescribe*), die Fähigkeit, diese Rechtsregeln durchzusetzen (*jurisdiction to enforce*) und die Zuständigkeit, die Einhaltung dieser Regeln zu überprüfen (*jurisdiction to adjudicate*).[61] Aus dem Grundsatz der Gebietshoheit folgt auch, dass kein Staat auf dem Gebiet eines anderen Staates Hoheitsgewalt ausüben darf. Die Gebietshoheit darf also nicht durch fremde Hoheitsakte beeinträchtigt werden (sog. *Gebietsausschließlichkeit*).[62]

---

58 Ausführlich dazu *König*, Engpassmanagement in der deutschen und europäischen Elektrizitätsversorgung, 2013, S. 227 ff.

59 Ausführlich unten, S. 92 ff., 132 ff.

60 *Ipsen*, Völkerrecht, 5. Aufl. 2005, § 23 Rn. 3; *Stein/von Buttlar*, Völkerrecht, 12. Aufl. 2009, Rn. 535; *Vitzthum*, in: Isensee/Kirchhof, Handbuch des Staatsrechts der Bundesrepublik Deutschland, Band I, Grundlagen von Staat und Verfassung, 1987, § 16 Rn. 12.

61 *Stein/von Buttlar*, Völkerrecht, 12. Aufl. 2009, Rn. 536.

62 *Stein/von Buttlar*, Völkerrecht, 12. Aufl. 2009, Rn. 537.

An den Meeresküsten erstreckt sich das Staatsgebiet bis zur sog. Grundlinie (Basislinie)[63], d. h. bis zur Wasserstandslinie bei Tiefebbe.[64] Dort beginnt das sog. Küstengewässer, dessen Breite gemäß Art. 3 des Seerechtsübereinkommens der Vereinten Nationen (SRÜ) von den Vertragsstaaten bis zu einer Grenze von zwölf Seemeilen (ca. 22 km) über die Basislinie hinaus festgelegt werden darf. Das Küstengewässer gehört nicht mehr zum Staatsgebiet, die Staaten können dort aber ihre Hoheitsgewalt unbeschränkt ausüben. Jenseits der Küstengewässer billigt Art. 55 SRÜ den Küstenstaaten eine sog. Ausschließliche Wirtschaftszone (AWZ) zu, die sich gemäß Art. 57 SRÜ von der Basislinie höchstens 200 Seemeilen (ca. 370 km) in das Meer erstrecken darf.

In ihren AWZ, die ebenfalls nicht mehr zum Staatsgebiet gehören, können die Staaten gemäß Art. 56 Abs. 1 lit. a SRÜ souveräne Rechte zum Zweck der Erforschung und Ausbeutung, Erhaltung und Bewirtschaftung der natürlichen Ressourcen ausüben. Zur erlaubten Nutzung gemäß Art. 56 Abs. 1 lit. a SRÜ gehört auch die Erzeugung von Strom aus Windenergie. In den AWZ können gemäß Art. 56 Abs. 1 lit. b SRÜ außerdem Hoheitsbefugnisse ausgeübt werden, z. B. in Bezug auf die Errichtung und Nutzung von Anlagen und Bauwerken. Die Errichtung und der Betrieb von Anlagen in der AWZ, insbesondere auch von Energieanlagen, können also von der Einholung einer Genehmigung abhängig gemacht werden. Außerdem dürfen die Staaten die Errichtung und den Betrieb von Anlagen von weiteren Bedingungen oder Auflagen abhängig machen.

Für die Verlegung von unterseeischen Kabeln ist Art. 79 SRÜ *lex specialis* gegenüber Art. 56 SRÜ. Nach Art. 79 Abs. 1 SRÜ haben alle Staaten das Recht, auf dem Festlandsockel, d. h. in *allen* 200-Seemeilenzonen unterseeische Kabel und Rohrleitungen zu verlegen. Der jeweilige Küstenstaat darf das Verlegen und den Betrieb dieser Anlagen nicht behindern, allerdings bedarf die Bestimmung von Trassen seiner Zustimmung. Die Staaten haben außerdem das Recht, Bedingungen und Auflagen für die Verlegung von Kabeln und Rohrleitungen in ihren 200-Seemeilenzonen vorzugeben.

---

63 Die Basislinie ist meist, aber nicht notwendigerweise identisch mit der Küstenlinie. Letztere ist die Linie, in der sich Land und Wasser berühren. Als natürliche Staatsgrenze ist sie nicht geeignet, da sie wegen des veränderlichen Wasserstandes nicht statisch ist. Aus diesem Grund wurden Basislinien geschaffen, die den Seekarten zu entnehmen sind. Vgl. hierzu *Scholz*, Die Rechtfertigung von diskriminierenden umweltpolitischen Steuerungsinstrumenten, 2011, S. 58.

64 *Stein/von Buttlar*, Völkerrecht, 12. Aufl. 2009, Rn. 278.

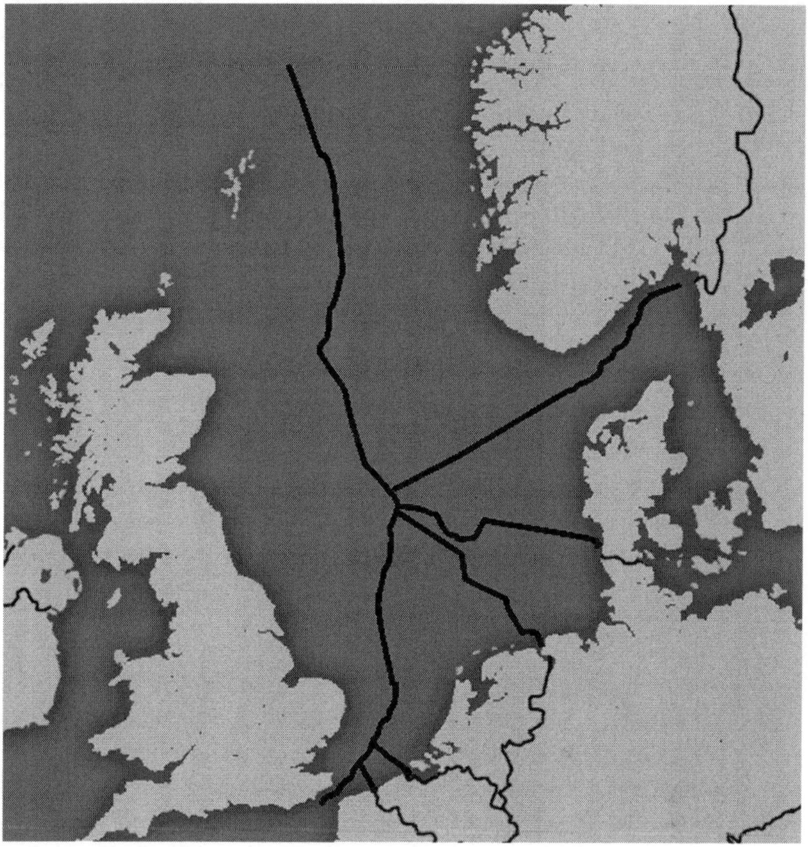

Abb. 4: Ausschließliche Wirtschaftszonen in der Nordsee (Quelle: eigene Darstellung)

Die gesamte Nordsee lässt sich in AWZ der Anrainerstaaten unterteilen. Es gibt keinen Teil, der zur Hohen See gehört, die gemäß Art. 86 SRÜ frei von jeglicher Ausübung von Hoheitsrechten ist. Das bedeutet zunächst, dass die gesamte Nordsee nach dem internationalen Seerecht für eine wirtschaftliche Nutzung gemäß Art. 56 Abs. 1 lit. a SRÜ und Art. 79 Abs. 1 SRÜ in Betracht kommt, sodass keine grundsätzlichen räumlichen Beschränkungen für den Bau von Windparks und Netzinfrastruktur bestehen. Weiterhin hat dies den Vorteil, dass für jeden Teil der Nordsee genau feststeht, welcher Staat dort gemäß Art. 56 Abs. 1 lit. b SRÜ in gewissem Umfang Hoheitsbefugnisse ausüben kann. Dies ist für die Entwicklung eines Regulierungsregimes für ein Offshore-Netz in der Nordsee von großer Bedeutung, da andernfalls der räumliche Geltungsbereich des Regulierungsregimes kraft höherrangigen Rechts lückenhaft bleiben müsste. Etwas anderes könnte nur gelten, wenn über die Nutzung der hoheitsfreien Gebiete zunächst eine völkerrechtliche Einigung erzielt würde. Da die Nordsee nur aus AWZ besteht, ist eine solche Einigung nicht erforderlich bzw. mit der Regelung gemäß Art. 56 Abs. 1 lit. b SRÜ bereits vorhanden.

Der Geltungsbereich von Rechtsnormen ist regelmäßig auf das Gebiet des Staates beschränkt, der sie erlassen hat. Da die AWZ nicht zum Staatsgebiet gehören (vgl. S. 21), entfaltet nationales Recht dort grundsätzlich keine Wirkung. Der Ständige Internationale Gerichtshof (StIGH) hat aber bereits im Jahr 1927 anerkannt, dass es den Staaten weitgehend freigestellt ist, wie weit sie den räumlichen Geltungsbereich ihrer Rechtsordnungen ausdehnen.[65] Nationale Rechtsnormen können also auch eine Geltung auf staatsfreien Territorien beanspruchen (sog. *Extraterritorialität*). Die extraterritoriale Geltung nationalen Rechts findet aber wegen des Grundsatzes der Gebietsausschließlichkeit dort ihre Grenze, wo die Gebietshoheit eines anderen Staates beeinträchtigt würde. Nach der Rechtsprechung des StIGH ist für die Erstreckung der Geltung nationaler Rechtsnormen auf staatsfreie Territorien außerdem eine sachliche Verbindung (*genuine link*) zwischen dem extraterritorialen Sachverhalt und dem jeweiligen Staat erforderlich, die einen Anknüpfungspunkt für die Erstreckung bietet.

Da das Territorialitätsprinzip als Geltungsgrund für das nationale Recht eines Staates jenseits von dessen Grenzen nicht in Betracht kommt, stellt sich die Frage, worauf die extraterritoriale Geltung des nationalen Rechts stattdessen gestützt werden kann. Nach der Rechtsprechung des StIGH kann sich die extraterritoriale Geltung nationalen Rechts nur aus dem jeweiligen Geltungsbefehl ergeben, den der nationale Gesetzgeber mit einem bestimmten Gesetz verbindet. Der Gesetzgeber muss also – ausdrücklich oder konkludent – zum Ausdruck bringen, dass ein Gesetz auch im staatsfreien Territorium, z. B. in der AWZ des jeweiligen Staates, Geltung entfalten soll.[66] Teilweise bedienen sich die nationalen Gesetzgeber für die diesbezügliche Konkretisierung des Geltungsbefehls sog. Erstreckungsklauseln, welche die Geltung eines Gesetzes außerhalb des Staatsgebietes des jeweiligen

65 IGH, Urt. v. 7.9.1927, PCIJ Series A 10, S. 19: "Far from laying down a general prohibition to the effect that States may not extend the application of their laws and the jurisdiction of their courts to persons, property and acts outside their territory, it leaves them in this respect a wide measure of discretion which is only limited in certain cases by prohibited rules; as regards other cases, every State remains free to adopt the principles which it regards as best and most suitable […]".

66 VG Hamburg, Urt. v. 1.12.2003, NuR 2004, S. 547.

Staates ausdrücklich anordnen.[67] Ein Beispiel für eine solche Erstreckungsklausel ist im deutschen Energierecht § 2 Nr. 1 EEG:

> „§ 2 Anwendungsbereich
> Dieses Gesetz regelt
> 1. den vorrangigen Anschluss von Anlagen zur Erzeugung von Strom aus Erneuerbaren Energien und aus Grubengas im Bundesgebiet *einschließlich der deutschen ausschließlichen Wirtschaftszone* (Geltungsbereich des Gesetzes) an die Netze für die allgemeine Versorgung mit Elektrizität, […]“[68]

In der Kommentarliteratur wird allerdings zutreffend darauf hingewiesen, dass die Formulierung „im Bundesgebiet *einschließlich* der deutschen ausschließlichen Wirtschaftszone“[69] irreführend ist, da die deutsche AWZ gerade nicht zum Bundesgebiet gehört.[70] Es ist deshalb § 2 Nr. 1 EEG im Wege korrigierender Interpretation so auszulegen als hieße es dort: „im Bundesgebiet und in der deutschen ausschließlichen Wirtschaftszone“.

Das deutsche Energiewirtschaftsgesetz (EnWG) enthält keine § 2 Nr. 1 EEG vergleichbare ausdrückliche Regelung, mit der eine extraterritoriale Geltung des Gesetzes begründet werden kann. Bei methodengerechter Auslegung ist ein entsprechender Geltungsbefehl aber in §§ 17a ff. EnWG enthalten. In § 17a Abs. 1 S. 1 Nr. 1 EnWG wird für den Begriff der Offshore-Anlage auf § 3 Nr. 9 EEG Bezug genommen, sodass schon durch die Regelungstechnik eine enge sachliche Verbindung zwischen den Vorschriften des EnWG und denen des EEG hinsichtlich des Netzanschlusses von Offshore-Anlagen hergestellt wird. Auch inhaltlich stehen die §§ 17a ff. EnWG in einem engen Zusammenhang mit den Vorschriften des EEG. § 3 Nr. 9 EEG definiert eine Offshore-Anlage als Anlage, die auf See in einer Entfernung von mindestens drei Seemeilen gemessen von der Küstenlinie aus seewärts errichtet worden ist. Eine Höchstentfernung gibt das Gesetz nicht vor; es ist deshalb davon auszugehen, dass alle Anlagen mit der genannten Mindestentfernung von den deutschen Küsten dem Begriff der Offshore-Anlage unterfallen sollen, also auch und gerade solche in der deutschen AWZ. Bereits dem Begriff der Offshore-Anlage, der in §§ 17 ff. EnWG mehrfach Verwendung findet,

67 Vgl. zur Geltung deutschen Rechts in der deutschen ausschließlichen Wirtschaftszone auch *Böttcher*, RNotZ 2011, S. 589, 590 ff.; *Hille/Schröder/Dettmer/Visser*, VersR 2010, S. 585, 590 ff.; *Cloppenburg*, ZfBR-Sonderausgabe 2012, S. 3, 7 f.

68 Herv. d. Verf.

69 Herv. d. Verf.

70 *Ekardt*, in: Frenz/Müggenborg, EEG, 2. Aufl. 2011, § 2 Rn. 6; *Reshöft*, in: Reshöft, EEG, 3. Aufl. 2009, § 2 Rn. 42.

ist also ein extraterritorialer Geltungsanspruch inhärent. Im Übrigen nimmt der Gesetzgeber in § 17a S. 1 EnWG ausdrücklich auf die deutsche AWZ Bezug, womit er zum Ausdruck bringt, dass sich der Geltungsbereich der §§ 17a ff. EnWG auch auf die deutsche AWZ erstrecken soll.

Ebenso sieht das britische Energierecht eine extraterritoriale Geltung vor. Für den Betrieb von Anlagen folgt dies aus Sec. 4 des Electricity Act 1989[71], der eine Erzeugung an einem „bestimmten" Ort nur auf Grundlage einer Lizenz erlaubt. Ein bestimmter Ort ist gemäß Sec. 89 Abs. 2 des Energy Act 2004 ein Ort in Großbritannien[72], im Hoheitsgewässer (d. h. in der 12-Seemeilenzone) Großbritanniens oder in einer „Erneuerbaren-Energien-Zone", die auf Sec. 84 Abs. 2 Energy Act 2004 basiert und durch The Renewable Energy Zone (Designation of Area) Order 2004[73] festgelegt wurde. Zudem erstreckt sich die Förderung auf die Gebiete, die nach Sec. 1 Abs. 7 des Continental Shelf Act 1964 festgelegt wurden, also den Festlandsockel und somit die 200-Seemeilenzone.

Die extraterritoriale Geltung des Systems zur Förderung der Stromerzeugung aus erneuerbaren Energien resultiert in Großbritannien aus der Definition des Offshore-Gewässers in Art. 2 der Renewable Obligation Order 2009 (ROO). Offshore-Gewässer sind danach solche, die sich im Vereinigten Königreich befinden oder diesem zugewiesen sind und die zwischen der Niedrigwasserlinie und der seewärtigen Grenze des Hoheitsgewässers liegen sowie Gewässer in einem Gebiet, das nach Sec. 1 Abs. 7 des Continental Shelf Acts ausgewiesen wurde, mithin der 200-Seemeilenzone. Weiterhin ergibt sich die extraterritoriale Geltung aus einem Umkehrschluss aus Art. 17 Abs. 3 ROO. Danach sind Anlagen von der Förderung ausgeschlossen, die hinter der seewärtigen Grenze des dem Vereinigten Königreich zugewiesenen Hoheitsgewässers liegen, es sei denn diese Anlagen befinden sich in einer Zone im Sinne von Sec. 1 Abs. 7 Continental Shelf Act oder in einer Erneuerbaren-Energien-Zone. Damit gibt der Verordnungsgeber unzweifelhaft zu erkennen, dass das Fördersystem auf Anlagen in der AWZ anwendbar sein soll.

Auch dem norwegischen Energiegesetz Havenergielova kommt gemäß dessen § 1–2 eine extraterritoriale Geltung zu. Seine Anwendung wird ausdrücklich auf das norwegische Hoheitsgewässer jenseits der Basislinie und auf den Festlandssockel,

---

71 In der Fassung der Änderung durch Sec. 89 (1) und (2) des Energy Act 2004.

72 Die Beschränkung auf Großbritannien folgt daraus, dass der Electricity Act nicht für das gesamte Vereinigte Königreich, sondern nur für Großbritannien gilt. Nordirland hat ein eigenes Energierecht, das dem britischen aber vergleichbar ist.

73 Statutory instruments 2004 No. 2668, The Renewable Energy Zone (Designation of Area) Order 2004.

mithin die 200-Seemeilenzone, erstreckt. Als Ermächtigungsgrundlage der Erweiterung des räumlichen Geltungsbereichs dient ein königlicher Erlass nach einem Gesetz vom 17.12.1976 (No. 91). Daraus folgt, dass eine Geltung über das norwegische Hoheitsgebiet hinaus vorgesehen ist.

Die völkerrechtliche Zulässigkeit der Erstreckung des Geltungsbereichs von nationalen energierechtlichen Regulierungsregimen auf die AWZ in der Nordsee ergibt sich unmittelbar aus Art. 56 Abs. 1 lit. b und Art. 79 Abs. 4 SRÜ. Danach können die Küstenstaaten in ihrer jeweiligen AWZ Hoheitsbefugnisse ausüben in Bezug auf „die Errichtung und Nutzung [...] von Anlagen und Bauwerken" sowie in Bezug auf Rohrleitungen und Kabel, für die Bedingungen aufgestellt werden können. Die nationalen energierechtlichen Regulierungsregime treffen Regelungen über die Nutzung von Elektrizitätsversorgungsnetzen (z. B. Anspruch auf Netzzugang, Bestimmung von angemessenen Netznutzungsentgelten), auch wenn sie keine öffentlich-rechtliche Einschränkung der Netznutzung vorsehen, sondern auf eine privatrechtsinduzierte, wettbewerbsfördernde Öffnung der Netznutzung abzielen. Da es sich bei Energieversorgungsnetzen um Energieanlagen (vgl. z. B. § 3 Nr. 15 EnWG) und damit auch um Anlagen im Sinne von Art. 56 Abs. 1 lit. b SRÜ sowie um Kabel im Sinne von Art. 79 Abs. 4 SRÜ handelt, hält sich die Erstreckung des Geltungsbereichs von nationalen energierechtlichen Regulierungsrahmen auf die AWZ somit im Rahmen von Art. 56 Abs. 1 lit. b und Art. 79 Abs. 4 SRÜ.

III. Rechtsrahmen der Nordseeanrainerstaaten

Der Rechtsrahmen für die Regulierung der existierenden und künftig entstehenden Offshore-Infrastruktur ergibt sich schließlich auch aus dem nationalen Recht der Nordseeanrainerstaaten. Es sind in erster Linie die nationalen Rechtsordnungen, aus denen sich wegen ihrer Heterogenität Hemmnisse für die Entwicklung eines Nordseenetzes ergeben können, denn nicht alle wichtigen Themen sind detailliert in den vorgenannten Rechtsakten der EU geregelt oder auf sonstige Weise zwischen den Nordseeanrainerstaaten harmonisiert. Vielmehr wurde bei zentralen Fragen wie etwa der Ausgestaltung der Regulierungsregime und der Systeme zur Förderung der Stromerzeugung aus erneuerbaren Energien den Mitgliedstaaten der EU und Norwegen ein erheblicher Umsetzungsspielraum zugebilligt.

Diese Diversität wird im Folgenden mit Blick auf die Nordseeanrainerstaaten untersucht. Ein Schwerpunkt liegt dabei auf Deutschland und dem Vereinigten Königreich. Das deutsche Recht und das Recht des Vereinigten Königreiches wurden deshalb für eine Fokussierung gewählt, weil beide Rechtsordnungen sich deutlich unterschiedlicher Regelungsinstrumente bedienen. Während es z. B. in Deutschland einen vorrangigen Netzzugang gibt, hat sich Großbritannien als Teil des Vereinigten Königreichs für einen garantierten Netzzugang entschieden. Deutschland fördert die Stromerzeugung aus erneuerbaren Energien mithilfe eines national ausgerichteten Systems aus gesetzlichen Anschluss-, Abnahme-, Transport- und Vergütungspflichten, während sich das Vereinigte Königreich für ein dem Grunde nach an Effizienzgesichtspunkten orientiertes Zertifikate- und Quotensystem entschieden hat, auch wenn dieses inzwischen durch ein Einspeisesystem ergänzt wird. Die Regulierungsregime der übrigen Staaten, auf die im Folgenden ebenfalls eingegangen wird, lassen sich hinsichtlich vieler Einzelfragen zwischen den strukturgegensätzlichen Modellen Deutschlands und des Vereinigten Königreichs einordnen.

1. Deutschland

Deutschland hat sein energiewirtschaftliches Regulierungsrecht im Gesetz über die Elektrizitäts- und Gasversorgung (Energiewirtschaftsgesetz – EnWG)[74] und den dazu erlassenen Rechtsverordnungen niedergelegt. Regelungen über den Ausbau von Offshore-Netzinfrastruktur enthalten insbesondere die durch das Dritte Gesetz zur Neuregelung energiewirtschaftsrechtlicher Vorschriften v. 20. Dezember 2012 neu eingefügten §§ 17a-17j EnWG. Daneben sind im vorliegenden Zusammenhang vor allem die Vorschriften über die Netzentgeltregulierung (§§ 21, 21a EnWG i. V. m. der Stromnetzentgeltverordnung – StromNEV – und der Anreizregulierungsverordnung – ARegV) von Bedeutung.

Gemäß § 17a Abs. 1 S. 1 EnWG erstellt das Bundesamt für Seeschifffahrt und Hydrographie (BSH) jährlich im Einvernehmen mit der Bundesnetzagentur und in Abstimmung mit dem Bundesamt für Naturschutz (BfN) und den Küstenländern einen Offshore-Netzplan für die ausschließliche Wirtschaftszone der Bundesrepublik Deutschland (sog. Bundesfachplan Offshore). Der Bundesfachplan Offshore enthält gemäß § 17a Abs. 1 S. 2 EnWG auch Festlegungen zu Offshore-Anlagen (Nr. 1), Anbindungsleitungen für Offshore-Anlagen (Nr. 2), Konverterplattformen und Umspannanlagen (Nr. 4), grenzüberschreitenden Stromleitungen (Nr. 5) und, dies ist im vorliegenden Zusammenhang besonders hervorzuheben, möglichen *Verbindungen* zwischen den genannten Anlagen und Leitungen (Nr. 6). Der Gesetzgeber geht an dieser Stelle also bereits davon aus, dass es in Zukunft zu einer

---

74 Energiewirtschaftsgesetz vom 7.7.2005 (BGBl. I S. 1970, 3621), das zuletzt durch Art. 3 Abs. 4 des Gesetzes vom 4.10.2013 (BGBl. I S. 3746) geändert worden ist.

Vernetzung der existierenden und künftig entstehenden Offshore-Infrastruktur kommen kann. Das BSH ist gemäß § 17a Abs. 1 S. 3 EnWG verpflichtet, bei der Aufstellung des Bundesfachplans Offshore öffentliche und private Belange abzuwägen und dabei insbesondere zu prüfen, welche Trassen, Trassenkorridore oder Standorte für die Errichtung von Leitungen und Anlagen ernsthaft in Betracht kommen. Hier können die ökonomischen Vorteile einer Vernetzung ohne weiteres bereits berücksichtigt werden.

Gemäß § 17b Abs. 1 S. 1 EnWG müssen die ÜNB der Regulierungsbehörde jährlich zum 3. März einen gemeinsamen Offshore-Netzentwicklungsplan für die AWZ der Bundesrepublik Deutschland und das Küstenmeer bis einschließlich der Netzanknüpfungspunkte an Land zur Bestätigung vorlegen. Der gemeinsame Offshore-Netzentwicklungsplan muss gemäß § 17b Abs. 1 S. 2 EnWG unter Berücksichtigung der Festlegungen des jeweils aktuellen Bundesfachplans Offshore mit einer zeitlichen Staffelung alle wirksamen Maßnahmen zur bedarfsgerechten Optimierung, Verstärkung und zum Ausbau der Offshore-Anbindungsleitungen enthalten, die in den nächsten zehn Jahren für einen schrittweisen, bedarfsgerechten und wirtschaftlichen Ausbau sowie einen sicheren und zuverlässigen Betrieb der Offshore-Anbindungsleitungen erforderlich sind. Zweck des neu geschaffenen Offshore-Netzentwicklungsplans ist es, die Errichtung von Offshore-Infrastruktur vor den deutschen Küsten besser zu koordinieren.

Die §§ 17e ff. EnWG enthalten umfangreiche Regelungen über die Haftung der ÜNB für Vermögensschäden infolge von gestörten oder verzögerten Netzanschlüssen sowie für Sachschäden. In der Vergangenheit waren offene Haftungsfragen einer der Gründe dafür, dass der Ausbau der Stromerzeugung aus Offshore-Windenergie langsamer voranschritt als von der Bundesregierung vorgesehen. Vor diesem Hintergrund sollen die neuen Haftungsregelungen Rechtssicherheit schaffen und – durch die Möglichkeit der weitreichenden Weitergabe der Schadenskosten an die Stromverbraucher gemäß § 17f EnWG – eine Entlastung der ÜNB und der Anlagenbetreiber bewirken.[75] Neben den Vorschriften über die Netzentgeltermittlung und den Vorschriften über die Vergütung von Strom aus Offshore-Windenergieanlagen sind die Regelungen über die Haftung entscheidend für die Beurteilung der Frage, welche wirtschaftlichen Anreize in Deutschland für den Ausbau von Offshore-Infrastruktur bestehen.[76]

Aus dem Bereich der Netzentgeltregulierung sind §§ 11 Abs. 2 S. 1 Nr. 6, 23 ARegV über die Genehmigung von Investitionsmaßnahmen und deren Anerkennung

75 Ausführlich hierzu *König*, ZNER 2013, S. 113 ff.

76 Ausführlich unten, S. 78 ff.

als nicht beeinflussbare Kosten hervorzuheben. Investitionsmaßnahmen können von der Bundesnetzagentur für Erweiterungs- und Umstrukturierungsinvestitionen genehmigt werden, soweit diese Investitionen für die Stabilität des Gesamtsystems, für die Einbindung in das nationale oder internationale Verbundnetz oder für einen bedarfsgerechten Ausbau des Energieversorgungsnetzes nach § 11 EnWG notwendig sind. Diese Voraussetzungen gelten gemäß § 23 Abs. 1 S. 2 ARegV u. a. als erfüllt bei Maßnahmen zur Integration von Anlagen, die dem EEG unterfallen (Nr. 2), dem Ausbau von grenzüberschreitenden Leitungen (Nr. 3), Leitungen zur Netzanbindung von Offshore-Anlagen (Nr. 5) und neuen grenzüberschreitenden Hochspannungsgleichstrom-Verbindungsleitungen (Nr. 9). Für neu zu errichtende Offshore-Infrastruktur können also in großem Umfang Investitionsmaßnahmen nach § 23 ARegV genehmigt werden. Eine solche Genehmigung führt gemäß § 11 Abs. 2 S. 1 Nr. 6 ARegV dazu, dass die Kosten der neuen Infrastruktur als dauerhaft nicht beeinflussbar gelten und deshalb von den ÜNB ohne Effizienzabschlag an die Netznutzer weitergereicht werden können. Dies erlaubt eine weitreichende Refinanzierung der getätigten Investitionen und ist deshalb ein entscheidendes Instrument zur Förderung der Errichtung von Netzinfrastruktur vor den deutschen Küsten.

Die deutschen Instrumente zur Förderung der Stromerzeugung aus Offshore-Windenergie sind im Gesetz für den Vorrang Erneuerbarer Energien (Erneuerbare-Energien-Gesetz – EEG)[77] niedergelegt. Wie alle Betreiber von Anlagen zur Erzeugung von Strom aus erneuerbaren Energien haben die Betreiber von Offshore-Windenergieanlagen gemäß §§ 8, 16 ff. EEG einen Anspruch gegen den jeweiligen Anschlussnetzbetreiber auf Abnahme und Vergütung des mit ihren Anlagen erzeugten Stroms. Die Höhe der Vergütung bemisst sich nach § 31 EEG. Danach erhalten die Anlagenbetreiber für Strom aus Offshore-Anlagen eine Grundvergütung in Höhe von 3,5 Cent pro kWh. In den ersten zwölf Jahren ab der Inbetriebnahme der Offshore-Anlage beträgt die Vergütung allerdings 15,0 Cent pro kWh (sog. Anfangsvergütung). Der Zeitraum der Anfangsvergütung verlängert sich nach § 31 Abs. 2 S. 2 EEG für jede über zwölf Seemeilen hinausgehende volle Seemeile, die die Anlage von der Küstenlinie entfernt ist, um 0,5 Monate und für jeden über eine Wassertiefe von 20 Metern hinausgehenden vollen Meter Wassertiefe um 1,7 Monate. Offshore-Anlagen, die vor dem 1. Januar 2018 in Betrieb genommen werden, erhalten außerdem einen sog. Sprinter-Bonus. Sie können in den ersten acht Jahren ab der Inbetriebnahme eine erhöhte Anfangsvergütung von 19,0 Cent pro kWh beanspruchen. Dies ist in etwa das Vierfache des deutschen Großhandelspreises im Jahr 2012.

77 Erneuerbare-Energien-Gesetz v. 25.10.2008 (BGBl. I S. 2074), das zuletzt durch Art. 5 des Gesetzes v. 20.12.2012 (BGBl. I S. 2730) geändert worden ist.

2. Großbritannien

In Großbritannien existieren separate Rechtsordnungen für England, Wales, Schottland und Nordirland. Das allgemeine Energierecht kann in ein britisches und ein nordirisches unterschieden werden. Im Hinblick auf die Förderung erneuerbarer Energien haben England und Wales ein gemeinsames Fördersystem, Schottland und Nordirland jeweils eigene. Gegenstand der vorliegenden Untersuchung ist in der Regel das Recht, das für England gilt, demnach das britische, das englisch-walisische (im Fall der Förderung der Stromerzeugung aus erneuerbaren Energien)[78] oder nur das englische Recht.

In Großbritannien wird der für den Betrieb von Offshore-Windenergieanlagen und der dazugehörigen Infrastruktur maßgebliche Rechtsrahmen zum einen durch formelle Gesetze und Rechtsverordnungen, zum anderen durch Standard-Lizenzbedingungen vorgegeben. Zu den formellen Gesetzen zählen der Electricity Act 1989, der Utilities Act 2000, der Energy Act 2004, der Energy Act 2008 und der Energy Act 2010. Spezielle Regelungen für den Netzanschluss von Offshore-Anlagen finden sich zudem in der Electricity (Competitive Tenders for Offshore Transmission Licences) Regulation 2013.[79]

Zur Förderung der Stromerzeugung aus erneuerbaren Energien wurden im Vereinigten Königreich am 1. April 2002 drei Quotensysteme implementiert. In rechtlicher Hinsicht haben Schottland und Nordirland jeweils eines, England und Wales ein gemeinsames Quotensystem. Rechtsgrundlagen hierfür sind Renewables Obligation Orders (ROO) – Verordnungen, die auf Sec. 32 des Electricity Act 1989[80] mit einer entsprechenden Änderung durch den Utilities Act 2000 zurückgehen. Wegen der strukturellen Vergleichbarkeit und der Kompatibilität der Systeme wird im Folgenden nur auf die ROO für England und Wales[81] Bezug genommen.

Weitere Regelungen insbesondere zur Regulierung enthalten die Standard-Lizenzbedingungen[82]. Im Vereinigten Königreich bedarf jedwede Aktivität im Stromsektor entlang der Wertschöpfungskette einer Lizenz, welche von der Regulierungsbehörde Ofgem erteilt wird. Das Rechtsverhältnis zwischen

78 Ausführlich hierzu S. 109 ff.

79 Abrufbar unter http://www.legislation.gov.uk/uksi/2010/1903/contents/made (Stand 27.12.2013).

80 In der Fassung der Änderung durch den Utilities Act 2000.

81 DECC, abrufbar unter http://www.decc.gov.uk/assets/decc/consultations/renewables%20obligation/1251-roo-2009-amended-2011.pdf (Stand 27.12.2013).

82 Ofgem, abrufbar unter http://www.ofgem.gov.uk/Licensing/Work/Pages/licence-conditions-consolidated.aspx (Stand 27.12.2013).

Regulierungsbehörde und Lizenznehmer wird durch standardisierte *Licence Conditions* (LC) bestimmt. Für die Auslegung und somit das Verständnis dieser LC stellt sich die Frage, ob die Lizenzverhältnisse Vertragscharakter oder Genehmigungscharakter haben. Diese Frage wurde ausführlich vom High Court of Justice, Queen's Bench Division, Administrative Court in der Rechtssache *Data Broadcasting Ltd, Simpleactive Ltd. vs. Ofcom* im Jahr 2010 erörtert: Obwohl Umstände aus dem Ausschreibungsverfahren darauf schließen lassen könnten, dass es bei der Lizenzvergabe wie bei einem privatrechtlichen Vertrag ein Angebot und eine Annahme gebe[83], müsse der Sinn und Zweck einer Lizenz berücksichtigt werden. Eine Lizenz enthalte die Genehmigung einer Aktivität, die andernfalls illegal wäre.[84] Mit dem Akt der Lizenzvergabe handelt die Behörde somit entsprechend ihrer gesetzlichen Befugnisse hoheitlich, ohne in ein privatrechtliches Rechtsverhältnis zum Lizenznehmer einzutreten. Es gibt auch keine Vereinbarungen zwischen der Behörde und dem Lizenznehmer als Grundlage für die LC. Sie entstammen vielmehr direkt den gesetzlichen Bestimmungen.[85] Obgleich diese Grundsätze im Urteil des High Court zum Telekommunikationsrecht entwickelt worden sind, sind sie wegen der strukturellen Vergleichbarkeit auf das Energierecht übertragbar. Die Vergabe von Lizenzen im Energierecht kann mit einem Verwaltungsakt, d. h. mit einer Genehmigung im deutschen Recht verglichen werden. LC ähneln insbesondere den Nebenbestimmungen eines Verwaltungsaktes. Da die Lizenzbedingungen vorformuliert und standardisiert sind, stellen sie ein wesentliches Regelungsinstrument des britischen Energierechts dar. Sie werden ausgelegt und interpretiert wie gesetzliche Bestimmungen.

3. Niederlande

Das niederländische Recht ist im Hinblick auf die Ausgestaltung des Elektrizitätssektors und des Systems zur Förderung erneuerbarer Energien dem deutschen Recht ähnlicher als dem britischen. Der niederländische Elektrizitätssektor wird durch das Elektriciteitswet 1998, das allgemeine Elektrizitätsgesetz, geregelt. Dieses enthält Regelungen für alle Bereiche entlang der Wertschöpfungskette und stellt den Umsetzungsakt zu der EltRL dar. Die Förderung der Offshore-Windener-

83 High Court of Justice, Queen's Bench Division, Administrative Court, Data Broadcasting Ltd, Simpleactive Ltd. vs. Ofcom, [2010] EWHC 1243 (Admin), Case No: CO/900/2009 2010, Rn. 81, 85.

84 Ebenda, Rn. 91.

85 Ebenda, Rn. 91.

gie erfolgt auf der Grundlage des Stimulering Duurzame Energieproductie (SDE), des Erneuerbare-Energie-Erlasses, bzw. der SDE+, dessen Nachfolgeregelung. Implementiert wurde ein Einspeisesystem mit einer Einspeisevergütung – insofern ist das niederländische Recht dem deutschen Recht näher als dem britischen. Im Gegensatz zum deutschen Recht wird Strom aus erneuerbaren Energien aber nicht mit fixen Vergütungssätzen, sondern mit variablen Zuschlägen gefördert.[86]

4. Dänemark

Dem niederländischen Recht ähnlich ist das dänische. Das Lovbekg ist das dänische Elektrizitätsmarktgesetz und regelt die Organisation des dänischen Stromsektors. Neben Regelungen zur Erzeugung, Übertragung, Verteilung und Lieferung von Strom werden in § 22 Lovbekg Stromversorgungsnetze im dänischen Hoheitsgewässer und in der dänischen AWZ angesprochen. Die Errichtung und wesentliche Änderung derartiger Netze bedürfen danach der Genehmigung des dänischen Verkehrs- und Energieministers. Ähnlich wie die entstehende Offshore-Infrastruktur stellen auch diese Stromversorgungsnetze eine Infrastruktur in der See dar, auch wenn es sich dabei noch nicht um ein Offshore-Netz handelt. Des Weiteren regelt das LovBekg in §§ 56, 60 die Ausgabe von Herkunftszertifikaten für Strom aus erneuerbaren Energien. Die Förderung der Stromerzeugung aus erneuerbaren Energien erfolgt in Dänemark auf der Grundlage des Lov om fremme af vedvarende energi (VE-Lov) vom 27. Dezember 2008. Es implementiert ein Einspeisesystem mit einem Zuschlag.[87]

5. Schweden

Der schwedische Elektrizitätssektor unterliegt im Wesentlichen den Regelungen des Ellag (1997:857), dem schwedischen Elektrizitätsgesetz. Es enthält Vorgaben für den Betrieb des Netzes, der auf der Grundlage eines Lizenzsystems erfolgt. Die Verpflichtungen des Netzbetreibers zum Anschluss von Erzeugungsanlagen sowie zur Übertragung und Verteilung des Stromes sind darin ebenso niedergelegt wie das Regulierungsregime und die Aufsicht. Besondere Regelungen für die Erzeugung von Strom aus Offshore-Windenergie enthält

---

86 Vgl. S. 105 ff.

87 Ausführlich hierzu S. 107 f.

das Gesetz anders als beispielsweise das dänische nicht. Der Anschluss von Offshore-Windenergieanlagen, der Netzzugang und die Regulierungsrahmen für Investitionen in die Offshore-Infrastruktur unterliegen damit in Schweden keinen besonderen Bestimmungen. Für die Förderung der Stromerzeugung aus erneuerbaren Energien sieht das Lag om elcertifikat (2011:1200) ein Quoten- und Zertifikatsystem vor.[88]

6. Frankreich

Das französische loi no. 2000–108 vom 10. Februar 2000 stellt die Rechtsgrundlage für die Organisation des französischen Stromsektors dar. Wie die Energiegesetze der anderen angesprochenen Staaten setzt es die EltRL um. Es enthält die Rechtsgrundlage für die Tätigkeit des nationalen französischen Übertragungsnetzbetreibers Réseau de Transport d'Electricité (RTE) und transformiert auf diese Weise die europarechtlichen Unbundlingvorschriften in nationales Recht. In rechtssystematischer Hinsicht unterscheidet sich das französische Gesetz von den anderen dargestellten Energierechtsordnungen, da es eine Rechtsgrundlage für eine Ankaufverpflichtung für Strom aus erneuerbaren Energien zu festen Vergütungssätzen sowie für ein Ausschreibungsverfahren enthält, ohne diese Instrumente in spezialgesetzliche energieumweltrechtliche Rechtsakte zu verlagern.[89] Ein Decret vom 17. November 2008 enthält aber ergänzend die Vergütungssätze für Offshore-Windenergie.

Der für den Aufbau der Infrastruktur geltende Rechtsrahmen wird ergänzt durch das Gesetz „Grenelle de l'environnement" aus dem Jahr 2009 („Grenelle I") und das Gesetz „Grenelle de l'environnement II" aus dem Jahr 2010 („Grenelle II"), welche die anwendbaren Verfahren für Offshore-Windkraftanlagen vereinfachen und den Bau der Anschlussleitungen für Offshore-Windparks optimieren.

7. Belgien

Das Arrêté du 19 décembre 2002 regelt den belgischen Stromsektor und enthält die für den Anschluss und den Netzzugang von Windenergieanlagen geltenden Vorschriften. Während die Förderung der anderen erneuerbaren Energien in die

---

88 Vgl. S. 112 f.

89 Zum französischen Fördersystem s. S. 108.

Zuständigkeit der belgischen Regionen fällt, unterliegt die Offshore-Windenergie allein dem belgischen Bundesrecht und damit auch der Zuständigkeit der belgischen Regulierungsbehörde.

8. Irland

Der irische Elektrizitätsmarkt wird durch den Electricity Regulation Act 1999 (ERA 1999)[90] geregelt. Sec. 39 (1c), (3a) des ERA enthält eine Rechtgrundlage für weitere Rechtakte zur Förderung der Stromerzeugung aus erneuerbaren Energien.[91] Auf dieser Grundlage wurde das Gesetz Statutory Instrument No. 147 im Jahr 2011 erlassen, das u. a. Vorschriften für den Netzanschluss und Netzzugang von Anlagen zur Stromerzeugung aus erneuerbaren Energien enthält. Für das Anschlussverfahren sieht überdies das CER/05/049 – „Group Processing Approach for Renewable Generator Connection Applications" besondere Regelungen vor. Es handelt sich dabei um eine rechtlich bindende Anweisung der irischen Regulierungsbehörde, die mit einer Festlegung im deutschen Energierecht vergleichbar sein dürfte. Die finanzielle Förderung von erneuerbaren Energien erfolgt aufgrund eines Einspeisesystems, das in drei teilweise zeitlich aufeinanderfolgenden Rechtsakten niedergelegt ist: dem Renewable Energy Feed-in Tariff 1 (REFIT 1), dem REFIT 2 und dem REFIT 3.

9. Norwegen

Norwegen weist im Hinblick auf die Wahl der Regulierungs- und Förderinstrumente gewisse Parallelen zu Großbritannien auf, auch wenn hier bislang keine separaten Förderinstrumente für die Stromerzeugung aus Offshore-Windenergie und die Errichtung von Offshore-Netzinfrastruktur implementiert wurden.

Der norwegische Rechtsrahmen für die Energiewirtschaft wird durch das Energilova (Energiegesetz)[92] und derjenige für die Offshore-Windenergie vom Havenergilova[93] vorgegeben. Auf der Grundlage des Energilova wurde eine

90 In Kraft getreten am 11.07.1999, zuletzt geändert am 31.12.2012.

91 Vgl. S. 108.

92 Abrufbar unter http://www.lovdata.no/all/nl-19900629–050.html (Stand 27.12.2013).

93 Abrufbar unter http://www.lovdata.no/ltavd1/filer/nl-20100604–021.html (Stand 27.12.2013).

Rechtsverordnung (No. FOR-2001–12–10–1377)[94] erlassen, welche die Produktion, Erzeugung, Übertragung und Verteilung von Elektrizität regelt. Das System zur Förderung der Stromerzeugung aus erneuerbaren Energien ist ebenfalls in einer Verordnung niedergelegt (No. FOR-2011–12–16–1398).[95] Der Rechtsrahmen für grenzüberschreitende Verbindungsleitungen, also Interkonnektoren, ist in der Verordnung No. FOR 2002–05–07–448[96] enthalten.

94 Abrufbar unter http://www.lovdata.no/for/sf/oe/oe-20011210–1377.html (Stand 27.12.2013). Zum Fördersystem vgl. S. 112 f.

95 Abrufbar unter: http://lovdata.no/dokument/SF/forskrift/2011–12–16–1398 (Stand 27.12.2013).

96 Abrufbar unter http://www.lovdata.no/for/sf/oe/xe-20020507–0448.html (Stand 27.12.2013).

D. Hemmnisse für die Errichtung und den Betrieb eines integrierten Offshore-Netzes

Im Folgenden wird untersucht, welche Hemmnisse für die Regulierung der bestehenden und künftig entstehenden Netzinfrastruktur in der Nordsee aus der aufgezeigten Heterogenität der nationalen Rechtsordnungen entstehen können. Insbesondere der europäische Rechtsrahmen enthält Regelungen, die in ihrer gegenwärtigen Fassung einem umfassenden, vernetzten Ausbau von Offshore-Infrastruktur entgegenstehen können. Dies ist im Wesentlichen darauf zurückzuführen, dass die mögliche Entwicklung einer integrierten Netzinfrastruktur in der Nordsee bei dem Erlass der einschlägigen Rechtsnormen nicht vorhergesehen wurde. Neu auftretende Fragen können deshalb regelmäßig nur im Wege einer am Telos orientierten Gesetzesauslegung beantwortet werden. Wo sich mit Blick auf ein integriertes Nordseenetz rechtliche Probleme ergeben können, wird nachfolgend anhand der relevanten Themenfelder exemplarisch aufgezeigt.

I. Rechtliche Einordnung der Offshore-Infrastruktur in bestehende Kategorien

Maßgebend für eine Evaluierung der bestehenden Regulierungsregime für ein integriertes Nordseenetz ist dessen rechtliche Einordnung in die existierenden Infrastrukturkategorien „Anbindungsleitung", „Netz" und „Interkonnektor", da an diese zum Teil unterschiedliche Rechtspflichten geknüpft werden. Die neue Infrastruktur zeichnet sich durch Netzelemente aus, die über eine bloße Punkt-zu-Punkt-Verbindung wie bei einem konventionellen Interkonnektor hinausgehen.[97] Der britische Energieregulierer Ofgem sieht deshalb die entstehende Netzinfrastruktur in der Nordsee als eine Kombination von Anbindungsleitungen und Interkonnektoren an.[98] Bestehende Verbindungsleitungen zwischen den britischen und anderen Übertragungsnetzen werden als „reine Interkonnektoren" bezeichnet, um diese von Anbindungsleitungen in mehrere

97 Ebenda.

98 Ofgem, Electricity interconnector policy, 26.1.2010, S. 4.

Märkte (sog. *split connections*)[99] abzugrenzen. Da Anschlussleitungen und Interkonnektoren in Großbritannien verschiedenen Regulierungsregimen unterliegen und diese als nicht miteinander kompatibel angesehen werden, wird dort allein deshalb schon auf nationaler Ebene über die Regulierung des entstehenden Nordseenetzes diskutiert.[100] Vor diesem Hintergrund werden im Folgenden die Begriffe Anbindungsleitung, Netz und Interkonnektor deutlich unterschieden. Es wird davon ausgegangen, dass das Nordseenetz nicht nur einer dieser Kategorien unterfällt, sondern dass die verschiedenen Bestandteile des Netzes unterschiedlich einzuordnen sind. Wie auf dem Festland muss für jede Leitung geprüft werden, ob es sich um eine Anbindungsleitung, einen Teil des Elektrizitätsversorgungsnetzes bzw. Übertragungsnetzes oder um einen Interkonnektor handelt. Anbindungsleitungen sind dabei solche Leitungen, mit denen eine elektrotechnische Verbindung zwischen einer Erzeugungsanlage und dem nächstgelegenen Netzverknüpfungspunkt hergestellt, also eine Anlage an das Netz angeschlossen wird. Interkonnektoren sind Leitungen, die eine Grenze zwischen zwei Staaten überspannen oder überqueren und zwei Übertragungsnetze (d. h. in der Regel zwei Regelzonen) miteinander verbinden.[101] Der Begriff des Netzes bezeichnet eine vermaschte Infrastruktur aus einer Mehrzahl von Leitungen, die dazu dienen, die Allgemeinheit mit Elektrizität zu versorgen. Das niederländische Recht enthält in Art. 1 (1i) Elektriciteitswet 1998 einen engeren Netzbegriff. Danach besteht ein Netz aus einer oder mehreren Verbindungen zur Übertragung von Elektrizität einschließlich der Einrichtungen zur Umspannung, sofern die Leitungen und Bestandteile nicht zu der jeweiligen Erzeugungsanlage gehören.

Die unterschiedlichen Infrastrukturkategorien unterfallen zum Teil unterschiedlichen Regulierungsregimen. So ist z. B. die StromHVO nur auf Interkonnektoren, nicht aber auf Anbindungsleitungen anwendbar. Ob eine bestimmte Regelung gegebenenfalls auch auf eine andere als die im Gesetz genannte Infrastrukturkategorie angewandt werden kann, ist für jeden Einzelfall an den Voraussetzungen einer Analogiebildung (planwidrige Regelungslücke, vergleichbare Interessenlage) zu prüfen.

---

99 Oben, S. 5 ff.

100 Ofgem, Summary of responses to Ofgem's consultation on electricity interconnector policy, S. 9, abrufbar unter https://www.ofgem.gov.uk/ofgem-publications/83479/summaryofresponsesfromelectricityinterconnectorpolicy.pdf (Stand 27.12.2013).

101 Vgl. Art. 2 Abs. 1 StromHVO.

II. Netzanschluss- und Regulierungsregime für Anbindungsleitungen

Die gesetzlichen oder im Vereinigten Königreich aus den LC resultierenden Netzanschlusspflichten sind in den geltenden Energierechtsordnungen der Nordseeanrainerstaaten streng national ausgerichtet und können deshalb im Einzelfall zu volkswirtschaftlich nicht effizienten Lösungen führen. So stellt sich z. B. die Frage, ob die in der deutschen AWZ westlich von Sylt geplanten Windparks nicht in Dänemark kostengünstiger als in Deutschland angeschlossen werden könnten, wo ihr Netzanschluss mit einem 160 km langen Kabel bis nach Brunsbüttel erfolgen soll.[102] Ähnliche Fragen stellen sich u. a. in den Grenzgebieten von Deutschland und den Niederlanden („Riffgat“), den Niederlanden und Belgien und Dänemark und Norwegen. Naheliegend ist außerdem, dass durch den gemeinsamen Netzanschluss von Offshore-Windparks in Grenzgebieten Synergien geschaffen werden könnten. So hätte ein alternatives transnationales Netzanschlusskonzept für die Dreiländerzone „Kriegers Flak“[103] auch vorsehen können, dass alle dortigen Windparks – seien sie nun in der deutschen, schwedischen oder dänischen AWZ belegen – mit einer einzigen Sammelanbindung in nur einem der drei Staaten angeschlossen werden. Für solche Verbundkonzepte sprechen erhebliche Größenvorteile, da es in der Regel weniger aufwändig ist, ein einzelnes Kabel mit einer großen Kapazität zu verlegen als zwei Kabel mit einer jeweils geringeren Kapazität.

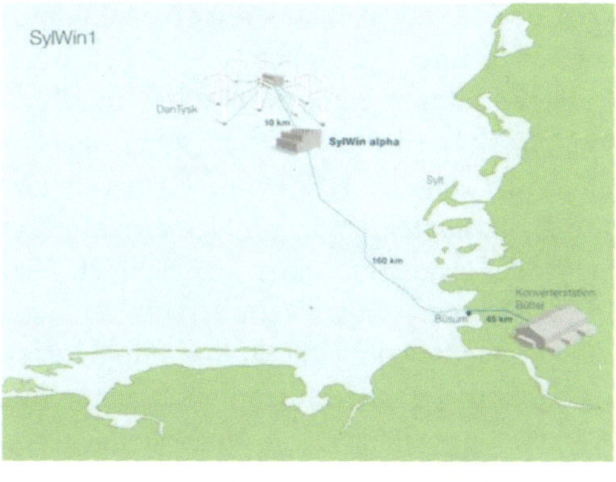

Abb. 5: Windparks vor Sylt (Quelle: TenneT TSO GmbH)

102 TenneT TSO GmbH, SylWin1 – 160 km langes Seekabel zum Anschluss von Windparks vor Sylt, Informationsblatt.

103 Dazu schon oben, S. 11 ff.

Obwohl grenzüberschreitende Netzanschlüsse zum Teil deutlich geringere Kosten verursachen können und deshalb in einigen Fällen ökonomisch sinnvoll wären, sehen die geltenden Regulierungsregime der Nordseeanrainerstaaten solche Lösungen bislang nicht vor. Dies liegt einerseits daran, dass sich die Netzanschlussregime der Nordseeanrainerstaaten stark voneinander unterscheiden und andererseits daran, dass die Zuständigkeiten für den Netzanschluss in den nationalen Energierechtsordnungen nicht grenzüberschreitend, sondern national definiert sind. Auch die gesetzlichen Regelungen über die Kostentragung für den Netzanschluss sind in den meisten Nordseeanrainerstaaten so gefasst, dass sich keine wirksamen Anreize für die Entwicklung effizienter grenzüberschreitender Netzanschlusslösungen ergeben.

1. Begriffsbestimmung

Explizite Definitionen des Begriffes *Netzanschluss* finden sich in den Energierechtsordnungen der Nordseeanrainerstaaten überwiegend nicht. Einzig das niederländische Elektriciteitswet 1998 definiert den Begriff des Netzanschlusses im Abschnitt über Definitionen in Sec. 1 (1b) als eine oder mehrere Verbindungsleitungen zwischen einem Netz und einer unbeweglichen Sache i. S. d. niederländischen Rechts oder zwischen einem Netz und einem anderen Netz von verschiedener Spannung. Das deutsche Recht ist indirekter. Aus § 17 EnWG folgt, dass der Begriff des Netzanschlusses die Herstellung einer elektrotechnischen Verbindung zwischen einer Erzeugungs-, Speicher- oder Verbrauchsanlage und einem Elektrizitätsversorgungsnetz beschreibt. In der Anwendungspraxis zum britischen Energierecht wird die Unterscheidung der beiden Ansätze *connect and manage* und *invest and connect* betont, da diese in Großbritannien beide bereits zur Anwendung gekommen sind. Ein Netzanschluss wird dort heute definiert als Verbindung oder Änderung einer bestehenden Verbindung zwischen einem nationalen Übertragungs- oder Verteilernetz und einem *connect and manage*-Antragsteller. Bestandteil der Definition ist die Feststellung, dass die Verbindung von der Beendigung der Anschlussarbeiten, nicht hingegen von der Beendigung von Netzverstärkungs- und Netzausbauarbeiten abhängt.[104] Der *connect and manage*-Ansatz im britischen Energierecht hat den *invest and connect*-Ansatz abgelöst. Letzterer bestand darin, dass ein Netzanschluss erst nach dem erfolgten notwendigen Netzausbau stattfinden sollte. Der *connect and manage*-Ansatz, dem

104 LC A1 für Übertragungsnetze.

auch die meisten anderen Nordseeanrainerstaaten folgen, impliziert, dass eine Anlage zunächst an das Netz angeschlossen wird und der Netzbetreiber anschließend erforderlichenfalls ein Engpassmanagement oder Netzerweiterungsmaßnahmen durchführen muss. Im Rahmen der Kapazitätsbewirtschaftung durch die Netzbetreiber können neu angeschlossene oder auch ältere Anlagen zur effizienten Ausnutzung der vorhandenen Kapazitäten vorübergehend abgeschaltet werden.[105] Erst auf der Grundlage eines effizienten Netzmanagements erfolgen ggf. notwendige Netzausbaumaßnahmen.

2. Pluralität der Netzanschlussregime

Die einzelnen Nordseeanrainerstaaten haben die Frage des Netzanschlusses von Offshore-Windparks zum Teil sehr unterschiedlich geregelt. In den meisten Staaten sind zwar die ÜNB für die Herstellung des Netzanschlusses von Offshore-Windparks verantwortlich. Insbesondere in Großbritannien gilt jedoch eine andere Regelung. Dort kann der Netzanschluss von den Anlagenbetreibern vorgenommen oder ausgeschrieben werden. Wem die Verantwortung für den Netzanschluss auferlegt wird, kann auch mit der Frage zusammenhängen, ob Anbindungsleitungen in der jeweiligen nationalen Energierechtsordnung zu der jeweils angeschlossenen Erzeugungsanlage (z. B. einem Windpark) oder zum Netz gezählt werden, oder ob sie eine eigene Infrastrukturkategorie darstellen.

a) Netzorientierte Systeme

In den meisten Nordseeanrainerstaaten sind die ÜNB für den Netzanschluss von Offshore-Windparks verantwortlich. Anbindungsleitungen werden als Bestandteile der Elektrizitätsversorgungsnetze angesehen und deshalb deren Betreibern zugeordnet. Dahinter steht die Absicht, die Koordinierung und Ausführung der Netzanbindungen von Offshore-Windparks in einer Hand zu bündeln, um damit z. B. Sammelanbindungen (sog. *Cluster*) zu ermöglichen. Außerdem sollen der technische Sachverstand und die umfassenden praktischen Erfahrungen der ÜNB hinsichtlich des Leitungsbaus ausgenutzt werden. Die alleinige Inpflichtnahme der ÜNB verfestigt aber die national ausgerichtete Planung der Netzanbindungen, da die Regelzonen der ÜNB in der Regel dem Gebiet eines Staates entsprechen

105 Ausführlich zur Bewirtschaftung kurzfristiger Netzengpässe *König*, Engpassmanagement in der deutschen und europäischen Elektrizitätsversorgung, 2013, S. 150 ff.

oder jedenfalls nicht darüber hinausgehen. Das gilt sogar für die TenneT B.V./TenneT TSO GmbH, die zwar neben dem niederländischen Übertragungsnetz auch das unmittelbar daran angrenzende ehemalige E.ON-Netz in Norddeutschland betreibt, die beiden Regelzonen aber nicht miteinander verschmolzen hat. Allerdings ist nicht von der Hand zu weisen, dass die grenzüberschreitende Verbindung zweier Übertragungsnetze in einem Unternehmen die Planung und Ausführung grenzüberschreitender Netzanschlussprojekte deutlich erleichtert.

Die von den Nordseeanrainerstaaten implementierten netzorientierten Systeme setzen dabei unterschiedliche Anreize für eine kosteneffiziente Netzanbindung. In Deutschland und Dänemark geht für den Netzbetreiber mit dem Anschluss von Offshore-Windenergieanlagen auch eine Kostentragungspflicht einher. Ihre Kosten können die Netzbetreiber jedoch bei der Berechnung der Netzentgelte in Ansatz bringen. Eine Netzanbindung nach ökonomischen Kriterien ist diesen Systemen ursprünglich nicht immanent, sondern wird in der Regel durch eine wettbewerbsorientierte Kostenregulierung (z. B. Anreizregulierung) erreicht. Erst dadurch werden die Netzbetreiber zu einer kosteneffizienten Errichtung der Anschlussleitungen motiviert. Anreize für eine kosteneffiziente Standortwahl der Anlagenbetreiber existieren oftmals gar nicht. Ein an ökonomischen Kriterien ausgerichteter Aufbau der Offshore-Infrastruktur in Form von Anbindungsleitungen lässt sich auf diese Weise nur begrenzt erreichen.

Teilweise werden deshalb netzorientierte Systeme, die die Anschlusspflicht nicht mit einer Kostentragungspflicht für den Netzbetreiber verbinden, als vorzugswürdig angesehen. Die Niederlande[106], Frankreich[107], Belgien[108], Norwegen[109] und Schweden[110] weisen die Kosten des Netzanschlusses dem Anlagenbetreiber zu. Auf diese Weise wird er motiviert, einen Standort für seine Anlage zu wählen, die mit möglichst geringen Anschlusskosten verbunden ist.

b) Anlagenorientierte Systeme

Einige Nordseeanrainerstaaten erlauben außerdem, dass die Anlagenbetreiber den Netzanschluss ihrer Anlagen selbst herstellen, oder sehen dies sogar als Regelfall vor. Dahinter steht die Sichtweise, dass eine Anbindungsleitung als Bestandteil

106 Vgl. S. 48.
107 Vgl. S. 49.
108 Vgl. S. 49.
109 Vgl. S. 50.
110 Vgl. S. 48.

der jeweiligen Erzeugungsanlage anzusehen ist oder mit dieser zumindest in einem engen Kausalitätsbezug steht. Die gesetzliche Indienstnahme der Anlagenbetreiber hat den Vorteil, dass die Anlagenbetreiber über ein starkes Eigeninteresse am Netzanschluss ihrer Anlagen verfügen und sich deshalb regelmäßig mit großem Engagement für deren zügigen Netzanschluss einsetzen. Ein Nachteil anlagenorientierter Systeme besteht in der schwierigeren Koordinierung der einzelnen Netzanschlussprojekte. Gerade in Gebieten, in denen viele Offshore-Windparks auf vergleichsweise engem Raum geplant werden, können gemeinsame Anbindungslösungen Sinn ergeben. Diese können in der Regel am besten durch einen zentralen Planer erarbeitet werden. Anlagenorientierte Systeme, welche die Anlagenbetreiber selbst für den Netzanschluss ihrer Anlagen in die Pflicht nehmen, sind aber weniger dirigistisch und haben den Vorteil, dass sie stärker marktbasiert sind als zentralistische, netzorientierte Systeme.

Die volkswirtschaftlich günstige Wirkung der anlagenorientierten Systeme wird durch die Übernahme der Anbindungskosten durch den Anlagenbetreiber noch verstärkt. Ein Beispiel für eine Kostentragungspflicht der Anlagenbetreiber liefert Großbritannien. Dort enthalten die Licence Conditions (LC), die den Betreibern von Übertragungsnetzen bei dem Erwerb einer Netzbetriebslizenz auferlegt werden, Vorgaben für die Berechnung der Entgelte für den Netzanschluss. Netzanschlusskosten sind definiert als Kosten, die durch die Errichtung und Unterhaltung des Netzanschlusses einer Erzeugungsanlage, also auch eines Offshore-Windparks entstehen. Die Methoden zur Berechnung der Entgelte werden von Ofgem genehmigt. Getragen werden die Anschlussentgelte von den Windparkbetreibern.

c) Ausschreibungssysteme

Obwohl die gesetzliche Indienstnahme entweder der ÜNB oder der Anlagenbetreiber für den Netzanschluss von Offshore-Windparks wegen deren engem Bezug zu den Elektrizitätsversorgungsnetzen bzw. den anzuschließenden Anlagen besonders nahe liegt, kommt auch die Möglichkeit in Betracht, Dritte mit dem Netzanschluss zu beauftragen. Denkbar sind insbesondere Ausschreibungssysteme, bei denen die Herstellung des begehrten Netzanschlusses und ggf. auch der spätere Betrieb der Anbindungsleitung über einen Markt vergeben werden. Interessierte Unternehmen, z. B. ÜNB aus anderen Mitgliedstaaten oder sonstige Infrastrukturbetreiber, können dann jeweils Gebote für die Erfüllung der ausgeschriebenen Leistung und ihren Preis anbieten. Eine zentrale Stelle, z. B. der nationale ÜNB oder die Regulierungsbehörde, wertet anschließend die Angebote aus und erteilt unter Berücksichtigung von wirtschaftlichen und sonstigen vorab definierten Kriterien den Zuschlag. Ausschreibungssysteme haben den Vorteil, dass in jedem Ausschreibungsverfahren die Leistungsfähigkeit der jeweiligen Bieter neu überprüft werden kann, sodass Überforderungen einzelner Unternehmen, wie sie insbesondere in netzorientierten Systemen auftreten, ausgeschlossen sind.

So gab der für die deutsche Nordseeküste zuständige ÜNB TenneT TSO GmbH im November 2011 öffentlich bekannt, dass er die Anbindung der Windparks in der deutschen AWZ finanziell nicht leisten könne und stärkere staatliche Unterstützung benötige.[111] Ausschreibungssysteme bieten die Möglichkeit, die finanziellen Lasten des Netzanschlusses auf mehrere Schultern zu verteilen und dabei die individuelle Leistungsfähigkeit der beteiligten Unternehmen im Blick zu behalten. Deshalb ist z. B. im deutschen Recht für den Fall, dass eine dringend notwendige Investition von dem zuständigen ÜNB nicht vorgenommen wird, gemäß § 65 Abs. 2a S. 2 EnWG die Möglichkeit vorgesehen, dass die Durchführung dieser Investition – im Wege einer zwangsweisen Ersatzvornahme – von der zuständigen Regulierungsbehörde ausgeschrieben werden kann. Gemäß § 17d Abs. 6 EnWG ist § 65 Abs. 2a EnWG entsprechend anzuwenden, wenn der anbindungsverpflichtete ÜNB eine Leitung, die nach dem deutschen Offshore-Netzentwicklungsplan errichtet werden muss, nicht entsprechend den insbesondere auch zeitlichen Vorgaben des Offshore-Netzentwicklungsplans errichtet.

Ein weiterer Vorteil von Ausschreibungssystemen kann in deren höherer Kosteneffizienz liegen. Ausschreibungen bieten stets die Möglichkeit, mehrere Angebote einzuholen, und – wenn nicht andere Kriterien höher gewichtet werden – dem wirtschaftlichsten Angebot den Zuschlag zu erteilen. Durch den Einsatz einer umgekehrten Auktion (Zuschlag auf das niedrigste Gebot) wird ein Marktmechanismus ausgenutzt, der in der Regel einen Bieterwettbewerb in Gang setzt. Da jeder Bieter das niedrigste Gebot abgeben will, haben alle Bieter einen starken Anreiz, die Ausführung des Netzanschlusses möglichst wirtschaftlich zu kalkulieren. Demgegenüber steht in netz- und anlagenorientierten Systemen stets von vornherein fest, wer den Netzanschluss auszuführen hat, sodass es nicht zu einem Bieterwettbewerb kommen kann. Während die Anlagenbetreiber (sofern sie die Kosten des Netzanschlusses selbst tragen müssen) einen natürlichen Anreiz zur Kosteneffizienz haben, ergibt sich dieser für die ÜNB erst aus der wettbewerbsfördernden

---

111 Die BNetzA hat aus diesem Grund die Zertifizierung von TenneT zunächst abgelehnt; vgl. Pressemitteilung vom 10.7.2012, abrufbar unter http://www.bundesnetzagentur.de/SharedDocs/Pressemitteilungen/DE/2012/120710_EUKOM_Zertifizierung.html?nn=65116 (Stand 27.12.2013).

Regulierung der Netzentgeltgestaltung. Ein hohes Maß an Kosteneffizienz ist deshalb in diesen Systemen schwieriger zu erreichen als in Ausschreibungssystemen, die schon ihrer Konzeption nach auf Wettbewerb, Kosteneffizienz und Wirtschaftlichkeit ausgerichtet sind.

d) Netzanschlussregime der Nordseeanrainerstaaten

Zur Veranschaulichung werden im Folgenden die Besonderheiten der Netzanschlussregime der Nordseeanrainerstaaten erläutert und, soweit möglich, in die soeben dargestellten Kategorien eingeordnet.

aa) Deutschland

In Deutschland wird der Netzanschluss von Offshore-Windparks durch die ÜNB vorgenommen, die dabei an strenge gesetzliche Vorgaben gebunden sind. Durch das Dritte Gesetz zur Neuregelung energiewirtschaftsrechtlicher Vorschriften vom 20. Dezember 2012, das am 28. Dezember 2012 in Kraft getreten ist, wurde der Netzanschluss von Offshore-Windparks in Deutschland weitgehend neu geregelt. Gemäß § 17b Abs. 1 S. 1 EnWG sind die ÜNB seither verpflichtet, jährlich einen gemeinsamen Offshore-Netzentwicklungsplan für die AWZ der Bundesrepublik Deutschland und das Küstenmeer bis einschließlich der Netzverknüpfungspunkte an Land vorzulegen. Der Offshore-Netzentwicklungsplan ergänzt den Onshore-Netzentwicklungsplan gemäß § 12b EnWG und muss gemäß § 17b Abs. 1 S. 2 EnWG alle wirksamen Maßnahmen zur bedarfsgerechten Optimierung, Verstärkung und zum Ausbau der Offshore-Anbindungsleitungen enthalten, die in den nächsten zehn Jahren für einen schrittweisen, bedarfsgerechten und wirtschaftlichen Ausbau sowie einen sicheren und zuverlässigen Betrieb der Offshore-Anbindungsleitungen erforderlich sind. Gemäß § 17b Abs. 2 S. 1 EnWG muss der Offshore-Netzentwicklungsplan für alle darin aufgelisteten Maßnahmen Angaben zum geplanten Fertigstellungszeitpunkt enthalten und verbindliche Termine für den Beginn der Umsetzung vorsehen. Der Offshore-Netzentwicklungsplan wird also für die Planung von Anbindungsleitungen vor den deutschen Küsten in Zukunft von größter Bedeutung sein.

Gemäß § 17d Abs. 1 S. 1 EnWG muss der ÜNB, in dessen Regelzone der Netzanschluss einer Offshore-Anlage erfolgen soll (anbindungsverpflichteter ÜNB; TenneT oder 50Hertz), die Anbindungsleitung entsprechend den Vorgaben des Offshore-Netzentwicklungsplans errichten und betreiben. Gemäß § 17d Abs. 1 S. 2 EnWG müssen die ÜNB die Umsetzung der Anbindungsleitungen und Konverterplattformen entsprechend den Vorgaben des Offshore-Netzentwicklungsplans beginnen und die Errichtung der Anbindungsleitungen und Konverterplattformen zügig vorantreiben. Das Datum des voraussichtlichen Fertigstellungstermins ist gemäß § 17d Abs. 2 S. 1 EnWG dem Betreiber des anzuschließenden Offshore-Windparks bekannt zu machen und im Internet zu veröffentlichen. 30 Monate vor der voraussichtlichen Fertigstellung wird der bekannt gemachte Fertigstellungstermin gemäß § 17d Abs. 2 S. 3 EnWG verbindlich. Kann der Fertigstellungstermin später nicht eingehalten werden, muss der verantwortliche ÜNB gemäß § 17e Abs. 2 EnWG eine Entschädigung in Höhe von 90 Prozent der gesetzlichen Vergütung nach § 31 EEG leisten.

Für die ÜNB ergibt sich aus der drohenden Sanktionierung ein gewisser Anreiz, in den Offshore-Netzentwicklungsplänen übermäßig lange Fristen vorzusehen, um diese dann auf jeden Fall einhalten zu können. Die Ausarbeitung des Offshore-Netzentwicklungsplans und seine Inhalte werden deshalb von der BNetzA begleitet, die dem Offshore-Netzentwicklungsplan außerdem gemäß § 17c EnWG i. V. m. §§ 12c, 12d EnWG zustimmen muss. Es ist allerdings nicht zu verkennen, dass in Deutschland die ÜNB die maßgeblichen Akteure bei der Planung und Durchführung des Ausbaus von Offshore-Netzinfrastruktur sind. Sollten sich die ÜNB weigern, ihren gesetzlichen Aufgaben nach §§ 17b, 17d EnWG nachzukommen, können sie jedoch durch behördliche Maßnahmen dazu angehalten werden. Gemäß § 65 Abs. 1 S. 1 und 2 EnWG kann die BNetzA alle erforderlichen Abhilfemaßnahmen verhaltensorientierter oder struktureller Art vorschreiben, die verhältnismäßig und für eine wirksame Abstellung des Verstoßes gegen die gesetzlichen Pflichten erforderlich sind.

Die BNetzA kann auch in Hinblick auf den Netzanschluss von Offshore-Windparks die 2011 neu geschaffene Befugnis des § 65 Abs. 2a EnWG nutzen. Danach kann die BNetzA ÜNB, die eine Investition, die nach dem Netzentwicklungsplan innerhalb von drei Jahren nach Eintritt der Verbindlichkeit gemäß § 12c Abs. 4 S. 1 EnWG durchgeführt werden musste, nicht getätigt haben, unter Fristsetzung zur Durchführung der betreffenden Investition auffordern, sofern die Investition unter Zugrundelegung des jüngsten Netzentwicklungsplans noch relevant ist. Nach Ablauf der Frist kann die BNetzA gemäß § 65 Abs. 2a S. 2 EnWG ein Ausschreibungsverfahren zur Vornahme der betreffenden Investition durchführen, die Investition also im Wege der zwangsweisen Ersatzvornahme von einem anderen Unternehmen durchführen lassen. Obwohl in § 65 Abs. 2a EnWG Maßnahmen nach dem Offshore-Netzentwicklungsplan nicht erwähnt werden, war schon zur alten Rechtslage davon auszugehen, dass die dort geregelte Befugnis zumindest im Wege der Analogie für den Ausbau von On- und Offshore-Netzinfrastruktur gleichermaßen gilt. Mit § 17d Abs. 6 EnWG, der durch das Dritte Gesetz zur Neuregelung energiewirtschaftsrechtlicher Vorschriften v. 20. Dezember 2012 in das Gesetz eingefügt wurde, hat der Gesetzgeber die entsprechende Anwendung nun ausdrücklich klargestellt. Danach ist § 65 Abs. 2a EnWG entsprechend anzuwenden, wenn der anbindungsverpflichtete ÜNB eine Leitung, die nach dem Offshore-Netzentwicklungsplan errichtet werden muss, nicht entsprechend den insbesondere auch zeitlichen Vorgaben des Offshore-Netzentwicklungsplans errichtet.

bb) Dänemark

Dänemark[112] hat ebenfalls ein Anschlusssystem eingerichtet, das die Effektivität der Netzanbindungsregelungen höher gewichtet als deren Kosteneffizienz. Nach § 2 (2) Order 1063/2010 muss der dänische ÜNB jede Windkraftanlage an sein Netz anschließen, die die technischen Voraussetzungen zur Netzanbindung erfüllt. Energinet.dk, der dänische ÜNB, der im dänischen Energierecht stets namentlich genannt wird, ist gemäß § 32 (1) VE-Lov für die Herstellung des Anschlusses der Anlage an das Netz verantwortlich. Dies gilt für ausgeschriebene Anlagenprojekte. § 30 VE-Lov sieht eine Teilung der Anbindungskosten zwischen Netzbetreiber und Anlagenbetreiber vor. Einzelheiten regelt der Klima- und Energieminister. Für Offshore-Anlagen, über deren Errichtung im Wege eines Ausschreibungsverfahrens entschieden wurde, trägt jedoch der dänische ÜNB allein die Anschlusskosten. Die Netzanschlusskosten können allerdings bei der Berechnung der Netzentgelte in Ansatz gebracht werden und sind dementsprechend letztlich von den Stromendverbrauchern zu tragen.[113]

Das VE-Lov hält überdies in § 31 zwei Haftungsgrundlagen bereit. Nach § 31 (1) VE-Lov haftet der Anlagenbetreiber gegenüber dem ÜNB Energinet.dk für alle Schäden, die dadurch entstehen, dass der Anlagenbetreiber die Anlage nicht errichtet. Umgekehrt kann Energienet.dk vom Anlagenbetreiber in Anspruch genommen werden und ist ersatzpflichtig für alle Schäden, die dadurch entstehen, dass die Anlage nicht innerhalb der im Ausschreibungsverfahren vorgegebenen Zeit angeschlossen wird. Beide möglichen Zahlungsströme sind gemäß § 31 (5) VE-Lov von Energinet.dk bei der Berechnung der Netzentgelte i. S. d. Sec. 71 Lovbekg in Ansatz zu bringen.

---

112 Zum dänischen Rechtsrahmen oben S. 33.

113 Vgl. *Roggenkamp/Hendriks/Ummels/Kling*, Market and regulatory aspects of transnational offshore electricity networks for wind power interconnection in: Wind Energy 2010, 13, S. 483, 489.

cc) Schweden

Schweden[114] hat wie Dänemark ein netzorientiertes Anschlusssystem etabliert, dieses aber im Gegensatz zum dänischen mit Effizienzkriterien versehen. Verpflichtet zum Anschluss ist nach Kapitel 3 § 6 Ellag (1997:857) der Netzbetreiber. Die Kosten der Netzanbindung trägt jedoch der Anlagenbetreiber über ein Entgelt, das er für die Nutzung des Anschlusses zahlt. Rechtsgrundlage hierfür ist § 9a Ellag (1997:857). Bei der Kalkulation des Entgeltes werden der geographische Ort des Netzanschlusspunktes und die vereinbarte Kapazität des Netzanschlusspunktes in Ansatz gebracht.

dd) Niederlande

Die Niederlande[115] haben ein netzorientiertes Anschlusssystem in einer abgeschwächten Form implementiert. Gemäß Art. 23 (1) i. V. m. Art. 28 (2) Elektriciteitswet 1998 ist der Netzbetreiber zwar verantwortlich für die Herstellung des Netzanschlusses, allerdings nur gegen ein vom Anlagenbetreiber zu entrichtendes Entgelt. Bei der Berechnung des Entgeltes bestimmen der Standort der Anlage bzw. ihre Entfernung zum Netz und die Tiefe, in der die Anschlussleitung gelegt werden muss, die vom Anlagenbetreiber zu tragenden Netzanschlusskosten. Insofern setzt das niederländische Recht für Anlagenbetreiber stärkere Anreize als das deutsche oder das dänische Recht, einen Standort zu wählen, der eine kosteneffiziente Netzanbindung ermöglicht.

Der ÜNB muss den Netzanschluss innerhalb eines angemessenen Zeitraumes herstellen. Für Netzanbindungen von weniger als 10 MW und für Anlagen zur Stromerzeugung aus erneuerbaren Energien bestimmt Art. 23 (3) Elektriciteitswet 1998 eine Frist von 18 Wochen als angemessen. Für Anbindungsleitungen mit mehr MW belässt es das Gesetz beim unbestimmten Rechtsbegriff der Angemessenheit. Aus einem Umkehrschluss aus Art. 23 (3b) Elektriciteitswet 1998 folgt, dass die Nichtanwendung der 18-Wochen-Frist nur für den Anschluss von Anlagen mit mehr als 10 MW gilt, die auf konventionelle Weise Strom erzeugen. Somit müssen Offshore-Windenergieanlagen als Anlagen, die gerade keine konventionelle Energie einsetzen, stets innerhalb von 18 Wochen angeschlossen werden, auch wenn sie eine Anbindungskapazität von mehr als 10 MW erfordern. Betreiber, die eine Anbindungskapazität von mehr als 10 MW benötigen, können zudem den Bau der Anbindungsleitung ausschreiben.

114 Zum schwedischen Energierecht vgl. den Überblick auf den S. 33 f.

115 Der niederländische Rechtsrahmen wurde auf S. 32 f. im Überblick dargestellt.

ee) Frankreich

Für die Anbindung einer Anlage an das französische Netz ist gemäß Art. L111–91 Code de l'énergie[116] ebenfalls der Netzbetreiber verantwortlich. Es handelt sich dabei um ein garantiertes, nicht um ein vorrangiges Netzanschlusskonzept. Der Anlagenbetreiber stellt bei dem anschlussverpflichten ÜNB RTE einen Antrag auf Herstellung der technischen Verbindung der Anlage mit dem Netz. RTE muss innerhalb von drei Monaten ein Angebot zum Abschluss eines Anschlussvertrages i. S. d. Art. L121–4 Code de l'énergie abgeben, das die technischen und finanziellen Modalitäten des Anschlusses enthält. Die Anschlusskosten werden nach Art. 18 Loi n°2000–108 vom Anlagenbetreiber getragen. Es handelt sich dabei um die realen Kosten, die notwendig sind, um die Anlage an das Übertragungsnetz anzubinden. Die in Folge des Anschlusses entstehenden Netzausbaukosten trägt hingegen wie in den anderen Rechtsordnungen der Netzbetreiber, der diese Kosten dann aber bei der Berechnung der Netzentgelte in Ansatz bringen kann.

Das Grenelle 2 verpflichtet RTE, einen Plan für die Anbindung von Anlagen zur Erzeugung von Strom aus erneuerbaren Energien einschließlich Offshore-Windenergie zu entwickeln. In diesem Plan soll auch neue Netzinfrastruktur einschließlich der hierfür notwendigen antizipierten Kosten bestimmt werden, um die Ziele der Regionalpläne zu erreichen. Die Kosten sollen zwischen den Projektentwicklern aufgeteilt werden. Diese Kostenteilung bewirkt, dass nicht der erste anschlusswillige Anlagenbetreiber für eine neu entstehende Infrastruktur zahlen muss, sondern dass auch andere Anlagenbetreiber an den Kosten beteiligt werden.

ff) Belgien

In Belgien[117] besteht für Strom aus erneuerbaren Energien wie in Deutschland ein Anspruch auf vorrangigen Netzanschluss und vorrangigen Netzzugang. Das Netzanschlusskonzept ähnelt dem französischen. Der Anlagenbetreiber stellt bei dem Netzbetreiber, der gemäß Art. 3–9 Arrêté du 19 décembre 2002 für die Herstellung des Anschlusses verantwortlich ist, einen Antrag. Dieser muss sodann gegenüber dem Anlagenbetreiber ein Angebot auf Abschluss eines Netzanbindungsvertrages i. S. d. Art. 112 Arrêté du 19 décembre 2002 abgeben. Die Netzanbindungskosten trägt der Anlagenbetreiber.

---

116 Hierzu und zu den weiteren Rechtsakten des französischen Energierechts vgl. S. 34.

117 Zum belgischen Energierecht vgl. oben S. 34 f.

gg) Irland

In Irland[118] muss nach entsprechendem Antrag des Anlagenbetreibers der jeweilige anschlussverpflichtete Netzbetreiber gemäß Sec. 34 (1) ERA 1999 ein entsprechendes Anschlussangebot abgeben, das der Anlagenbetreiber innerhalb von 50 Arbeitstagen annehmen kann. Dies ist Grundlage für den folgenden Netzanschlussvertrag. Der Anschluss von Windenergieanlagen an das Netz erfolgt in Irland weiterhin auf der Grundlage eines so genannten *Group Processing Approach*, der in der rechtlich bindenden Anweisung CER/05/049 der irischen Regulierungsbehörde an die Netzbetreiber[119] näher ausgestaltet ist. Hierbei wird Netzanbindungskapazität für Erneuerbare-Energien-Anlagen vorgehalten, wodurch der zügige Ausbau von erneuerbaren Energien gefördert werden soll. Das konkrete Anschlussbegehren eines Anlagenbetreibers wird außerdem in eine Warteschleife aufgenommen, der Anschluss erfolgt dann gemeinsam mit einer Gruppe von weiteren Anlagen innerhalb von „Gates“ in standardisierten Abschnitten. Die Kosten des Netzanschlusses trägt der Anlagenbetreiber nach Sec. 34 (2d) ERA 1999 i. V. m. Sec. 4.8 (2) CER/05/049.

hh) Norwegen

Das norwegische Anschlusssystem ist dem dänischen ähnlich. Norwegen[120] verpflichtet gemäß § 3–4 Abs. 1 der Energieverordnung die Netzbetreiber, Anlagen zur Erzeugung von Strom aus erneuerbaren Energien an ihre Netze diskriminierungsfrei anzuschließen. Diese Anschlusspflicht gilt gemäß § 3–4 Abs. 2 der Energieverordnung auch dann, wenn Netzausbaumaßnahmen erforderlich werden. Anschlussverpflichtet ist im Gegensatz zum deutschen Recht nicht der nächstgelegene Netzbetreiber, sondern gemäß § 3–4 Abs. 1 der Energieverordnung der Betreiber, an dessen Netz der Anschluss am effizientesten erfolgen kann. Wenn ein Netzausbau erforderlich ist, muss der Netzbetreiber einen realistischen Zeitplan für diesen und für den Netzanschluss vorlegen. Einen Anschlussvorrang für Anlagen zur Erzeugung von Strom aus erneuerbaren Energien gibt es nicht. Die Kosten des Anschlusses trägt der Anlagenbetreiber.[121]

---

118 Zum irischen Energierecht bereits oben S. 35.

119 CER/05/049 – Group Processing Approach for Renewable Generator Connection Applications.

120 Zum norwegischen Energierecht bereits oben S. 35 f.

121 Poblocka, Ana, Sector RES-E > Grid access > Connection to the grid > Distribution of costs, abrufbar unter http://176.9.160.135/search-by-country/norway/single/s/res-e/t/gridaccess/aid/connection-to-the-grid-10/lastp/379 (Stand 27.12.2013).

ii) Großbritannien

In Großbritannien[122] gilt ein anlagenbezogenes System mit einem ausgeprägten Ausschreibungselement. Der nationale ÜNB National Grid plc ist nicht verpflichtet, den Netzanschluss von Offshore-Windparks selbst herzustellen. Nachdem ein Netzanschlussvertrag zwischen National Grid als ÜNB und einem Anlagenbetreiber geschlossen wurde, hat der Anlagenbetreiber die Wahl zwischen zwei Optionen: der *Generator-Build-Option*, die impliziert, dass der Anlagenbetreiber die Anschlussleitung baut,[123] und der *OFTO-Build-Option*, bei der ein Offshore Transmission Owner (OFTO) für die Errichtung der Anschlussinfrastruktur zuständig ist. Nicht vorgesehen ist, dass sich ausländische ÜNB an den Ausschreibungen beteiligen, um den Netzanschluss an ein ausländisches Übertragungsnetz vorzunehmen. Dies folgt aus der Definition des Netzanschlusses, die davon ausgeht, dass der Netzanschluss an ein britisches Netz erfolgt (vgl. S. 40). Ein Netzanschluss an ein ausländisches Netz wäre zwar in einigen Fällen technisch möglich; z. B. könnte der französische ÜNB RTE anbieten, Offshore-Windparks im britischen Teil des Ärmelkanals an das französische Übertragungsnetz anzuschließen. Dies kann im Einzelfall kostengünstiger sein als eine konventionelle Anbindung. Ausgeschrieben wird aber im Einklang mit der Definition des Netzanschlusses und den übrigen gesetzlichen sowie behördlichen Vorgaben stets ausschließlich der Netzanschluss an das von National Grid betriebene britische Übertragungsnetz.

Im Einzelnen finden sich die allgemeinen Regelungen zum Netzanschluss in den *Licence Conditions* (LC), die auf Grundlage von Sec. 4 Energy Act 1989 allen Unternehmen auferlegt werden, die eine öffentlich-rechtliche Lizenz zum Betrieb von Übertragungs- oder Verteilernetzen erhalten.[124] Ohne eine solche Lizenz dürfen in Großbritannien keine Elektrizitätsversorgungsnetze betrieben werden. Spezielle Regelungen für den Netzanschluss von Offshore-Anlagen finden sich in der Electricity (Competitive Tenders for Offshore Transmission Licences) Regulation 2013.

---

122 Zur britischen Energierechtsordnung ausführlich S. 31 f.

123 Vgl. hierzu auch Ofgem, Proposed interest during construction approach for offshore transmission and Project NEMO, 18.10.2013, Ziff. 1.3.

124 Sec. 4 Energy Act 1989, Verteilung wurde durch Sec. 28 des Utilities Act 2000 eingefügt. Die Standard-Lizenzbedingungen "Transmission Standard Licence Conditions und Standard conditions of the Electricity Distribution licences" sind abrufbar unter http://www.ofgem.gov.uk/Licensing/Work/Pages/licence-conditions-consolidated.aspx (Stand 27.12.2013).

Zum Anschluss von Offshore-Anlagen sind in Großbritannien die ÜNB verpflichtet. Dies folgt aus ihrer Stellung als Lizenznehmer i. V. m. der LC (Transmission) C7. Der Netzanschluss muss diskriminierungsfrei gewährleistet werden. Anschlussberechtigt ist grundsätzlich jedermann.[125] Dies folgt aus der Begriffsbestimmung des Antragstellers, die lediglich auf eine Person abstellt, die einen Anschluss an ein Übertragungsnetz begehrt, ohne den Personenkreis einzuschränken.[126]

Die Anlagenbetreiber müssen den Anschluss ihrer Anlagen an das Übertragungsnetz bei der National Grid plc beantragen. Nach dem seit dem 11. August 2011 geltenden *connect and manage*-Regime muss National Grid nach spätestens drei Monaten antworten und ein Angebot zum Abschluss eines Anschlussvertrages abgeben. Das Angebot muss eine konkrete Regelung im Hinblick auf den Zeitpunkt des Netzanschlusses enthalten, d. h. zu dem Zeitpunkt, zu dem alle für den Netzanschluss notwendigen Arbeiten des Netzbetreibers (einschließlich Netzausbau- und -erweiterungsarbeiten) beendigt sein sollen. Die Beendigung der Arbeiten soll innerhalb von 24 Monaten nach dem ersten Ausführungstag (*implementation date*) erfolgen. Nach den Pachtbedingungen der staatlichen Grundeigentumsgesellschaft *The Crown Estate*, welche die Areale für den Bau von Offshore-Windparks zur Verfügung stellt, ist das *implementation date* nach Ablauf eines Jahres seit Projektbeginn erreicht, spätestens jedoch nachdem das Projektunternehmen oder seine Beauftragten zum ersten Mal ihre Rechte aus der Pachtvereinbarung ausgeübt haben. Die 24-monatige Frist ist Teil des *connect and manage*-Ansatzes. *Connect and manage* bedeutet nicht, dass die Anlage sofort und ohne jegliche Netzausbauarbeiten anzuschließen ist. Die Beschleunigung des Anschlusses selbst durch eine 24-Monatsfrist wird vor dem Hintergrund deutlich, dass Anlagenbetreibern in der Vergangenheit zum Teil Netzanschlüsse für das Jahr 2025 in Aussicht gestellt wurden, mit der Begründung, es müssten zunächst Netzverstärkungsmaßnahmen durchgeführt werden.[127] Nachdem der Anlagenbetreiber von National Grid das Angebot einschließlich der Nennung des Netzanschlusszeitpunktes erhalten hat, kann er dieses innerhalb von drei weiteren Monaten annehmen oder ablehnen. Das Verfahren zielt auf den Abschluss

---

125 So auch Reichert-Clauß, Reformpotentiale und Überlegungen zu einer einheitlichen Regulierungsbehörde, 2002, S. 18.

126 LC A1 (Transmission).

127 Vgl. DECC, Improving Grid Access – Technical consultation on the model for improving grid access, Consultation Document, S. 10, abrufbar unter http://www.decc.gov.uk/assets/decc/Consultations/Improving%20Grid%20Access/1_20100303162021_e_@@_condoc.pdf (Stand 30.11.2012).

eines Netzanschlussvertrages, der die rechtliche Grundlage für den späteren Netzanschluss darstellt. Für dieses Verfahren existiert ein Streitschlichtungsmechanismus. Diesen kann der Anlagenbetreiber in Anspruch nehmen, wenn er das Angebot von National Grid nicht akzeptabel findet.

Anders als im deutschen Recht (vgl. § 5 Abs. 1 S. 1 EEG) wird der Anschluss von Anlagen zur Erzeugung erneuerbarer Energien in Großbritannien nicht durch eine Vorrangregelung privilegiert. Da die beschriebene Anschlussverpflichtung in den LC niedergelegt ist, die ihrer Rechtsnatur nach wie Nebenbestimmungen eines Verwaltungsaktes zu verstehen sind (s. S. 31), ist der *connect and manage*-Ansatz nach der Rechtsauffassung des britischen Regulierers Ofgem mit einer gesetzlichen Anschlussverpflichtung vergleichbar.[128]

Während das Verfahren bis zum Abschluss des Netzanschlussvertrages für alle Erzeugungsanlagen gleich ausgestaltet ist, gibt es für den Bau von Offshore-Anschlussleitungen spezielle Regelungen.[129] Nachdem der Netzanschlussvertrag geschlossen wurde, entscheidet der Betreiber des Offshore-Windparks, ob er selbst die Anbindungsleitung zur Küste baut (*Generator-Build-Option* bzw. *transitional tender exercise*) oder ob er dies einem unabhängigen OFTO überträgt (*OFTO Build-Option*).[130] Bisher wurde allerdings lediglich von der Generator-Build-Option Gebrauch gemacht.[131]

Wenn der Betreiber des Offshore-Windparks den Bau der Anbindungsleitung selbst durchführt, muss er nach Beendigung des Baus, aber noch vor der Inbetriebnahme der Leitung, diese an einen OFTO übertragen. Selbst betreiben darf der Anlagenbetreiber die Anbindungsleitung nicht. Rechtliche Grundlage für die Übertragung ist ein Vertrag (*transfer agreement*). Der verantwortliche OFTO erstattet dem Anlagenbetreiber die Baukosten auf der Basis einer am Grundsatz der Kosteneffizienz orientierten Berechnung. Der OFTO wird von einer *business unit* von Ofgem mit dem Namen „*E-Serve*“[132] auf der Grundlage eines

---

128 Auskunft eines Mitarbeiters von Ofgem.

129 Verordnungen, die gemäß Sec. 6C des Electricity Act von der Authority erlassen wurden. Hierzu zählt die Electricity (Competitive Tenders for Offshore Transmission Licences) Regulations 2013, die am 22.2.2013 in Kraft trat.

130 Das folgt rechtssystematisch aus der Definition in der 2010 Regulations für transitional tender exercise, die nur auf Fälle anwendbar ist, in denen der Anlagenbetreiber die Infrastruktur baut. „Any other case“ bedeutet demzufolge, dass der OFTO den Bau der Infrastruktur übernimmt.

131 Auskunft eines Mitarbeiters von Ofgem.

132 Das „E“ steht für Environment, Energy und Efficiency, mithin für Umwelt, Energie und Effizienz.

Ausschreibungsverfahrens bestimmt. Die Gebote der OFTOs werden von ihren Gewinnerwartungen determiniert. Der erfolgreiche OFTO erhält nach durchgeführtem Ausschreibungsverfahren eine Lizenz zum Betrieb der Anbindungsleitung. Die rechtliche Grundlage für den Betrieb bilden die LC. Der OFTO ist Eigentümer der Leitung und für deren Betrieb sowie gegebenenfalls für deren Stilllegung verantwortlich.

Der OFTO erhält für den Betrieb der Anbindungsleitung 20 Jahre lang ein garantiertes Netznutzungsentgelt. Die Höhe dieses Entgelts wird bereits zum Zeitpunkt der Übernahme der Anbindungsleitung festgelegt. Die durchschnittliche Rendite der OFTO ist von 10–11 Prozent für die ersten Projekte auf ca. 9 Prozent gesunken.[133]

Optiert der Anlagenbetreiber für die *OFTO-Build-Option*, dann wird ebenfalls in einem Ausschreibungsverfahren ein OFTO bestimmt. Er finanziert dann selbst den Bau der Anbindungsleitung und betreibt sie, sobald sie gebaut ist. Bei dieser Option ist der Betreiber des Offshore-Windparks ebenso wie bei der *Generator-Build-Option* Vertragspartner des Anschlussvertrags. Er ist für das Design und vorbereitende Baumaßnahmen zuständig. Der OFTO ist hingegen verantwortlich für das detaillierte Design, die Vergabe und den Bauplan. Zudem gehören Netzbetrieb, Erhalt und Stilllegung zu seinen Aufgaben.

3. Adressaten von Netzanschlusspflichten

In denjenigen Staaten, in denen die ÜNB verpflichtet sind, den Netzanschluss von Offshore-Windparks herzustellen, stellt sich die Frage, welche ÜNB hierfür im Einzelnen von den nationalen Energierechtsordnungen adressiert werden. Dabei ist zu prüfen, ob es zu der Begründung grenzüberschreitender Netzanschlussverpflichtungen kommen kann. Ferner ist in diesem Zusammenhang der Frage nachzugehen, ob auch die Betreiber von Interkonnektoren und von Anbindungsleitungen zum Anschluss von Offshore-Windparks verpflichtet sind oder deren Anschlüsse freiwillig übernehmen können.

a) Inländische ÜNB

Aus dem völkerrechtlichen Territorialitätsprinzip ergibt sich, dass Staaten nur auf ihrem eigenen Hoheitsgebiet Staatsgewalt ausüben können (vgl. oben, S. 21 ff.)

133 Auskunft von Ofgem.

Jeder Staat kann also grundsätzlich nur solchen Unternehmen Pflichten auferlegen, die sich auf seinem Territorium wirtschaftlich betätigen. Etwas anderes gilt, soweit das Völkerrecht den Staaten erlaubt, Hoheitsrechte auch in an sich hoheitsfreien Territorien auszuüben, so wie dies nach Art. 56 Abs. 1 lit. b und Art. 79 Abs. 4 SRÜ für die AWZ der Fall ist. Auch das nationale Energierecht kommt nach diesen Grundsätzen zunächst einmal nur in den Grenzen desjenigen Staates zur Anwendung, der es erlassen hat. Durch Erstreckungsklauseln kann sein Geltungsbereich jedoch auf Territorien, die nicht Teil des Staatsgebietes sind, insbesondere auf die AWZ, erweitert werden. Die Geltung des nationalen Energierechts endet aber jedenfalls dort, wo der Geltungsbereich des Energierechts eines anderen Staates beginnt. Nach dem Grundsatz der Gebietsausschließlichkeit kann es nicht dazu kommen, dass sich die räumlichen Anwendungsbereiche zweier nationaler (Energie-)Rechtsordnungen überschneiden.

Aus diesen Grundsätzen folgt, dass ein nationaler Energiegesetzgeber energierechtliche Pflichten nur für Unternehmen aufstellen kann, die ihrem Unternehmensgegenstand auf dem Hoheitsgebiet des jeweiligen Staates nachgehen. Energieversorgungsunternehmen, die sich ausschließlich jenseits des Staatsgebietes und der AWZ dieses Staates wirtschaftlich betätigen, können durch dessen nationales Energierecht nicht gebunden werden. So kann etwa der deutsche Gesetzgeber die Betreiber von Gaskraftwerken in Österreich nicht gesetzlich verpflichten, die seit dem Atom-Moratorium der Bundesregierung vom 14. März 2011 und der anschließenden Novelle des Atomgesetzes vom 31. Juli 2011 zeitweise bestehende Versorgungslücke in Süddeutschland zu schließen, sodass hierfür in der Praxis komplexe, auf Freiwilligkeit beruhende, vertragliche Regelungen zwischen den beteiligten Unternehmen (ÜNB und Kraftwerksbetreiber) geschlossen werden müssen.[134]

Die Betreiber von Elektrizitätsversorgungsnetzen betätigen sich ausschließlich auf dem Gebiet derjenigen Staaten, durch die ihr Elektrizitätsversorgungsnetz verläuft. Die Belegenheit der Elektrizitätsversorgungsnetze definiert eindeutig, welches nationale Energierecht zur Anwendung kommen kann. Die Rechtslage ähnelt der des internationalen Sachenrechts. Danach unterliegt eine Sache stets dem Recht des Staates, auf dessen Territorium sie sich befindet (*lex rei sitae*, vgl. z. B. Art. 43 Abs. 1 EGBGB). Im Ergebnis nichts anderes gilt auch für das internationale Energieregulierungsrecht. Die energierechtlichen Pflichten zur Gewährung von Netzanschluss und Netzzugang richten sich genauso wie die Frage der

134 Ausführlich *König*, Engpassmanagement in der deutschen und europäischen Elektrizitätsversorgung, 2013, S. 448 f.

Netzentgeltermittlung ausschließlich nach dem Recht des Staates, in dem sich das jeweils betroffene Elektrizitätsversorgungsnetz befindet. Aus dem Energierecht eines anderen Staates können sich für einen Netzbetreiber hingegen grundsätzlich keine Pflichten ergeben. Der deutsche Gesetzgeber kann also z. B. nicht den dänischen ÜNB Energinet.dk verpflichten, die vor Sylt gelegenen Windparks in der deutschen AWZ an sein Elektrizitätsversorgungsnetz anzuschließen.

Ein nationaler Gesetzgeber kann somit nur solche Netzbetreiber zum Netzanschluss von Offshore-Windparks verpflichten, die sich auf dem Territorium des jeweiligen Staates wirtschaftlich betätigen. Diese Netzbetreiber sind in der Regel auch daran zu erkennen, dass sie in dem jeweiligen Staat über eine Genehmigung für den Betrieb eines Elektrizitätsversorgungsnetzes verfügen. Eine solche Genehmigung ist nach dem jeweiligen nationalen Recht fast überall erforderlich (vgl. z. B. § 4 EnWG, Sec. 4 des britischen Energy Act 1989, § 3–2 des norwegischen Energilova). Soweit die Anrainerstaaten der Nordsee zum Netzanschluss von Offshore-Windparks die ÜNB verpflichten (so z. B. Dänemark, Frankreich, Deutschland und die Niederlande)[135], trifft die Netzanschlusspflicht also nur solche Unternehmen, die im Einklang mit den nationalen Vorschriften und mit der erforderlichen Genehmigung in dem jeweiligen Staat ein Übertragungsnetz betreiben. In den meisten Nordseeanrainertaaten (z. B. Dänemark, Frankreich, Belgien, Niederlande) gibt es nur einen einzigen zugelassenen ÜNB, also auch nur ein Unternehmen, das zum Netzanschluss von Offshore-Windparks verpflichtet werden kann. In Deutschland gibt es hingegen vier ÜNB, sodass der Gesetzgeber näher bestimmen musste, welcher ÜNB für den Anschluss welcher Offshore-Windparks verantwortlich sein soll. Gemäß § 17 Abs. 2a S. 1 EnWG trifft die Netzanschlusspflicht denjenigen ÜNB, in dessen Regelzone die Netzanbindung erfolgen soll; der Netzanschluss hat an dem technisch und wirtschaftlich günstigsten Verknüpfungspunkt des nächsten Übertragungs- oder Verteilernetzes zu erfolgen. Im Einklang mit § 5 Abs. 1 EEG kommt es also für die Bestimmung des Anschlussverpflichteten grundsätzlich darauf an, welcher Netzverknüpfungspunkt in der Luftlinie die kürzeste Entfernung zum Standort der Anlage aufweist. Praktisch ergibt sich hier mit Blick auf den Anschluss von Offshore-Windparks in der Nordsee wegen des Zuschnitts der vier deutschen Regelzonen kein Problem, da es mit der TenneT TSO GmbH nur einen einzigen ÜNB gibt, dessen Regelzone sich bis an die Nordseeküste erstreckt. Die TenneT TSO GmbH ist deshalb das einzige

135 NSCOGI WG 2, Deliverable 1, Final Report, Januar 2012, S. 41 f. Vgl. hierzu bereits S. 44 ff.

Unternehmen, das in Deutschland gemäß § 17 Abs. 2a S. 1 EnWG zum Netzanschluss von Offshore-Windparks in der Nordsee verpflichtet ist.

b) Ausländische ÜNB

Unter Berücksichtigung der soeben dargelegten Grundsätze ist es ausgeschlossen, dass ein gebietsfremder ÜNB zum Netzanschluss von Offshore-Windparks in der AWZ eines anderen Staates verpflichtet werden kann. Grenzüberschreitende Netzanbindungsverpflichtungen könnten sich nur aus dem Völker- oder Europarecht ergeben, die aber *de lege lata* keine solchen Regelungen vorsehen. Insbesondere ergeben sich grenzüberschreitende Netzanschlusspflichten weder aus der EE-RL noch aus der EltRL oder der StromHVO.

Aus dem Umstand, dass das europäische Energierecht keine grenzüberschreitenden Netzanschlüsse statuiert hat und dass diese Möglichkeit auch in den nationalen Rechtsordnungen bisher keine Berücksichtigung findet, ergibt sich jedoch keineswegs deren rechtliche Unzulässigkeit. Vielmehr steht es den Betreibern von Windparks und den ÜNB grundsätzlich frei, grenzüberschreitende Kooperationen miteinander zu vereinbaren. Dies ergibt sich schon aus dem Grundsatz der Vertragsfreiheit, der in allen nationalen Privatrechtsordnungen Europas fest verankert ist. Nach den allgemeinen zivilrechtlichen Grundsätzen kann ein Windparkbetreiber frei darüber entscheiden, ob er seinen Windpark zusätzlich oder sogar ausschließlich mit einem Elektrizitätsversorgungsnetz in einem anderen Staat als demjenigen, in dessen AWZ sich der Windpark befindet, verbinden lässt.

Dem kann allerdings als sektorspezifisches und damit spezielleres Recht das nationale Energierecht entgegenstehen, wenn und soweit es den Netzanschluss von Offshore-Windparks abschließend anderweitig regelt. In Deutschland ist dies aber z. B. nicht der Fall. Zwar regelt § 17 Abs. 2a S. 1 EnWG, welcher ÜNB verpflichtet ist, den Netzanschluss eines bestimmten Offshore-Windparks vorzunehmen. Daraus ergibt sich jedoch umgekehrt nicht, dass der ÜNB auch ein Recht darauf hätte, für den Netzanschluss sorgen zu dürfen. Anerkannt ist lediglich, dass die Betreiber von Offshore-Windparks anders als die Betreiber sonstiger Anlagen zur Erzeugung von Strom aus erneuerbaren Energien nicht gemäß § 7 Abs. 1 S. 1 EEG selbst für den Netzanschluss ihrer Anlagen sorgen dürfen. Dies ergibt sich daraus, dass der Gesetzgeber durch das Gesetz zur Beschleunigung von Planungsverfahren für Infrastrukturvorhaben vom 9. Dezember 2006[136] die Aufgabe des Netzanschlusses den Anlagenbetreibern entzogen und sie den ÜNB übertragen

136 BGBl. 2006 I, S. 2833.

hat. Gesetzlich nicht geregelt ist aber, ob der Netzanschluss durch einen anderen als den gesetzlich verpflichteten ÜNB erfolgen kann, wenn er mit dem Betreiber des Windparks eine entsprechende Vereinbarung abschließt. Dies kommt z. B. dort in Betracht, wo die Regelzonen zweier ÜNB im Anschlussgebiet des Offshore-Windparks aufeinandertreffen.[137] Auch hier ist zwar nur derjenige ÜNB zum Netzanschluss verpflichtet, in dessen Netz sich der in der Luftlinie nächstgelegene Netzverknüpfungspunkt befindet. Von Rechts wegen ist jedoch nichts dagegen einzuwenden, dass stattdessen mit dem anderen innerstaatlichen ÜNB eine vertragliche Abrede über den Netzanschluss getroffen wird, z. B. weil dieser noch über freie Errichtungskapazitäten verfügt und den Anschluss deshalb in kürzerer Zeit vornehmen kann.

Auch gegen privatrechtliche Vereinbarungen über den grenzüberschreitenden Netzanschluss von Offshore-Windenergieanlagen ist aus rechtlicher Sicht nichts einzuwenden, solange das jeweilige nationale Energierecht das Netzanschlussrecht nicht exklusiv einem bestimmten ÜNB zuordnet, z. B. weil es sich bei diesem um eine staatliche Eigengesellschaft handelt. Ein freiwilliger grenzüberschreitender Netzanschluss kann den auf einer gesetzlichen Verpflichtung beruhenden Netzanschluss an das nächstgelegene inländische Elektrizitätsversorgungsnetz entweder ergänzen oder ersetzen. Vereinbarungen über den grenzüberschreitenden Netzanschluss von Offshore-Windparks werden in der Praxis jedoch nur abgeschlossen werden, wenn entsprechende wirtschaftliche Anreize bestehen. Dies ist derzeit nur in denjenigen Staaten der Fall, in denen die Betreiber der Offshore-Windparks die Kosten des Netzanschlusses ihrer Anlagen tragen müssen (z. B. Belgien, Frankreich, Niederlande, Norwegen)[138]. In Staaten, in denen die Kosten des Netzanschlusses von Offshore-Windparks über die Netzentgelte sozialisiert werden (insbesondere Deutschland)[139], fehlen solche Anreize hingegen. Da die Betreiber von Offshore-Windparks den gesetzlich vorgesehenen Netzanschluss kostenlos erhalten, bestehen für sie keine betriebswirtschaftlichen Anreize, sich privatrechtlich um einen anderweitigen Netzanschluss zu bemühen, der für sie praktisch immer kostenpflichtig sein müsste, da kein ÜNB bereit sein dürfte, die Kosten eines gesetzlich nicht vorgeschriebenen Netzanschlusses zu übernehmen. Denn die ÜNB müssten damit rechnen, dass die zuständige nationale Regulierungsbehörde diese Kosten im Rahmen der Netzentgeltermittlung als

---

137 In Deutschland ist dies ausschließlich in der Ostsee denkbar, wo die Regelzonen der 50Hertz Transmission GmbH und der TenneT TSO GmbH aufeinander treffen.

138 Oben S. 42 f., 48 ff.

139 Vgl. S. 41 f., 45 ff.

nicht erforderlich ansieht. Die Kosten des Netzanschlusses könnten dann nicht auf die Netznutzer umgelegt werden, und müssten von dem jeweiligen ÜNB aus seiner Gewinnmarge getragen werden.

Eine Alternative zur – betriebswirtschaftlich in der Regel nicht attraktiven – Errichtung einer grenzüberschreitenden Anschlussleitung ist die Errichtung eines Interkonnektors zwischen den Umrichterstationen zweier Windparks, die sich in unterschiedlichen AWZ befinden (sog. *hub-to-hub connection*). Mit einem solchen Interkonnektor können die Anschlussleitungen in den jeweiligen AWZ miteinander verbunden werden, sodass im Ergebnis ein doppelter Netzanschluss besteht. Der Bau eines Interkonnektors ist nach den geltenden Regulierungsregimen der Nordseeanrainerstaaten betriebswirtschaftlich günstiger als die Errichtung einer zusätzlichen grenzüberschreitenden Anbindungsleitung.[140] Damit der Interkonnektor auch für den grenzüberschreitenden Stromhandel genutzt werden kann, müssen die miteinander verbundenen Anbindungsleitungen allerdings stärker dimensioniert sein, als dies für den reinen Netzanschluss der Offshore-Windparks erforderlich wäre. Mit dem westlich von Rügen geplanten Projekt „Kriegers Flak" soll der Bau eines Interkonnektors zwischen Windparks in unterschiedlichen AWZ in der Praxis erprobt werden. Auf das Projekt wird im Abschnitt über Interkonnektoren ausführlich eingegangen.[141]

c) Betreiber von Interkonnektoren

Ungeachtet der technischen Herausforderungen, die mit dem direkten Netzanschluss von Offshore-Windparks an Interkonnektoren verbunden sind (dazu oben, S. 7 ff.), stellt sich die Frage, wie diese Konstellation, wenn sie in Zukunft praktische Bedeutung erlangt, rechtlich zu bewerten ist. Zu unterscheiden sind auch hier die jeweilige Reichweite der gesetzlichen Anbindungspflichten und die Möglichkeit von freiwilligen vertraglichen Lösungen.

Aus dem europäischen Recht und dem Recht der Nordseeanrainerstaaten ergibt sich *de lege lata* für die Betreiber von Interkonnektoren keine Pflicht zum Anschluss von Offshore-Windparks. Dies folgt bereits daraus, dass die gesetzlichen bzw. in *Licence Conditions* (LC) niedergelegten Pflichten zum Netzanschluss von

140 Interkonnektoren können auf Grundlage der europäischen Stromhandelsverordnung (VO 714/2009), insbesondere nach deren Art. 17, privilegiert werden. Außerdem bestehen in der Regel großzügige Möglichkeiten zur Anerkennung von Investitionskosten bei der Netzentgeltregulierung, vgl. z. B. § 23 Abs. 1 S. 2 Nr. 3 und 9 ARegV.

141 Unten, S. 11 ff.

Offshore-Windparks – sofern solche nach dem jeweiligen nationalen Energierecht bestehen – ausschließlich an die ÜNB gerichtet sind. Der Betrieb eines Interkonnektors kann aber nach dem europäischen Regulierungsrahmen und den nationalen Energierechtsordnungen nicht mit dem Betrieb eines Übertragungsnetzes gleichgesetzt werden, auch wenn beispielsweise in Norwegen Interkonnektoren demselben Regulierungsregime unterstehen wie das Übertragungsnetz. Zwar werden Interkonnektoren häufig von Unternehmen betrieben, die auch ein oder mehrere Übertragungsnetze betreiben, und auch nach elektrotechnischen Kriterien sind Interkonnektoren als Teile der Übertragungsnetze anzusehen. Rechtlich gilt jedoch etwas anderes. Gemäß Art. 2 Abs. 1 der StromHVO ist ein Interkonnektor (dort bezeichnet als „Verbindungsleitung") eine Übertragungsleitung, die eine Grenze zwischen Mitgliedstaaten überquert bzw. überspannt und die nationalen Übertragungsnetze der Mitgliedstaaten verbindet. Interkonnektoren sind danach also gerade keine Bestandteile der Übertragungsnetze, sondern einzelne Leitungen, mit denen Übertragungsnetze verbunden werden. Art. 2 Abs. 1 StromHVO bezeichnet Interkonnektoren selbst nicht als Übertragungsnetz, sondern als Übertragungsleitung. Ein einzelner Interkonnektor hebt sich stets erkennbar aus den beiden Übertragungsnetzen heraus, die er miteinander verbindet und kann deshalb nicht als deren Bestandteil angesehen werden. Dies gilt auch dann, wenn der Interkonnektor von denselben Unternehmen betrieben wird, die auch die miteinander verbundenen Übertragungsnetze betreiben, und sogar dann, wenn die gesamte Netzinfrastruktur im Grenzbereich von einem einzigen Unternehmen betrieben wird (z. B. TenneT B.V./TenneT TSO GmbH an der deutsch-niederländischen Grenze). Allein für die Anwendung des Netzzugangsregimes gemäß Art. 32 der EltRL erscheint es angemessen, Interkonnektoren als Bestandteile der Übertragungsnetze anzusehen oder sie zumindest im Wege der Analogie den einschlägigen Rechtsvorschriften zu unterwerfen.

Selbst wenn man die Betreiber von Interkonnektoren nach den Sonderregelungen einer nationalen Energierechtsordnung als ÜNB ansähe,[142] so wären sie *de lege lata* dennoch nicht zum Netzanschluss von Offshore-Windparks verpflichtet. Dies ergibt sich schon daraus, dass die StromHVO den Betreibern von Interkonnektoren keine solche Pflicht auferlegt. Die StromHVO regelt das

---

142 Dies ergibt sich für das deutsche Recht z. B. aus § 3 Nr. 32 EnWG, wo der Begriff der Übertragung als „Transport von Elektrizität über ein Höchstspannungs- und Hochspannungsverbundnetz einschließlich grenzüberschreitender Verbindungsleitungen zum Zwecke der Belieferung von Letztverbrauchern oder Verteilern, jedoch nicht die Belieferung der Kunden selbst" definiert wird. (Herv. d. Verf.).

Recht der Interkonnektoren vollständig und verdrängt mit ihren abweichenden Regelungen als *lex specialis* die Regeln des jeweiligen nationalen Energierechts. Hätte der europäische Energiegesetzgeber eine Anschlusspflicht der Betreiber von Interkonnektoren gewollt, so hätte er diese in die Verordnung aufgenommen. Da er die Frage des Netzzugangs in den Vorschriften über das Engpassmanagement (vgl. Art. 16 StromHVO) eigenständig geregelt hat, wäre zu erwarten gewesen, dass er auch für den Netzanschluss eine entsprechende Regelung getroffen hätte. Außerdem wäre zu regeln gewesen, nach welchen Grundsätzen die Einspeisung von Anlagen, die an einen Interkonnektor angeschlossenen sind, im Rahmen des Engpassmanagements berücksichtigt werden soll. Hier stellen sich verschiedene rechtliche Fragen,[143] die der Gesetzgeber in der StromHVO jedoch nicht angesprochen hat. Dies spricht dafür, dass er die Möglichkeit eines Direktanschlusses von Offshore-Windparks an Interkonnektoren (sog. *tee-in connection*) nicht gesehen und demnach auch nicht geregelt hat. Da zur Zeit der Ausarbeitung der StromHVO 2003 über diese Möglichkeit selbst aus technischer Sicht noch nicht ernsthaft nachgedacht wurde, ist ohne weiteres plausibel, dass der europäische Energiegesetzgeber rechtliche Regelungen insoweit für entbehrlich hielt.

Dafür, dass nach dem geltenden Recht keine Anschlusspflicht für die Betreiber von Interkonnektoren besteht, spricht auch Art. 17 der StromHVO, der die Möglichkeit regelt, neu errichtete Interkonnektoren von bestimmten regulatorischen Anforderungen freizustellen. Die Frage des Netzanschlusses ist dort – anders als die Frage des Netzzugangs – nicht angesprochen. Daraus folgt jedoch nicht, dass der europäische Energiegesetzgeber die Betreiber neuer Interkonnektoren von der Netzanschlusspflicht nicht freistellen wollte. Er stand vielmehr auf dem Standpunkt, dass sie einer solchen Pflicht gar nicht unterliegen; denn es wäre nicht nachzuvollziehen, wenn die Betreiber neuer Interkonnektoren den Anschluss herstellen müssten, dann aber nach einer Freistellung gemäß Art. 17 StromHVO den Netzzugang verweigern dürften. Die Frage des Netzanschlusses und die Frage des Netzzugangs sind so eng miteinander verbunden, dass die eine nicht ohne die andere sinnvoll und widerspruchsfrei beantwortet werden kann. Das Recht auf einen Netzanschluss ist wertlos, wenn das Netz anschließend nicht genutzt werden kann. Gleichzeitig benötigt ein Netzzugangsrecht nur, wessen Anlage vorher an das jeweilige Netz angeschlossen worden ist. Aus dem Umstand, dass eine Pflicht zum Netzanschluss in Art. 17 StromHVO nicht genannt wird, ergibt sich deshalb, dass eine solche nach der Verordnung nicht besteht.

143 Ausführlich unten, S. 92 ff., 132 ff.

Grundsätzlich steht es allerdings den nationalen Energiegesetzgebern frei, über das europäische Energierecht hinausgehende Pflichten aufzustellen und beispielsweise eine Anschlusspflicht für Betreiber von Interkonnektoren vorzusehen. Die untersuchten nationalen Energierechtsordnungen stellen jedoch keine Anschlusspflicht für Betreiber von Interkonnektoren auf. Soweit ersichtlich haben die Gesetzgeber der Nordseeanrainerstaaten bisher keine Anschlusspflicht für Betreiber von Interkonnektoren geregelt.[144] Daher müsste diese Thematik, sofern ein entsprechender politischer Wille besteht, in Zukunft durch Rechtsvorschriften geregelt werden, sobald die Frage des Direktanschlusses von Offshore-Windparks (*tee-in connection*) an Interkonnektoren praktisch relevant wird. Dies wird z. B. im Zusammenhang mit der geplanten Errichtung des Cobra Cables zwischen den Niederlanden und Dänemark der Fall sein, da sich dieses Kabel nach seiner geographischen Lage voraussichtlich für den Direktanschluss von Offshore-Windparks in der deutschen AWZ anbieten wird.[145]

d) Betreiber von Anbindungsleitungen

In bestimmten Konstellationen stellt sich die Frage, ob die Betreiber von Anbindungsleitungen zum Anschluss weiterer Offshore-Windparks gesetzlich verpflichtet sind oder ob sie deren Anschluss im Wege einer vertraglichen Vereinbarung freiwillig übernehmen können. Soweit die Anbindungsleitungen von den ÜNB zu errichten und zu betreiben sind – wie in Deutschland, den Niederlanden, Dänemark oder Norwegen[146] –, gibt es keine Betreiber von Anbindungsleitungen, die nicht auch zugleich ÜNB sind, sodass sich die Frage einer eigenständigen Verpflichtung der Betreiber von Anbindungsleitungen nicht stellt. In anderen Staaten, z. B. in Großbritannien[147], gibt es aber Unternehmen, die ausschließlich eine oder mehrere Anbindungsleitungen betreiben (sog. OFTOs). Gleichwohl ist eine Anschlusspflicht in den Standard-Lizenzbedingungen, die für die OFTOs gelten, nicht vorgesehen. Teilweise sehen die nationalen Energierechtsordnungen vor, dass die Windparkbetreiber selbst für die Errichtung und den Betrieb der

---

144 So wurde etwa auch in die britischen Electricity Interconnector Standard Licence Conditions eine entsprechende Anschlusspflicht nicht aufgenommen, diese sind abrufbar unter https://epr.ofgem.gov.uk//Content/Documents/Electricity_Interconnector_Standard%20Licence%20Conditions%20Consolidated%20-%20Current%20Version.pdf (Stand 27.12.2013).

145 Vgl. hierzu S. 13 f.

146 Oben S. 41 f.

147 S. 51 ff.

Anbindungsleitungen zu ihren Windparks verantwortlich sind, so dass sich das Problem stellt, ob die Betreiber dieser Anbindungsleitungen bei Bedarf weitere Windparks an ihre Leitungen anschließen müssen.[148] Dies hängt in erster Linie davon ab, welche Regelungen in den nationalen Energierechtsordnungen konkret getroffen werden. Sofern dort nur die ÜNB zum Netzanschluss verpflichtet sind, kommt eine Inpflichtnahme der Betreiber von Anbindungsleitungen grundsätzlich nicht in Betracht. Einzelne Anbindungsleitungen weisen schon nicht den Charakter eines Netzes auf, sodass ihre Betreiber nicht als ÜNB anzusehen sind. Auch würden unzumutbare Anforderungen an die Betreiber von Windparks gestellt, wenn sie verpflichtet würden, ihre Anbindungsleitungen auch für den Anschluss anderer Windparks zur Verfügung zu stellen. Eine solche Verpflichtung der Betreiber von Anbindungsleitungen könnte nur angenommen werden, wenn dies in der jeweiligen nationalen Energierechtsordnung – ggf. gegen angemessenes Entgelt – so vorgesehen wäre. Eine Grenze für solche Verpflichtungen ergibt sich allerdings aus den Entflechtungsvorschriften der EltRL, die es verbieten, dass ein Kraftwerksbetreiber (also auch ein Windparkbetreiber) gleichzeitig ein Übertragungsnetz betreibt. Es müsste deshalb sichergestellt werden, dass die zu errichtenden Anbindungsleitungen auch in ihrer Gesamtheit nicht den Charakter eines Netzes aufweisen. Es dürfte sich also lediglich um Stichleitungen handeln, welche die betroffenen Windparks mit dem jeweils nächstgelegenen Netzverknüpfungspunkt verbinden.

4. Kostentragung

Die Realisierung freiwilliger Lösungen, mit denen im Wege vertraglicher Vereinbarungen von den gesetzlichen Regelungen für die Netzanbindung abgewichen wird, hängt entscheidend davon ab, welche wirtschaftlichen Anreize für die Entwicklung solcher Lösungen bestehen. Außerhalb des Anwendungsbereichs gesetzlicher Verpflichtungen sind solche Anreize die einzige Möglichkeit, die Umsetzung effizienter Lösungen durch die an der Netzanbindung beteiligten Unternehmen in Gang zu setzen.

Von größter Relevanz für die Frage der Anreizsetzung sind die gesetzlichen Regeln über die Kostentragung. In den meisten Nordseeanrainerstaaten werden die Betreiber der Offshore-Windparks an den Kosten des Netzanschlusses beteiligt; teilweise müssen sie die Kosten sogar vollständig selbst tragen. Unter anderem in

148 Vgl. hierzu S. 42 f.

Deutschland werden die Kosten des Netzanschlusses hingegen über die Netzentgelte an die Netznutzer weitergegeben und damit sozialisiert. Daraus ergibt sich aus volkswirtschaftlicher Sicht eine ungünstige Anreizwirkung: Da der Netzanschluss nach den gesetzlichen Regelungen für die Betreiber der Offshore-Windparks stets kostenlos ist, haben sie kein eigenes Interesse daran, sich über alternative Netzanschlusskonzepte zu informieren und nach günstigeren Möglichkeiten des Netzanschlusses zu suchen. Auch Anreize für eine gesamtwirtschaftlich sinnvolle Standortwahl bestehen nicht. Abweichungen von der gesetzlichen Netzanschlussregelung sind hier praktisch nicht zu erwarten. In den Staaten, in denen die Anlagenbetreiber an den Kosten der Netzanbindung ihrer Anlagen beteiligt werden, wie beispielsweise in Norwegen[149] oder den Niederlanden[150], bestehen hingegen Anreize, die für die Entwicklung grenzüberschreitender Lösungen fruchtbar gemacht werden können. Windparkbetreiber, die die Kosten der Netzanbindung ihrer Anlagen selbst tragen müssen, haben einen Anreiz, mit dritten Unternehmen über den Netzanschluss zu verhandeln und dabei auch grenzüberschreitende Optionen in Betracht zu ziehen, sofern solche technisch kosteneffizient realisierbar sind.

5. Netzanschluss als Fördervoraussetzung

Der Realisierung von grenzüberschreitenden Netzanschlüssen sind in der Praxis auch deshalb Schranken gesetzt, weil die nationalen Systeme zur Förderung einer Stromerzeugung aus erneuerbaren Energien in der Regel einen starken territorialen Bezug aufweisen (näher unten S. 113 ff.). Die Betreiber von Offshore-Windparks müssen nach den geltenden Energierechtsordnungen der Nordseeanrainerstaaten schon deshalb auf einen Anschluss an das nächstgelegene inländische Übertragungsnetz bestehen, da die Einspeisung in ein inländisches Elektrizitätsversorgungsnetz oder die Abnahme des erzeugten Stroms durch einen inländischen ÜNB in der Regel Voraussetzung ist für die Beanspruchung einer Förderung im Rahmen der Einspeisesysteme. In Deutschland ist die Zahlung der gesetzlichen Vergütungen gemäß § 31 EEG z. B. von der Abnahme des erzeugten Windstroms durch einen deutschen ÜNB abhängig. Dies gilt auch im Falle von kombinierten Quoten- und Zertifikatsystemen wie im Vereinigten Königreich, die eine Zurverfügungstellung des Stroms an inländische Abnehmer voraussetzen.[151] Lediglich Norwegen

149 Hierzu S. 50.
150 Oben S. 48.
151 Hierzu S. 109 ff.

hat ein kombiniertes System mit Schweden errichtet, so dass dort ein Anreiz bestehen kann, Anlagen auf norwegischem Hoheitsgebiet an das schwedische Netz anzuschließen oder umgekehrt.[152] Ein Windparkbetreiber, der seinen in der deutschen AWZ belegenen Windpark ausschließlich an ein ausländisches Übertragungsnetz anschließen ließe, könnte hingegen keine Förderung nach dem deutschen EEG beanspruchen. Die Betreiber von Offshore-Windparks werden deshalb auch aus diesem Grunde davon Abstand nehmen, sich um alternative Netzanschlusskonzepte zu bemühen. Dies wird sich erst ändern, wenn die nationale Ausrichtung der Fördersysteme beendet oder zumindest abgemildert wird und stattdessen Systeme geschaffen werden, die eine grenzüberschreitende Anerkennung von Strommengen, die aus erneuerbaren Energien erzeugt wurden, erlauben. Das europäische System der Herkunftsnachweise ist ein erster Schritt auf dem Weg in die richtige Richtung, der in den nächsten Jahren weiterverfolgt und ausgeweitet werden sollte.

6. Politische Dimension

Die nationale Ausrichtung der Systeme zur Förderung der Stromerzeugung aus erneuerbaren Energien (ausführlich unten, S. 113 ff.) hat zu einem bedeutenden Teil wirtschaftspolitische Gründe. Die EU hat sich nicht nur ein unionsweites Ziel für den Ausbau der Stromerzeugung aus erneuerbaren Energien gesetzt, sondern daneben nationale Ziele für die einzelnen Mitgliedstaaten festgelegt. Die Mitgliedstaaten konkurrieren also zu einem gewissen Grad miteinander um die Förderung der erneuerbaren Energien. Grenzüberschreitenden Projekten fehlt es an Attraktivität, solange die beteiligten Staaten befürchten müssen, dass sich der Nutzen dieser Projekte nur zu einem geringen Teil in ihren nationalen Umweltbilanzen niederschlägt. Auch den Bürgern als Steuerzahlern oder Stromkunden wäre es nicht zu vermitteln, wenn mit Steuergeldern oder im Wege eines Umlagesystems Offshore-Windparks gefördert würden, deren Strom nicht in das eigene, sondern in ein ausländisches Übertragungsnetz eingespeist wird und deshalb den Stromverbrauchern im Inland nicht zur Verfügung steht. Insofern könnte auch ein Konflikt mit dem Verursacherprinzip bestehen, das dem (Energie-)Umweltrecht zugrunde liegt. Die Förderung der Stromerzeugung aus erneuerbaren Energien ist zu einem guten Teil nationale Industriepolitik, die nur als erfolgreich angesehen wird, wenn sich der Nutzen der Förderung im Inland zeigt. Grenzüberschreitende Projekte, seien sie auf den Netzanschluss bezogen oder auf einen anderen Teil

152 Vgl. S. 112 f.

der energiewirtschaftlichen Wertschöpfungskette, werden durch diese nationalen Zielsetzungen erschwert. Ein Ausweg läge allein in der Einigung auf eine gemeinsame, kohärente und an volkswirtschaftlicher Effizienz orientierte Förderpolitik aller Staaten der EU oder mit Blick auf die Errichtung eines Offshore-Netzes in der Nordsee zumindest aller Nordseeanrainerstaaten.

7. Zwischenergebnis

Grenzüberschreitende Netzanbindungsverpflichtungen können wegen des völkerrechtlichen Territorialprinzips nicht durch nationales Recht aufgestellt werden. Nach den nationalen Energierechtsordnungen der Nordseeanrainerstaaten sind deshalb nur die nationalen ÜNB zum Netzanschluss von Offshore-Windparks verpflichtet. Von den gesetzlichen Anschlusspflichten abweichende vertragliche Lösungen sind als Folge der engen gesetzlichen Vorgaben rechtlich unmöglich oder wirtschaftlich unattraktiv. Grenzüberschreitende Netzanschlusskonzepte sind deshalb schwierig umzusetzen. Die Folge ist gegenwärtig eine rein nationale Planung und Ausführung der Netzanbindungen von Offshore-Windparks in der Nordsee.

III. Kostenerstattung und Investitionsanreize

Das Bestehen wirksamer Investitionsanreize ist für die Errichtung eines integrierten Nordseenetzes von ebenso großer Bedeutung wie die soeben diskutierten Fragen einer effizienten Netzanbindung. In seinem unionsweiten Netzentwicklungsplan für die Jahre 2010–2020 beklagt ENTSO-E jedoch, es fehle an Anreizmechanismen, mit denen die europäischen ÜNB dazu bewegt werden könnten, den Ausbau der Netzinfrastruktur in der Nordsee voranzutreiben.[153] Es liegt auf der Hand, dass wirtschaftliche Anreize für eine marktgetriebene, auf Freiwilligkeit beruhende Errichtung eines Offshore-Netzes in der Nordsee unabdingbar sind.

1. Notwendigkeit von Investitionsanreizen

Wirtschaftliche Anreize für Investitionen ergeben sich aus verschiedenen Umständen und werden keineswegs nur von Staaten gesetzt. In marktwirtschaftlichen

153 ENTSO-E, Ten-Year Network Development Plan 2010–2020, 28.6.2010, S. 158.

Systemen ergeben sich die wirksamsten Anreize aus dem System selbst. Unternehmen optimieren ständig ihre Geschäftsprozesse, um sich im Wettbewerb gegen Konkurrenten zu behaupten. Die Möglichkeit einer Kosten- und Profitoptimierung regt Unternehmen automatisch zu effizientem Handeln an. Anders ist dies auf gestörten Märkten, auf denen sich z. B. wegen des Bestehens erheblicher Informationsasymmetrien oder eines natürlichen Monopols kein Wettbewerb einstellen kann und die deshalb heutzutage einer staatlichen Regulierung unterworfen werden. Zu diesen Märkten gehören insbesondere auch die Märkte für den Transport von Elektrizität, da die Elektrizitätsversorgungsnetze wegen der erheblichen Größen- und Verbundvorteile, die sich bei deren Errichtung einstellen, natürliche Monopole sind.[154] Der Betrieb von Elektrizitätsversorgungsnetzen wird deshalb in der EU seit den Neunzigerjahren einer wettbewerbsfördernden Regulierung unterworfen, die das Bestehen von Wettbewerb nach dem Kontrollprinzip des effizient handelnden strukturgleichen Netzbetreibers simuliert.[155] Zu dieser wettbewerbsfördernden Regulierung gehört auch, dass die Preisbildungsfreiheit der Netzbetreiber beschränkt wird. Da sich die Netzbetreiber als Monopolisten ökonomisch rational verhielten, wenn sie für die Nutzung der Netze überhöhte Entgelte verlangten, dies aber aus wohlfahrtsökonomischen Gründen vermieden werden soll, verpflichtet der Staat die Netzbetreiber, ihre Entgelte vorab von den Regulierungsbehörden genehmigen zu lassen. Als Prüfungsmaßstab bei der Genehmigung der Netzentgelte dient das Konzept des Als-ob-Wettbewerbs; die Regulierungsbehörden erkennen also im Rahmen der Netzentgeltermittlung nur solche Kosten an, die sich auch im Wettbewerb eingestellt hätten.[156] Nicht erforderliche Kosten, die ein im Wettbewerb stehendes Unternehmen vermieden hätte, werden von den Regulierungsbehörden hingegen nicht anerkannt.

In einigen Nordseeanrainerstaaten, z. B. in Großbritannien, Deutschland, den Niederlanden oder Frankreich wurde als Regulierungsinstrument für die Bestimmung der Netznutzungsentgelte ein System der Anreizregulierung eingeführt. Großbritannien gilt sogar als Heimatland der Anreizregulierung.[157] Bei der Anreizregulierung wird im Vorfeld einer jeden Regulierungsperiode für jeden

154 *Bettzüge/Kesting*, Ökonomische Grundlagen der Regulierung von Energienetzen, in: Baur/Salje/Schmidt-Preuß (Hrsg.), Regulierung in der Energiewirtschaft, 2011, Kap. 4 Rn. 7; *Knieps*, Wettbewerbsökonomie, 2008, S. 24 ff.

155 Näher dazu *Säcker/Meinzenbach*, RdE 2009, S. 1.

156 Der sachgerechte Ansatz zur Regulierung von Netznutzungsentgelten ist deshalb eine Incentive-Regulation, die Kostensenkungen anregt.

157 *McHarg*, Evolution and Revolution in British Energy Network Regulation: From RPI-X to RIIO in: Energy Networks and the Law, 2012, S. 313.

Netzbetreiber die Obergrenze seiner maximal zulässigen Gesamterlöse festgelegt (sog. Erlösobergrenze)[158]. Gelingt es einem Netzbetreiber, seine Kosten während der Regulierungsperiode unter die Erlösobergrenze zu senken, darf er die Differenz als Gewinn verbuchen. Für die Netzbetreiber ergibt sich daraus ein starker Anreiz zu einer wettbewerbsanalogen Kostensenkung. Je effizienter ein Netzbetreiber wirtschaftet, desto stärker kann er seine Gewinnspanne erhöhen. Die Netzbetreiber versuchen also im System der Anreizregulierung, ihre Kosten möglichst stark unter das für die jeweilige Regulierungsperiode vorgegebene Niveau zu senken. Dies kann sich negativ auf die Investitionsbereitschaft der Netzbetreiber auswirken, da Investitionen in einem ersten Schritt stets Kosten verursachen. Ohne zusätzliche Anreize würden die Netzbetreiber stets überprüfen, ob eine Investition betriebswirtschaftlich sinnvoll ist und im Zweifel eher auf deren Durchführung verzichten, um ihre staatlicherseits gewährte Rendite nicht zu gefährden. Anreizregulierungsregime müssen deshalb durch Investitionsanreize („Qualitätswettbewerb") ergänzt werden, da es andernfalls zu wohlfahrtsökomisch schädlichen Unterinvestitionen käme.

Investitionsanreize sind hingegen dort nicht notwendig, wo Unternehmen wegen des Bestehens gesetzlicher Pflichten ohnehin nicht frei agieren können. So müssen den ÜNB keine wirtschaftlichen Anreize zum Netzanschluss von Offshore-Windparks gesetzt werden, wenn die nationale Energierechtsordnung die ÜNB zum Netzanschluss von Offshore-Windparks mit wirksamen Sanktionen verpflichtet. Hinreichende Anreize ergeben sich dann bereits aus dem staatlichen Sanktionssystem, das in der Regel Zwangsgelder und anderen Zwangsmaßnahmen (z. B. Ersatzvornahme) sowie Bußgelder vorsieht. Soweit die ÜNB für die Erfüllung der gesetzlichen Aufgabe des Netzanschlusses eine angemessene Vergütung erhalten, liegt darin keine Anreizsetzung, sondern eine Kompensation für den hoheitlichen Eingriff in die Berufsausübungsfreiheit der Unternehmen, der aus der öffentlich-rechtlichen Indienstnahme folgt und der ohne angemessene Kompensation zumindest nach dem deutschen Verständnis verfassungswidrig wäre.

2. Angewandte Anreizinstrumente

Unter Effizienzgesichtspunkten sollten Regulierungsregime, wie vorstehend dargestellt, mit Anreizinstrumenten verbunden werden, mit denen die Netzbetreiber bzw. Betreiber sonstiger Infrastruktur zur Durchführung technisch notwendiger

158 Näher dazu *Säcker*, N&R 2009, 78 m. w. N.

oder politisch gewünschter Investitionen zur Erhaltung von Versorgungssicherheit angehalten werden. In den Nordseeanrainerstaaten wird eine Vielzahl von Instrumenten eingesetzt, von denen im Folgenden die gängigsten dargestellt werden sollen.

a) Investitionsanreize in der Anreizregulierung

Zur praktischen Umsetzung von Investitionsanreizen im System der Anreizregulierung bietet sich zunächst die Verankerung einer partiellen Ausnahme von dem beschriebenen Regulierungsmechanimus an. Der tendenziell investitionsfeindliche Druck zu einer höheren Kosteneffizienz ergibt sich in Anreizregulierungsregimen daraus, dass die Netzbetreiber dafür belohnt werden, dass sie ihre Kosten möglichst stark reduzieren und deshalb u. U. gebotene Infrastrukturinvestitionen unterlassen. Monopolstrukturen führen tendenziell zu *overinvestments*, wettbewerbliche Strukturen eher zu *underinvestments*, die die Gefährdung der Versorgungssicherheit als energiepolitisches Ziel zur Folge haben können. Zur Sicherung der erforderlichen Investitionen muss der Mechanismus der Anreizregulierung – vereinfacht gesagt – umgekehrt werden. Für die Kosten, die im Zusammenhang mit dem Ausbau von Offshore-Infrastruktur entstehen, dürfen die ÜNB nicht bestraft werden, sondern es ist im Gegenteil notwendig, dass sie dafür eine Belohnung erhalten.

In der Praxis wird die Belohnung von Infrastrukturinvestitionen in Anreizregulierungssystemen dadurch gewährleistet, dass solche Investitionen keinen Effizienzvorgaben unterworfen werden, sondern Investitionsrisiken vom Staat übernommen oder auf den Endverbraucher weitergewälzt werden.

aa) Die deutsche Anreizregulierung

In Deutschland erfolgt eine Privilegierung von Investitionen durch die Gewährung von sog. Investitionsbudgets bzw. Investitionsmaßnahmen gemäß § 23 der Anreizregulierungsverordnung (ARegV). Die Anerkennung von Investitionsmaßnahmen führt dazu, dass davon erfasste, geprüfte und genehmigte Investitionen als dauerhaft nicht beeinflussbare Kosten gebilligt werden (§ 11 Abs. 2 S. 1 Nr. 6 und S. 2 ARegV) und die Erlösobergrenze des jeweiligen Netzbetreibers erhöhen. Im Ergebnis ähnelt die Gewährung von Investitionsbudgets einer partiellen Anwendung der durch die Anreizregulierung an sich verdrängten *Cost-plus-Regulierung*. Bei der *Cost-plus-Regulierung* können die Netzbetreiber ihre gesamten Kosten zuzüglich eines Gewinnaufschlags von den Netznutzern erstattet verlangen. Den daraus folgenden Anreiz zu *overinvestments* macht sich eine investitionsorientierte

Anreizregulierung zunutze, indem sie den Netzbetreibern die vollständige Umlage der genehmigten Investitionskosten zuzüglich eines Gewinnaufschlags auf die Netznutzer erlaubt. In Deutschland erhielten die Netzbetreiber in der ersten Regulierungsperiode (bis 31. Dezember 2013) trotz niedriger Marktzinsen eine Eigenkapitalrendite für Neu- bzw. Erweiterungsinvestitionen in Höhe von 9,29 Prozent;[159] in der zweiten Regulierungsperiode (ab 1. Januar 2014) beträgt die gesetzlich garantierte Eigenkapitalrendite der Netzbetreiber 9,05 Prozent.[160]

Investitionen in Offshore-Netzinfrastruktur sind ein typischer Anwendungsfall von Investitionsbudgets, die von der BNetzA genehmigt werden für Erweiterungs- und Umstrukturierungsinvestitionen in die Übertragungsnetze, soweit diese Investitionen zur Stabilität des Gesamtsystems, für die Einbindung in das nationale oder internationale Verbundnetz oder für einen bedarfsgerechten Ausbau des Energieversorgungsnetzes nach § 11 Abs. 1 EnWG notwendig sind (vgl. § 23 Abs. 1 S. 1 ARegV). Gemäß § 23 Abs. 1 S. 2 ARegV liegen diese Voraussetzungen insbesondere vor bei Investitionen, die vorgesehen sind für:

> „2. die Integration von Anlagen, die dem Erneuerbare-Energien-Gesetz und dem Kraft-Wärme-Kopplungsgesetz unterfallen,
>
> 3. den Ausbau von Verbindungskapazitäten nach Artikel 16 Absatz 6 Buchstabe b der Verordnung (EG) Nr. 714/2009 (ABl. L 211 vom 14.8.2009, S. 15), […]
>
> 5. Leitungen zur Netzanbindung von Offshore-Anlagen nach § 17d Absatz 1 und § 43 Satz 1 Nr. 3 des Energiewirtschaftsgesetzes,“

Gemäß § 23 Abs. 1 S. 2 Nr. 4 und Nr. 5 ARegV können also sowohl Anbindungsleitungen zum Netzanschluss von Offshore-Windparks als auch Interkonnektoren als Investitionsmaßnahmen anerkannt werden. Daraus ergibt sich eine sehr weitreichende Privilegierung von Investitionen in Offshore-Infrastruktur. Dies gilt umso mehr, als nach § 23 Abs. 1 S. 2 Nr. 3 und 5 ARegV zusätzlich auch die Durchführung der notwendigen Verstärkungsinvestitionen an Land gefördert werden kann. § 23 Abs. 1 S. 2 Nr. 3 ARegV privilegiert Investitionen, die der Integration von Anlagen zur Erzeugung von Strom aus erneuerbaren Energien in die Elektrizitätsversorgungsnetze dienen. § 23 Abs. 1 S. 2 Nr. 5 ARegV begünstigt nicht nur die seeseitige Netzanbindung von Offshore-Anlagen gemäß § 17d Abs. 1

---

159 BNetzA, Ent. v. 7.7.2008, BK4–08–68 – Festlegung von Eigenkapitalzinssätzen für die erste Regulierungsperiode.

160 BNetzA, Ent. v. 31.10.2011, BK4–11–304 – Festlegung von Eigenkapitalzinssätzen für die zweite Regulierungsperiode; s. auch BNetzA, Bundesnetzagentur legt Eigenkapitalrenditen für Investitionen in die Strom- und Gasnetze fest, Pressemitteilung v. 2.11.2011.

und § 43 Abs. 1 Nr. 3, 1. Fall EnWG, sondern auch deren landseitige Netzanbindung gemäß § 43 S. 1 Nr. 3, 2. Fall EnWG.

Anträge auf Anerkennung einer Investitionsmaßnahme haben die deutschen ÜNB gemäß § 23 Abs. 1, 3 S. 1 ARegV bei der BNetzA zu stellen. Der Antrag muss spätestens neun Monate vor Beginn des Kalenderjahres, in dem die Investition erstmals ganz oder teilweise kostenwirksam werden soll, gestellt werden. Gemäß § 23 Abs. 3 S. 8 ARegV muss der Antrag so gestellt werden, dass er einen sachkundigen Dritten in die Lage versetzt, ohne weitere Informationen das Vorliegen der Genehmigungsvoraussetzungen prüfen und eine Entscheidung treffen zu können. Die BNetzA hat im Februar 2012 einen Rechtssicherheit vermittelnden Leitfaden veröffentlicht, in dem die inhaltlichen und strukturellen Anforderungen an die Begründetheit der Anträge auf Genehmigung von Investitionsmaßnahmen nach § 23 ARegV dargestellt und erläutert werden.[161]

bb) Die britische Anreizregulierung

In Großbritannien unterliegen Anschlussleitungen, Übertragungsnetze und Interkonnektoren jeweils unterschiedlichen Regulierungsregimen. Während OFTOs für den Erwerb oder den Bau von Anbindungsleitungen einen Erlös aus einem für 20 Jahre festgesetzten Erlösband erhalten, das ca. 9 Prozent beträgt, unterliegt der Betrieb der Übertragungsnetze der Anreizregulierung, die lange Zeit auf der RPI-X-Formel basierte. Dabei wurde bei der Ermittlung der Erlösobergrenze die Inflationsrate, gemessen am Verbraucherpreisindex, mitberücksichtigt. Subtrahiert wurden erwartete Effizienzeinsparungen. Erlösobergrenzen wurden in der Regel für eine Dauer von fünf Jahren festgelegt. Die Netzbetreiber hatten so einen Anreiz zu Einsparungen und zu einem wirtschaftlichen Netzbetrieb, um zusätzliche Erlöse als Differenz zwischen Erlösobergrenze und tatsächlichen Kosten zu generieren.[162] Investitionen in langfristige Netzausbaumaßnahmen, wie sie in Hinblick auf die Schaffung des Nordseenetzes erforderlich sein werden, förderte die RPI-X-Regulierung allerdings kaum;[163] denn die Kapitalbeschaffungskosten im Rahmen der RPI-X-Regulierung sind höher als bei der *Rate-of-return*-Regulierung.

---

161 BNetzA, Leitfaden zu Investitionsmaßnahmen nach § 23 ARegV, 28.2.2012. Der Leitfaden ersetzt den früheren Leitfaden zu Investitionsbudgets aus dem Jahre 2010, soweit er nicht für im Februar 2012 bereits bestandskräftige Investitionsbudgets weiterhin Gültigkeit besitzt.

162 *McHarg*, Evolution and Revolution in British Energy Network Regulation: From RPI-X to RIIO in: Energy Networks and the Law, 2012, S. 313, 317.

163 Ebenda, S. 321.

Das liegt daran, dass Anteilseigner die Kostenrisiken bei der RPI-X-Regulierung tragen, während diese bei der *Rate-of-return*-Regulierung bei den Letztverbrauchern liegen. Eine weitere Schwäche der RPI-X-Regulierung lag darin, dass die Regulierungsperiode mit fünf Jahren vergleichsweise kurz angelegt war, während Netzinvestitionen sehr langfristig geplant werden, so dass eine beträchtliche Planungs- und Investitionsunsicherheit bei den Netzbetreibern bestand. Ofgem erkannte dies und versuchte z. B., Investitionsanreize durch die Berücksichtigung sog. *revenue drivers* zu setzen, nach denen Erlöse variieren können in Abhängigkeit z. B. von der Anzahl der an ein Netz angeschlossenen Anlagen zur Erzeugung von Strom aus erneuerbaren Energien oder unterirdischer Übertragungsleitungen.[164] Zudem erfolgte eine Modifizierung durch gleitende Effizienzanreize, die es den Netzbetreibern erlaubten, die Gewinne zusätzlicher Einsparungen fünf Jahre lang zu behalten – unabhängig davon, zu welchem Zeitpunkt innerhalb der Regulierungsperiode diese erwirtschaftet wurden.[165]

Aufgrund ihrer schwachen Anreizwirkung wurde die RPI-X-Formel am 1. April 2013 durch RIIO, ein nachhaltigeres und zielorientierteres Anreizregulierungsmodell ersetzt. RIIO steht für Revenue = Incentives + Innovation + Outputs. Mit dem RIIO-System, das etliche Aspekte des RPI-X-Modells weiterführt,[166] will Großbritannien die unzureichende Anreizwirkung der RPI-X-Regulierung für langfristige Netzausbaumaßnahmen beheben. Eine wichtige Änderung besteht darin, dass die Regulierungsperiode von fünf auf acht Jahre verlängert wird. Zudem wird die Berechnungsmethode geändert. Ausgangspunkt für die Berechnung der Erlösobergrenze werden *outputs* (Ziele) sein, die für jeden Netzbetreiber festgelegt werden. Es gibt sechs Ziel-Kategorien.[167] Zusätzlich werden sog. *secondary deliverables* (Sekundäraufgaben) festgelegt, mit deren Hilfe die Ziele in einer oder mehreren Perioden erreicht werden sollen. Die neue Regulierung zielt darauf ab, Netzbetreiber durch erhöhte Erlöse zu langfristigen Investitionen zu motivieren, sofern dadurch Verbesserungen in den Zielbereichen zu erwarten sind. Sind Ziele und Aufgaben zwischen Netzbetreiber und Ofgem vereinbart worden, so werden auf deren Grundlage die Basiserlöse für die Regulierungsperiode errechnet. Ein weiterer immanenter Bestandteil der RIIO-Regulierung ist eine

---

164 Dies erinnert an den Erweiterungsfaktor gemäß § 10 ARegV.

165 *McHarg*, Evolution and Revolution in British Energy Network Regulation: From RPI-X to RIIO in: Energy Networks and the Law, 2012, S. 313, 319.

166 Ebenda.

167 Kundenzufriedenheit, Verfügbarkeit von Netzkapazitäten, Sicherheit, Anschlussmodalitäten, Umweltauswirkungen und soziale Verpflichtungen.

Verteilung der Investitionsrisiken zwischen Netzbetreibern und Verbrauchern. Sowohl Gewinne als auch Verluste einer jeden Maßnahme im Netz werden zwischen Netzbetreibern und Verbrauchern in einem bestimmten Verhältnis geteilt. Damit werden durch das RIIO-Modell Investitionsrisiken minimiert. Die Betreiber von Elektrizitätsversorgungsnetzen erhalten so einen stärkeren Anreiz zu langfristigen Investitionen.

Für den britischen ÜNB National Grid wird das neue Regulierungsregime mit einem Mehrerlös von ca. 25 Prozent gegenüber dem Jahr 2012/13, in dem noch das alte Regime angewandt wurde, einhergehen. Für die Letztverbraucher bedeutet die Umstellung des Regulierungsregimes eine Erhöhung der jährlichen Stromrechnung um durchschnittlich 4 GBP.[168]

Die Regulierung von Interkonnektoren in Großbritannien wird derzeit auch mit Blick auf das entstehende Nordseenetz novelliert. Hierzu hat Ofgem vier Vorschläge unterbreitet, die sich in Folge von Konsultationen nun zur Einführung einer *Cap and floor*-Regulierung verdichtet haben.[169] Diese soll mit dem Projekt „NEMO“ (einem Interkonnektor geplant für 2019 zwischen Großbritannien und Belgien) getestet werden. Die *Cap and floor*-Regulierung zeichnet sich dadurch aus, dass es eine Erlösober- und eine Erlösuntergrenze gibt. Einnahmen oberhalb der Obergrenze werden dem nationalen ÜNB gutgeschrieben und auf die nationalen Netzentgelte angerechnet. Fallen die Einnahmen unter die Untergrenze, erhalten die Interkonnektorbetreiber eine Kompensation von den nationalen ÜNB, die sich ihrerseits durch eine Erhöhung der Netzentgelte schadlos halten können.[170] Die Betreiber der Interkonnektoren sollen auf diese Weise Investitionssicherheit erhalten. Durch die symmetrische Risikoverteilung, die ein effizienteres Risikomanagement für den Errichter ermöglicht, werden die Kapitalkosten minimiert und die Verbraucher vor zu hohen Kosten geschützt.[171] Die *Cap and floor*-Regulierung soll nicht nur für die Amortisationszeit (*lifetime of finances*), sondern für die gesamte Lebensdauer des Interkonnektors die Regulierungsgrundlage bilden.[172] Alle

168 Ofgem, RIIO-T1: Initial Proposals for National Grid Electricity Transmission and National Grid Gas, 27.7.2012, S. 2.

169 Ofgem, Electricity interconnector policy, 26.1.2010, S. 1, 27 ff.

170 Ofgem, CREG, Cap and floor regime for regulation of project NEMO and future subsea interconnectors, 28.06.2011, S. 5.

171 Ebenda.

172 Ofgem, CREG, Summary of responses to Ofgem and CREG's joint consultation on a cap and floor regime for regulation of project NEMO and future subsea interconnectors, 28.06.2011, S. 10 sowie Ofgem, Proposed interest during construction approach for offshore transmission and Project NEMO, 18.10.2013, Ziff. 1.6.

vier bis sechs Jahre soll jedoch eine Überprüfung stattfinden. Nach der durchgeführten Konsultation wird von den meisten Akteuren ein großer Abstand zwischen *Cap* und *Floor* und damit eine Nähe zum *Merchant Investor*-Ansatz mit seiner Regulierungsfreistellung[173] favorisiert.

b) Gewährung direkter Subventionen

Ein anderes Instrument zur Anregung von Investitionen in Offshore-Netzinfrastruktur, das sowohl von der EU als auch von den Nordseeanrainerstaaten im Rahmen der Vorgaben der Art. 107 ff. AEUV eingesetzt wird, ist die Gewährung von direkten Subventionen in Form von verlorenen Zuschüssen oder Darlehen. Bei der Gewährung von direkten Subventionen werden öffentliche Gelder so an ein Unternehmen ausgezahlt, dass sie direkt in dessen liquide Mittel einfließen. Während die Gelder bei einem verlorenen Zuschuss nicht zurückgezahlt werden müssen, wird bei Darlehen eine Rückzahlungsvereinbarung getroffen, in der die Vertragspartner regeln, welche Beträge und gegebenenfalls Zinsen in welchen Zeiträumen zurückgezahlt werden müssen. Ein subventionierendes Darlehen zeichnet sich regelmäßig dadurch aus, dass es von der öffentlichen Hand zu marktunüblichen Konditionen gewährt wird, insbesondere zu niedrigeren Zinsen oder unter Verzicht auf die Bereitstellung von Sicherheiten. Eine direkte Förderung von Infrastruktur haben allerdings die wenigsten Nordseeanrainer implementiert. Das norwegische New Technology Programme zielt z. B. lediglich auf den Bau von Stromerzeugungsanlagen, nicht aber auf den Bau von Stromtransportinfrastruktur ab.

aa) European Energy Programme for Recovery

Die EU fördert Investitionen in den Aufbau von Offshore-Netzinfrastruktur mit dem europäischen Energieprogramm zur Konjunkturbelebung (European Energy Programme for Recovery – EEPR), das im Jahr 2009 als Reaktion auf die Wirtschafts- und Finanzkrise 2008/2009 aufgelegt wurde.[174] Das Programm verfügt

173 Dazu noch unten, S. 79 ff.

174 Verordnung (EG) 663/2009 über ein Programm zur Konjunkturbelebung durch eine finanzielle Unterstützung der Gemeinschaft zugunsten von Vorhaben im Energiebereich, ABl. 2009 L 200/31 sowie Verordnung (EG) 1233/2010 zur Änderung der Verordnung (EG) 663/2009 über ein Programm zur Konjunkturbelebung durch eine finanzielle Unterstützung der Gemeinschaft zugunsten von Vorhaben im Energiebereich, ABl. 2010 L 346/5.

über ein Budget von insgesamt 3,98 Mrd. EUR, das für Vorhaben in den drei Bereichen Strom- und Gasinfrastrukturen, Offshore-Windenergie sowie Kohlenstoffabscheidung und -speicherung (CCS) eingesetzt wird.[175] Das Programm profitiert von seiner vergleichsweise guten finanziellen Ausstattung sowie der Konzentration auf wenige Projekte und ist nach Einschätzung der Europäischen Kommission bislang sehr erfolgreich.[176]

Im Bereich der Netzintegration von Strom aus Offshore-Windenergie sollen gegenwärtig drei Projekte aus dem EEPR gefördert werden: das Projekt Kriegers Flak in der Ostsee nordwestlich von Rügen, das Cobra Cable zwischen den Niederlanden und Dänemark und die Errichtung eines HVDC-Hubs für den Netzanschluss mehrerer Offshore-Windparks im Norden von Schottland. Die Europäische Kommission bezeichnet die Fortschritte bei diesen Projekten in ihrem jüngsten Statusbericht als gering im Vergleich zu anderen EEPR-Projekten.[177] Die drei Projekte seien aus technischer, regulatorischer und kaufmännischer Sicht sehr komplex, da mit ihnen weitgehend unerforschtes Gebiet betreten werde. Da sich außerdem die Entscheidungen der nationalen Regulierungsbehörden über die notwendigen Co-Finanzierungen verzögert hätten, spricht sich die Europäische Kommission für eine Verlängerung der Projektlaufzeiten bis in die Jahre 2016–2018 aus.[178]

Im Rahmen des Projektes Kriegers Flak soll eine gemeinsame Anbindungslösung (*combined grid solution*) für mehrere Windparks im deutschen und im dänischen Teil des Eignungsgebietes Kriegers Flak nordwestlich von Rügen entwickelt werden.[179] Das Ziel des Projekts ist es, die beiden Anbindungsleitungen auf der deutschen und auf der dänischen Seite über einen Interkonnektor miteinander zu verbinden, um die Leitungen nicht nur für den Abtransport des offshore erzeugten Windstroms, sondern außerdem für den grenzüberschreitenden Stromhandel nutzen zu können. Das Projekt, dessen Gesamtkosten auf 900 Mio. EUR geschätzt werden, wird von den ÜNB 50Hertz Transmission GmbH und Energinet.dk vorangetrieben. Aus dem EEPR wird das Projekt mit 150 Mio. EUR unterstützt.

Das Cobra Cable ist ein geplantes grenzüberschreitendes Unterseekabel, das mit einer Kapazität von 700 MW zwischen Eemshaven in den Niederlanden und

175 Art. 3 Abs. 1 VO 663/2009.

176 Europäische Kommission, Bericht über die Durchführung des Europäischen Energieprogramms zur Konjunkturbelebung v. 20.4.2011, KOM(2011) 217 endg.

177 Europäische Kommission, Bericht der Kommission an das Europäische Parlament und den Rat über die Durchführung des Europäischen Energieprogrammes zur Konjunkturbelebung vom 8.8.2012, KOM(2012) 445, S. 8.

178 Ebenda.

179 Ausführlich bereits oben, S. 11 ff.

Endrup in Dänemark verlegt werden soll.[180] Im Rahmen des gemeinsamen Projekts der ÜNB TenneT TSO B.V. und Energinet.dk soll auch die Möglichkeit untersucht werden, Offshore-Windparks direkt an den Interkonnektor anzuschließen. Das Cobra Cable soll zur besseren Integration von Windstrom in das niederländische und das dänische Elektrizitätsversorgungssystem beitragen und die Versorgungssicherheit in beiden Staaten erhöhen. Außerdem soll der Wettbewerb auf den nordwesteuropäischen Stromhandelsmärkten verstärkt werden. Aus dem EEPR wird das Cobra Cable, dessen Gesamtkosten auf ca. 449 Mio. EUR geschätzt werden, mit einem Betrag in Höhe von 86,54 Mio. EUR unterstützt.

Der HVDC-Hub, der in der Nordsee nördlich von Schottland errichtet werden soll, dient dem zentralisierten Netzanschluss der geplanten Offshore-Windparks zwischen den Shetland-Inseln und der schottischen Küste. Geplant ist außerdem, die Kapazität der dortigen Anbindungsleitungen und die Kapazität der Konverterstation Blackhillock von 600 MW auf 1.200 MW zu verstärken. Das Projekt wird von der Scottish Hydro Electric Transmission Ltd. geplant. Aus dem EEPR wird die Errichtung des schottischen HVDC-Hubs mit einem Betrag in Höhe von 74,1 Mio. EUR unterstützt.

bb) Infrastrukturpaket/„Connecting Europe"-Fazilität

Am 19. Oktober 2011 legte die Europäische Kommission einen Vorschlag für eine Verordnung über Leitlinien für transeuropäische Energieinfrastruktur vor,[181] die der Rat der Europäischen Union in seinen Schlussfolgerungen vom 3. Dezember 2012 als wesentlich für Integration erneuerbarer Energien in den Elektrizitätsbinnenmarkt angesehen hat.[182] Die Verordnung, die am 17. April 2013 endgültig beschlossen wurde,[183] zielt darauf ab, bestimmte Infrastrukturprojekte von europäischer Bedeutung möglichst bis zum Jahr 2020 zu verwirklichen. Zu diesem Zweck hat die Europäische Kommission zwölf vorrangige Energieinfrastrukturkorridore

180 Ausführlich bereits oben, S. 13 f.

181 Europäische Kommission, Vorschlag für eine Verordnung des Europäischen Parlaments und des Rates zu Leitlinien für die transeuropäische Energieinfrastruktur und zur Aufhebung der Entscheidung 1364/2006, 19.10.2011, KOM(2011) 658 endg.

182 Rat der Europäischen Union, Schlussfolgerungen zu Erneuerbaren Energien, 3.12.2012.

183 Verordnung (EU) Nr. 347/2013 des Europäischen Parlaments und des Rates vom 17.4.2013 zu Leitlinien für die transeuropäische Energieinfrastruktur und zur Aufhebung der Entscheidung Nr. 1364/2006/EG und zur Änderung der Verordnungen (EG) Nr. 713/2009, (EG) Nr. 714/2009 und (EG) Nr. 715/2009, ABl. 2013 L 115/39.

und -gebiete (*priority corridors and areas*) definiert. Projekte, die dem Infrastrukturausbau in diesen *priority corridors and areas* dienen, sollen künftig als Projekte von gemeinsamem Interesse definiert werden können und dadurch leichter in den Genuss von Förderungen kommen. Die Verordnung sollte ursprünglich bereits zum 1. Januar 2013 die bisherigen Leitlinien über die transeuropäischen Energienetze (TEN-E)[184] ersetzen. Das Gesetzgebungsverfahren verzögerte sich jedoch, sodass die Verordnung erst zum 1. Juni 2013 Geltung erlangen konnte.[185]

Die neuen Leitlinien für die transeuropäische Energieinfrastruktur werden ergänzt durch die sog. „Connecting Europe"-Fazilität, mit der im Zeitraum 2014–2020 ca. 5,85 Mrd. EUR in die europäische Energieinfrastruktur investiert werden sollen.[186] Ursprünglich war sogar die Bereitstellung eines Betrages in Höhe von ca. 9,1 Mrd. EUR geplant.[187] Die Finanzierungshilfen sollen unter anderem für Maßnahmen zur Verwirklichung des europäischen Elektrizitätsbinnenmarktes und die Förderung der grenzüberschreitenden Interoperabilität der europäischen Stromnetze zur Verfügung gestellt werden.[188] Vorgesehen ist, dass nicht nur klassische verlorene Zuschüsse vergeben, sondern auch moderne Finanzinstrumente aufgelegt werden.[189] Die „Connecting Europe"-Fazilität steht seit Beginn des mehrjährigen Finanzrahmens der EU für die Jahre 2014–2020 am 1. Januar 2014 zur Verfügung.[190]

In Anhang I der Verordnung 347/2013 über Leitlinien für transeuropäische Energieinfrastruktur wird als erster vorrangiger Stromkorridor das „Offshore-Netz der nördlichen Meere" (North Seas Offshore Grid) genannt und als integriertes Offshore-Stromnetz in der Nordsee, in der irischen See, im Ärmelkanal, in der Ostsee und in angrenzenden Meeren definiert, dessen Zweck es ist, Strom aus

---

184 Entscheidung Nr. 1364/2006/EG des Europäischen Parlaments und des Rates vom 6.9.2006 zur Festlegung von Leitlinien für die transeuropäischen Energienetze und zur Aufhebung der Entscheidung Nr. 96/391/EG und der Entscheidung Nr. 1229/2003/EG, ABl. 2006 L 262.

185 Vgl. Art. 24 VO 347/2013.

186 Art. 5 Abs. 1 lit. c der Verordnung Nr. 1316/2013 des Europäischen Parlaments und des Rates vom 11.12.2013 zur Schaffung der Fazilität „Connecting Europe", zur Änderung der Verordnung (EU) Nr. 913/2010 und zur Aufhebung der Verordnungen (EG) Nr. 680/2007 und (EG) Nr. 67/2010, ABl. 2013 L 348/129.

187 Europäische Kommission, Vorschlag für eine Verordnung des Europäischen Parlaments und des Rates zur Schaffung der Fazilität „Connecting Europe", 19.10.2011, KOM(2011) 665 endg., S. 6.

188 Ebenda, S. 26 f.

189 Ebenda, S. 35 ff.

190 Art. 32 VO 1316/2013.

erneuerbaren Offshore-Energiequellen zu den Verbrauchs- und Speicherzentren zu transportieren sowie den grenzüberschreitenden Stromaustausch auszubauen. Projekte im Zusammenhang mit der Errichtung von Offshore-Netzinfrastruktur in der Nordsee können also künftig als Projekte von gemeinsamem Interesse definiert und anschließend aus Mitteln der „Connecting Europe"-Fazilität gefördert werden.

c) Gewährung indirekter Subventionen

Neben einer direkten Subventionierung durch verlorene Zuschüsse und Darlehen kommt auch eine Förderung des Ausbaus von Offshore-Netzinfrastruktur durch indirekte Subventionen in Betracht. Die indirekte Subventionierung politisch gewünschter Vorhaben kann z. B. durch die Gewährung von Steuerermäßigungen und -befreiungen, die Einräumung von Haftungsprivilegien oder die Übernahme von externen Kosten durch die Allgemeinheit erfolgen.

In Deutschland wird der Bau von Anbindungsleitungen für den Netzanschluss von Offshore-Windparks seit der jüngsten Änderung des EnWG durch das Dritte Gesetz zur Neuregelung energiewirtschaftsrechtlicher Vorschriften vom 20. Dezember 2012, das am 28. Dezember 2012 in Kraft getreten ist, durch eine weitgehende Haftungsbefreiung privilegiert. Seither ist in § 17f EnWG ein sog. Belastungsausgleich geregelt, der die vier deutschen ÜNB verpflichtet, Entschädigungszahlungen, die sie wegen gestörter oder verzögerter Netzanbindungen von Offshore-Windparks gemäß § 17e Abs. 1 und 2 EnWG an die Betreiber der Offshore-Windparks zahlen mussten, im Rahmen einer finanziellen Verrechnung untereinander auszugleichen. Anschließend können die Entschädigungskosten gemäß § 17f Abs. 1 S. 2 EnWG als Aufschlag auf die Netzentgelte anteilig auf die Letztverbraucher umgelegt werden. Die Umlage hat entsprechend § 9 KWKG zu erfolgen, wird also anhand einer Gewichtung der Letztverbrauchermengen über die unterschiedlichen Netzebenen bis zu den Letztverbrauchern weitergewälzt. Nur wenn ein ÜNB die Verzögerung eines Netzanschlusses vorsätzlich oder fahrlässig herbeiführt, hat er einen Eigenanteil zu tragen. Bei vorsätzlicher Herbeiführung der Verzögerung beträgt der Eigenanteil gemäß § 17f Abs. 2 S. 1 EnWG 100 Prozent, der Netzbetreiber muss die Entschädigung also vollständig selbst tragen. Bei fahrlässiger Herbeiführung der Verzögerung gilt gemäß § 17f Abs. 2 S. 2 EnWG ein komplexes Stufensystem, das – vereinfacht gesagt – einen Eigenanteil des Netzbetreibers in Höhe von maximal 20 Prozent vorsieht. Im Ergebnis haben die Stromverbraucher, d. h. in erster Linie die Unternehmen und privaten Haushalte, den größten Teil der Entschädigungskosten gemäß §§ 17e, 17f EnWG zu tragen.

Die deutsche Bundesregierung schätzt, dass den Windparkbetreibern und den ÜNB durch den Belastungsausgleich gemäß § 17f EnWG bestehende Vermögensschäden im Umfang von ca. 1 Mrd. EUR abgenommen werden.[191] Darüber hinaus können neu hinzukommende Vermögensschäden im Umfang von ca. 800 Mio. bis 1 Mrd. EUR pro Jahr auf die Gesamtheit der Stromverbraucher umgelegt werden.[192] Der Netzanschluss von Offshore-Windparks ist also in Zukunft von Haftungsrisiken weitgehend befreit, zumal in § 17g EnWG auch noch die Haftung für nicht vorsätzlich verursachte Sachschäden der Höhe nach beschränkt wird. Die Neuregelung soll das Investitionsklima deutlich verbessern und den beteiligten Unternehmen einen wirksamen Anreiz geben, die zur Verwirklichung der nationalen energiepolitischen Ziele dringend benötigte Offshore-Netzinfrastruktur rasch auszubauen.

Großbritannien und Schweden haben kein indirektes Subventionssystem für Stromtransportinfrastruktur implementiert, sondern nur für den Betrieb von Anlagen zur Erzeugung von Strom aus erneuerbaren Energien. Der mit diesen Anlagen erzeugte Strom unterliegt in Großbritannien einer Steuerbefreiung. Für Strom aus konventionellen Energieträgern wird hingegen eine Klimawandelabgabe (= *Climate Change Levy*) erhoben.[193] Deren Höhe beträgt gegenwärtig 4,3 GBP/MWh. Zum Zwecke der Steuerbefreiung wird für Strom aus erneuerbaren Energien ein *Levy Exemption Certificate* (= Abgabenbefreiungszertifikat) ausgegeben, das allerdings nicht losgelöst von dem Strom gehandelt werden kann. In Schweden unterliegt die Stromerzeugung aus Windenergie beispielsweise einer geringeren Steuer als die Stromerzeugung auf konventionelle Weise oder durch den Einsatz sonstiger erneuerbarer Energien.[194]

d) Gewährung von Regulierungsfreistellungen

Der Bau von Interkonnektoren kann in der EU außerdem durch die Gewährung von Freistellungen von der Netzzugangs- und Netzentgeltregulierung angeregt werden. Die Grundlage dafür schafft Art. 17 der StromHVO. Danach kann ein Investor z. B. von der Zweckbindung der Engpasserlöse gemäß Art. 16 Abs. 6 StromHVO befreit werden, damit er mit diesen die von ihm getätigten Investitionen wieder erwirtschaften kann. Außerdem ist eine Freistellung von der Geltung

191 BT-Drs. 17/10754, S. 2.

192 Eigene Berechnung, BT-Drs. 17/10754, S. 13.

193 Sec. 30 in Verbindung mit Anhang VI, Sec. 19 Abs. 1 Finance Act 2000.

194 § 3 Abs. 1 f) des Lag om statlig fastighetsskatt (1984:1052).

des Art. 32 der EltRL über die Pflicht zur Gewährung diskriminierungsfreien Netzzugangs möglich, damit der Investor die Kapazität des Interkonnektors im Rahmen langfristiger Verträge anbieten oder für eigene Zwecke nutzen kann. Andernfalls wäre der Investor gezwungen, die errichtete Verbindungsleitung Dritten diskriminierungsfrei zur Nutzung zur Verfügung zu stellen und könnte deren Kapazität deshalb u. U. schlechter vermarkten.

Freistellungen gemäß Art. 17 StromHVO werden erst gewährt nach Durchführung eines aufwendigen Verfahrens, an dem sowohl die zuständige nationale Regulierungsbehörde als auch ACER und die Europäische Kommission beteiligt sind. Eine Ausnahme gemäß Art. 17 der StromHVO war z. B. ursprünglich für ein geplantes Unterseekabel zwischen Norwegen und Deutschland („NorGer") beantragt worden,[195] der Antrag wurde jedoch im April 2011 von den Antragstellern zurückgenommen.[196]

Ein Beispiel für die tatsächliche Gewährung einer partiellen Regulierungsfreistellung gemäß Art. 17 StromHVO ist der Interkonnektor „BritNed". Dabei handelt es sich um ein Unterseekabel mit einer Kapazität von 1.000 MW zur Verbindung der Elektrizitätsversorgungsnetze in Großbritannien und in den Niederlanden. Desweiteren wurden die Interkonnektoren East West I und II zwischen Großbritannien und Irland (Eigentümer Imera, eine private Gesellschaft) durch die Europäische Kommission von der Regulierung freigestellt.

Keine Freistellung gilt beispielsweise für den Interkonnektor IFA („Interconnexion France-Angleterre") zwischen Großbritannien und Frankreich (Eigentümer National Grid/RTE), der somit der Regulierung unterliegt. Während der Bau und der Betrieb von Interkonnektoren in den meisten Mitgliedstaaten durch die ÜNB erfolgen und der Regulierung unterliegen, basiert der Bau von Interkonnektoren in Großbritannien auf Wettbewerbsprinzipien. Dies hat zur Folge, dass Interkonnektoren nur gebaut werden, wenn die Nachfrage nach Kapazitäten hoch und der Auktionspreis im Rahmen des langfristigen Engpassmanagements attraktiv ist. Beides sind jedoch relativ unsichere Faktoren. Der Markt wird daher von Ofgem nur dann als funktionsfähig angesehen, wenn der Interkonnektorbetreiber

---

195 Die BNetzA hatte die Ausnahme sogar bereits gewährt, s. BNetzA, Bundesnetzagentur gibt grünes Licht für erste Gleichstromverbindungsleitung nach Norwegen, Pressemitteilung v. 25.11.2010.

196 Kindler, Die erneuerbaren Energien und der europäische Energiemarkt, Vortrag auf der Konferenz „Eineinhalb Jahre EEG-Strom an der Börse", 12.7.2011, S. 13. Als Grund für die Rücknahme werden Vorbehalte bei der Europäischen Kommission angeführt, s. FAZ, Rückschlag für das Nordsee-Stromkabel, 11.4.2011.

vor regulatorischen Interventionen im Hinblick auf die Erlösobergrenze geschützt wird.[197] Dies erfolgt durch Freistellung von bestimmten LC gemäß den LC (Interconnector) Nr. 12 und Art. 17 StromHVO.[198] Eine Ausnahme von der Regulierung gewährt Ofgem im Einklang mit Art. 17 StromHVO nur dann, wenn die Investition den Wettbewerb fördert, die Investition ohne die Ausnahme nicht durchgeführt werden würde und die Ausnahme dem Wettbewerbs- und Binnenmarktgedanken im konkreten Fall nicht zuwiderläuft.

Ofgem favorisiert den sog. *Merchant Investor*-Ansatz, der bedeutet, dass es für die Erlöse weder Ober- noch Untergrenzen gibt, und dass diese auch nicht festgesetzt oder mit den Netzentgelten für Übertragungsnetze verbunden werden.[199] Die Anreizwirkung für den Investor soll so stark ausgeprägt sein, dass die Ziele zur Erhöhung der grenzüberschreitenden Übertragungskapazität erreicht werden. Ofgem will auf diese Weise dazu beitragen, dass der Bau von Interkonnektoren durch den Markt erfolgt und nicht einer zentralen Planung überlassen werden muss.[200] Das Letztentscheidungsrecht über die Genehmigung von Regulierungsausnahmen liegt aber gemäß Art. 17 StromHVO bei der Europäischen Kommission. Der Fall des Interkonnektors BritNed zeigt, dass es durchaus nicht sicher ist, dass die Kommission eine national erteilte, vollständige Freistellung genehmigt. Ofgem hatte BritNed eine Freistellung von der Regulierung gewährt; die Kommission modifizierte diese Entscheidung jedoch, indem sie Erlösobergrenzen für den Betrieb des Interkonnektors vorsah.[201] Unter Hinweis auf diesen Fall äußerten sich die meisten Marktteilnehmer in einer von Ofgem durchgeführten Konsultation kritisch zum gegenwärtigen Regulierungsregime für Interkonnektoren, da aufgrund des Vetorechts der Europäischen Kommission keine Investitionssicherheit bestehe.

3. Das Problem der „vorweggenommenen Investitionen“

Die Errichtung eines Offshore-Netzes in der Nordsee ist ein langfristiges Projekt, das nur schrittweise vollzogen werden kann. Wegen der vielen Unbekannten, die

197 Ofgem, Electricity interconnector policy, 26.1.2010, S. 1, 24.

198 Ebenda, 26.1.2010, S. 1.

199 Dies ist z. B. in Belgien anders, wo die Investitionen in Interkonnektoren reguliert werden. Die Investition wird von Übertragungsnetzentgelten finanziert.

200 Ofgem, Electricity interconnector policy, 26.1.2010, S. 24.

201 Europäische Kommission, CAB D(2007)/1258 abrufbar unter http://ec.europa.eu/energy/infrastructure/exemptions/doc/doc/electricity/2007_britned_decision_en.pdf (Stand 27.12.2013).

hinsichtlich der europäischen Energiepolitik und den nationalen Energiepolitiken der Nordseeanrainerstaaten in den nächsten Jahren und Jahrzehnten bestehen, ist eine Gesamtplanung der Offshore-Netzinfrastruktur in der Nordsee nicht möglich. Unter Zugrundelegung der heutigen Pläne der EU und ihrer Mitgliedstaaten steht aber fest, dass die Netzinfrastruktur in der Nordsee in den nächsten zwei Jahrzehnten erheblich ausgebaut werden muss. Die Durchführung von Netzerweiterungs- und Netzausbaumaßnahmen, deren Nutzen sich nicht in der Gegenwart, sondern erst in der Zukunft zeigen wird, ist jedoch für die ÜNB problematisch, da sie damit rechnen müssen, dass die zuständige Regulierungsbehörde die Kosten solcher Maßnahmen zum Zeitpunkt der Prüfung nicht als erforderlich anerkennt, sodass sie bei der Netzentgeltermittlung nicht berücksichtigt werden dürfen. Dieses Problem wird unter dem Stichwort der vorweggenommenen Investitionen (*anticipatory investments*) diskutiert.[202]

Insbesondere von ENTSO-E wird darauf hingewiesen, dass der Ausbau der Offshore-Netzinfrastruktur nur gelingen kann, wenn vorweggenommene Investitionen durch eine gesicherte Anerkennung ihrer Kosten nebst angemessener Eigenkapitalverzinsung gefördert werden.[203] Den geltenden Regulierungsregimen der Nordseeanrainerstaaten wird eine „Kurzsichtigkeit" bescheinigt, die sich negativ auf die Erreichung der Ziele im Zusammenhang mit dem Nordseenetz auswirken werde. Zu den vorweggenommenen Investitionen zählen Investitionen zur Errichtung von Anbindungsleitungen oder Interkonnektoren mit einer aus heutiger Sicht zunächst überhöhten Kapazität, die erst in der Zukunft in vollem Umfang benötigt wird und die deshalb heute noch nicht in dem geplanten Umfang umgesetzt werden müsste. Die Anerkennung der Kosten von langfristigen Investitionen ist unter den nationalen Netzentgeltregulierungsregimen teilweise problematisch, da die Kosten als (noch) nicht erforderlich und damit ineffizient angesehen werden können. Dieses Problem war einer der Gründe dafür, dass Großbritannien sein System der Anreizregulierung auf die sog. RIIO-Regulierung umgestellt hat.[204]

Um eine vollständige Anerkennung der Investitionskosten durch die zuständige Regulierungsbehörde sicherzustellen, müssen ÜNB zunächst einmal ihre Investitionstätigkeit strikt an ihren gesetzlich definierten Aufgaben ausrichten. Die meisten nationalen Energierechtsordnungen formulieren die Netzerweiterungspflichten

202 In der deutschen Übersetzung des Vorschlags der Europäischen Kommission zu Leitlinien für die transeuropäische Energieinfrastruktur – KOM(2011) 658 – ist die Rede von „vorgezogenen Investitionen".

203 ENTSO-E, Ten-Year Network Development Plan 2010–2020, 28.6.2010, S. 158.

204 Dazu oben, S. 71 ff.

der ÜNB so weit, dass sich darunter auch vorweggenommene Investitionen subsumieren lassen. Soweit sich die ÜNB auf ihre Pflicht zur Durchführung vorweggenommener Investitionen berufen können, sind die Regulierungsbehörden nicht berechtigt, die Anerkennung dieser Investitionskosten zu versagen. Die Anerkennung von vorweggenommenen Investitionen hängt also maßgeblich davon ab, wie die Netzerweiterungspflichten der ÜNB in den nationalen Energierechtsordnungen ausgestaltet sind.

In Deutschland ist die allgemeine Netzausbau- und Netzerweiterungspflicht der Betreiber von Elektrizitätsversorgungsnetzen in § 11 Abs. 1 S. 1 EnWG geregelt. Danach sind die Betreiber von Energieversorgungsnetzen verpflichtet, „ein sicheres, zuverlässiges und leistungsfähiges Energieversorgungsnetz diskriminierungsfrei zu betreiben, zu warten und bedarfsgerecht zu optimieren, zu verstärken und auszubauen, soweit es wirtschaftlich zumutbar ist."

Speziell für ÜNB, welche gemäß § 17d EnWG auch für den Netzanschluss von Offshore-Windenergieanlagen zuständig sind, enthält § 12 Abs. 3 S. 1 EnWG die weiterreichende Verpflichtung,

> „dauerhaft die Fähigkeit des Netzes sicherzustellen, die Nachfrage nach Übertragung von Elektrizität zu befriedigen und insbesondere durch entsprechende Übertragungskapazität und Zuverlässigkeit des Netzes zur Versorgungssicherheit beizutragen."

Mit dem Wort „dauerhaft" statuiert § 12 Abs. 3 S. 1 EnWG eine zukunftsorientierte Komponente. Die Bedarfsgerechtigkeit im Sinne von § 11 Abs. 1 S. 1 EnWG ist also nicht nur auf die Gegenwart, sondern auch auf den künftigen, aber schon heute durch entsprechende Investitionsmaßnahmen zu befriedigenden Bedarf zu beziehen. Dies entspricht auch der europarechtlichen Umsetzungsverpflichtung gemäß Art. 12 der EltRL. Dort heißt es ausdrücklich:

> „Jeder Übertragungsnetzbetreiber ist dafür verantwortlich,
> a) auf lange Sicht die Fähigkeit des Netzes sicherzustellen, eine angemessene Nachfrage nach Übertragung von Elektrizität zu befriedigen, unter wirtschaftlichen Bedingungen und unter gebührender Beachtung des Umweltschutzes sichere, zuverlässige und leistungsfähige Übertragungsnetze zu betreiben, zu warten und auszubauen;"

Die Fähigkeit, eine angemessene Nachfrage zu befriedigen (Bedarfsgerechtigkeit), ist also auch nach dem europäischen Energierecht „auf lange Sicht" sicherzustellen. Die Netzbetreiber sind deshalb verpflichtet, bei der Netzentwicklungsplanung Netzverstärkungen nicht erst dann vorzusehen, wenn konkrete Netzanschlussbegehren vorliegen. An den zehnjährigen Netzentwicklungsplänen auf europäischer und auch auf deutscher Ebene zeigt sich, dass die langfristige Planung der Netzbetreiber zunehmend institutionalisiert wird. Kosten für Projekte, die in den langfristigen Netzentwicklungsplänen und den daraus abgeleiteten gesetzlichen Bedarfsplänen vorgesehen sind, müssen von den Regulierungsbehörden anerkannt werden. In Deutschland ist dies in § 12e Abs. 4 S. 1 EnWG ausdrücklich angeordnet. Die Anerkennung von vorweggenommenen Investitionen ist deshalb für Projekte, die innerhalb von zehn Jahren kostenwirksam werden, durch die institutionalisierte Netzentwicklungsplanung gewährleistet.

Problematisch für die Errichtung von Offshore-Netzinfrastruktur in der Nordsee ist jedoch, dass eine mehr als zehnjährige Planung bisher weder auf europäischer Ebene noch in den einzelnen Nordseeanrainerstaaten vorgesehen ist. Das Projekt eines Offshore-Netzes in der Nordsee erfordert jedoch eine Perspektive, die einen Zeitraum von zehn Jahren deutlich übersteigt. Die ÜNB benötigen für den Ausbau der erforderlichen Infrastruktur Investitionssicherheit für Investitionsvorhaben, die möglicherweise erst in 15, 20 oder mehr Jahren realisiert werden können. Hier stößt die gegenwärtige Anerkennung von vorweggenommenen Investitionen durch Netzentwicklungs- und Bedarfspläne und darauf aufsetzende Entscheidungen über die Kostenanerkennung an ihre Grenzen. Um die Rahmenbedingungen für den langfristigen Ausbau von Offshore-Netzinfrastruktur zu verbessern, sollten deshalb im europäischen Recht oder in den nationalen Energierechtsordnungen der Nordseeanrainerstaaten Instrumente zur besseren Anerkennung von langfristigen vorweggenommenen Investitionen geschaffen werden.[205]

Vor diesem Hintergrund ist es zu begrüßen, dass die Europäische Kommission in ihren Vorschlag für eine Verordnung zu Leitlinien für die transeuropäische Energieinfrastruktur („Energieinfrastrukturverordnung“) auch Regelungen über eine wirksame Anreizsetzung für langfristige Investitionen aufgenommen hat.[206] Die Verordnung wurde am 17. April 2013 als Verordnung (EU) Nr. 347/2013 beschlossen.[207] Die Verordnung soll „Vorhaben von gemeinsamem Interesse“ (engl. *projects of common interest* – PCI) privilegieren und mit Erleichterungen in Genehmigungsverfahren und bei der Kostenanerkennung ausstatten. Eine unionsweite Liste der PCI soll nach Art. 3 Abs. 1 der Verordnung alle zwei Jahre von der Europäischen Kommission aufgestellt werden. Die Auswahl der PCI erfolgt in einem komplexen Verfahren unter Berücksichtigung der Kriterien gemäß Art. 4

205 Ausführlich unten, S. 136 ff.

206 Europäische Kommission, Entwurf einer Verordnung zu Leitlinien für die transeuropäische Energieinfrastruktur und zur Aufhebung der Entscheidung Nr. 1364/2006/EG, KOM(2011) 658.

207 ABl. 2013 L 115/39.

der Verordnung. In Ziffer 1 von Anhang I der Verordnung wird das „Northern Seas Offshore Grid“ als vorrangiges Energieinfrastrukturgebiet definiert.

Die Art. 11 ff. der Energieinfrastrukturverordnung enthalten Regelungen über die Anerkennung von Kosten, die im Zusammenhang mit der Realisierung der PCI entstehen. Gemäß Art. 12 Abs. 1 der Verordnung müssen die Investitionskosten eines konkreten PCI über die Netzentgelte von den Netznutzern desjenigen Staates getragen werden, der durch das PCI einen positiven Nettonutzen erzielt. Weitergegeben werden können alle Kosten, die dem verantwortlichen ÜNB oder sonstigem Projektentwickler tatsächlich entstanden sind, sofern die Kosten jenen eines effizienten und strukturell vergleichbaren Betreibers entsprechen.[208]

Art. 13 der Energieinfrastrukturverordnung bestimmt, dass den ÜNB besondere wirtschaftliche Anreize gesetzt werden müssen für Investitionen, die gesamtwirtschaftlich sinnvoll, aber mit überdurchschnittlichen Risiken verbunden sind und die deshalb von den ÜNB ohne entsprechende Anreize gar nicht oder nur zurückhaltend ausgeführt werden würden. Gemäß Art. 13 Abs. 1 der Verordnung müssen die Anreize über die Netzentgelte gesetzt werden, soweit nicht bereits eine Regulierungsfreistellung gemäß Art. 17 StromHVO erteilt wurde. Gemäß Art. 13 Abs. 2 der Verordnung sollen die gewährten Anreize die positiven volkswirtschaftlichen Effekte abbilden, die sich aus der Realisierung des konkreten PCI ergeben und die im Rahmen einer Kosten-Nutzen-Analyse gemäß Art. 11 der Verordnung ermittelt wurden. Zusätzliche Risiken, die über zusätzliche wirtschaftliche Anreize kompensiert werden können, sind gemäß Art. 13 Abs. 2 der Verordnung insbesondere auch solche im Zusammenhang mit neuen Übertragungstechnologien und zwar sowohl an Land als auch auf dem Meer.

Zur Gewährung hinreichender wirtschaftlicher Anreize sollen die Mitgliedstaaten gemäß Art. 13 Abs. 3 der Energieinfrastrukturverordnung insbesondere auch Regeln treffen für vorgezogene Investitionen (lit. a), die Anerkennung von Kosten, die vor der Inbetriebnahme entstehen (lit. b), eine zusätzliche Rendite für das in PCI investierte Kapital (lit. c) und sonstige für notwendig und zweckmäßig erachtete Maßnahmen (lit. d). Voraussetzung ist, dass die Realisierung eines konkreten PCI tatsächlich mit einem höheren Risiko verbunden ist, das noch nicht auf andere Weise Berücksichtigung findet. Dies dürfte in Hinblick auf Offshore-Projekte gegenwärtig noch fast durchgängig der Fall sein, da mit ihnen zum Teil erhebliche und größtenteils neuartige Risiken verbunden sind, die in den geltenden Regulierungsregimen nicht immer ausreichend Anerkennung finden.

---

208 Vgl. Art. 12 Abs. 2 VO 347/2013.

4. Zwischenergebnis

Obwohl anerkannt ist, dass Investitionen in Offshore-Netzinfrastruktur mit höheren Risiken verbunden sind als Investitionen in Onshore-Netzinfrastruktur, sehen die Netzentgeltregulierungsregime für diese Investitionen bisher keine höhere Eigenkapitalrendite vor. Stattdessen setzen die Nordseeanrainerstaaten auf gesetzliche Anschlusspflichten und Anreize außerhalb der Regulierungsregime wie direkte und indirekte Subventionen. Ob die bestehenden Anreize ausreichen, ist eine ökonomische Frage, die in weiteren Studien untersucht werden muss. Probleme im Hinblick auf die Entwicklung eines Offshore-Netzes in der Nordsee ergeben sich aber augenscheinlich vor allem daraus, dass hierfür sehr langfristige Investitionen erforderlich sind, die unter Anwendung der geltenden, eher kurzsichtigen Entgeltregulierungsregime nicht ausreichend berücksichtigt werden können. Unter den Aspekten der Kosteneffizienz und Kostentransparenz scheint es ratsam, ggf. notwendige zusätzliche wirtschaftliche Anreize in jedem Falle in die bestehenden Entgeltregulierungssysteme zu integrieren. Förderinstrumente außerhalb der Regulierungssysteme verschleiern in der Regel, dass es sich bei den Kosten der Errichtung eines Offshore-Netzes um Netzkosten handelt, die grundsätzlich der Entgeltregulierung unterliegen und am Maßstab wettbewerbsanaloger Kosteneffizienz gemessen werden sollten.

IV. Instrumente zur Förderung der Offshore-Stromerzeugung

Die Stromerzeugung in den Küstenmeeren und in den Ausschließlichen Wirtschaftszonen (AWZ), insbesondere die Erzeugung von Strom mit Offshore-Windenergieanlagen wird von den Nordseeanrainerstaaten mit unterschiedlichen Instrumenten gefördert. Einige Staaten sehen einen vorrangigen Netzanschluss für Anlagen zur Erzeugung von Strom aus erneuerbaren Energien vor. Aus Art. 16 EE-RL ergibt sich überdies die Pflicht, solchen Anlagen einen garantierten bzw. vorrangigen Netzzugang einzuräumen. Schließlich wird die Stromerzeugung aus erneuerbaren Energien und damit in der Regel auch die Offshore-Windstromerzeugung von vielen Staaten mit ökonomischen Anreizsystemen gefördert. Aus der national ausgerichteten Förderung der Stromerzeugung aus erneuerbaren Energien können sich Hemmnisse für die Entwicklung eines Offshore-Netzes in der Nordsee ergeben, die im Folgenden näher untersucht werden sollen.

1. Vorrangiger oder garantierter Netzanschluss

Einige Nordseeanrainerstaaten sehen einen vorrangigen Netzanschluss für Anlagen zur Erzeugung von Strom aus erneuerbaren Energien vor, auf den sich grundsätzlich auch die Betreiber von Offshore-Windparks berufen können, wenn das nationale Recht nichts anderes bestimmt. Vorrangiger Netzanschluss bedeutet, dass Anlagen zur Erzeugung von Strom aus erneuerbaren Energien bevorzugt gegenüber konventionellen Erzeugungsanlagen an das Netz angeschlossen werden müssen. Seine Bedeutung entfaltet der vorrangige Netzanschluss, wenn die Netzerweiterungskapazitäten (z. B. personelle oder materielle Ressourcen) des zuständigen Netzbetreibers nicht ausreichen, um alle Netzanschlussbegehren gleichzeitig zu erfüllen, wenn also eine Überlastung vorliegt. In solchen Situationen darf der Netzanschluss von Anlagen zur Erzeugung von Strom aus erneuerbaren Energien nicht deshalb verweigert werden, weil die Kapazitäten des Netzbetreibers für den Netzanschluss konventioneller Erzeugungsanlagen benötigt werden. Vielmehr ist der Netzanschluss der jeweiligen konventionellen Erzeugungsanlagen zurückzustellen, bis der Netzanschluss der privilegierten Anlagen erfolgt ist. Im Einzelnen stellen sich hier viele Fragen, die durch die nationalen Rechtsordnungen und die Rechtsanwendungspraxis beantwortet werden müssen.

In den Niederlanden folgt die Vorrangregelung aus Art. 24 (2) Elektriciteitswet 1998. In Deutschland ergibt sich die Pflicht zum vorrangigen Netzanschluss aus § 5 Abs. 1 S. 1 EEG, der durch §§ 17a ff. EnWG nicht verdrängt wird.[209] Gemäß § 5 Abs. 1 S. 1 EEG sind Netzbetreiber verpflichtet, Anlagen zur Erzeugung von Strom aus erneuerbaren Energien unverzüglich vorrangig an der Stelle, die im Hinblick auf die Spannungsebene geeignet ist, und die in der Luftlinie kürzeste Entfernung zum Standort der Anlage aufweist, an ihr Netz anzuschließen, wenn nicht ein anderes Netz einen technisch und wirtschaftlich günstigeren Verknüpfungspunkt aufweist. Die Pflicht zum Netzanschluss besteht gemäß § 5 Abs. 4 EEG auch dann, wenn die Abnahme des Stroms erst durch die Optimierung, die Verstärkung oder den Ausbau des Netzes möglich wird (sog. *connect and manage*-Ansatz). Diese allgemeinen Grundsätze, die für den Netzanschluss aller Anlagen zur Erzeugung von Strom aus erneuerbaren Energien gelten, werden für Offshore-Windenergieanlagen durch die §§ 17a ff. EnWG konkretisiert und modifiziert.[210]

---

209 Näher dazu *Säcker*, Der Umbau der Übertragungsnetze unter dem Regime der Anreizregulierung, in: Thorsten Müller (Hrsg.), Schriften zum Umweltenergierecht Nr. 10, 20 Jahre Recht der Erneuerbaren Energien, 2012, S. 744 ff.

210 Ausdrücklich BT-Drs. 17/10754, S. 28.

Anbindungsleitungen müssen in Deutschland gemäß § 17d Abs. 1 S. 1 EnWG von den anbindungsverpflichteten ÜNB entsprechend den Vorgaben des Offshore-Netzentwicklungsplans errichtet und betrieben werden. Bereits bei der Aufstellung der Offshore-Netzentwicklungspläne gemäß § 17b EnWG ist von den ÜNB die Pflicht zum vorrangigen Netzanschluss von Anlagen zur Erzeugung von Strom aus erneuerbaren Energien zu beachten. Die zur Verfügung stehenden Kapazitäten sind also vorrangig für den Netzanschluss von Anlagen zur Erzeugung von Strom aus erneuerbaren Energien und damit auch für den Netzanschluss von Offshore-Windenergieanlagen einzuplanen.

Der jeweils anbindungsverpflichtete ÜNB hat gemäß § 17d Abs. 2 S. 1 EnWG spätestens nach Auftragsvergabe das Datum des voraussichtlichen Fertigstellungstermins der Anbindungsleitung dem Betreiber der Offshore-Anlage gegenüber bekannt zu machen und auf seiner Internetseite zu veröffentlichen. Der bekannt gemachte Fertigstellungstermin wird gemäß § 17d Abs. 2 S. 3 EnWG spätestens 30 Monate vor Eintritt der voraussichtlichen Fertigstellung verbindlich. Ab dem Zeitpunkt der Fertigstellung haben Betreiber von Offshore-Anlagen einen Anspruch auf Netzanschluss im Rahmen der von der BNetzA im Benehmen mit dem BSH in einem diskriminierungsfreien Verfahren zugewiesenen Kapazität auf den ihnen zugewiesenen Anbindungsleitungen. Benötigen die Anlagenbetreiber mehr Kapazität, müssen sie diese bei der BNetzA beantragen. Auf § 9 EEG, der den Betreibern von Anlagen zur Erzeugung von Strom aus erneuerbaren Energien einen Anspruch auf Netzerweiterung einräumt, können sich die Betreiber von Offshore-Windenergieanlagen gemäß § 17d Abs. 3 S. 2 EnWG nicht berufen. Auch die Zahlung einer Entschädigung gemäß §§ 11, 12 EEG kann von ihnen nicht beansprucht werden.

Andere Staaten, z. B. Großbritannien kennen keinen vorrangigen Netzanschluss von Offshore-Windparks. Stattdessen haben sie einen sog. garantierten Anschluss geregelt. Der *connect and manage*-Ansatz[211] wurde im britischen Recht durch Sec. 84 bis 86 des Energy Act 2008 eingeführt und in den LC (Transmission) B19 und C26 für den ÜNB und D16 für den Transmission Owner verankert. Gemäß Sec. 84 Abs. 2 Energy Act 2008 zielten die zur Implementierung notwendigen Änderungen der LC auf die Erleichterung des Anschlusses von Offshore-Anlagen und deren Einspeisung ab. Aus dem Umstand, dass dieser garantierte Netzanschluss nicht mit einem vorrangigen Netzanschluss gleichzusetzen ist, kann sich ein Hemmnis für den Ausbau von Offshore-Netzinfrastruktur ergeben, weil sich bei einer starken Belastung der anschlussverpflichteten Unternehmen

211 Vgl. hierzu S. 52 f.

zeitliche Verzögerungen bei der Errichtung von Anbindungsleitungen ergeben können. Allerdings ist diese Gefahr in Großbritannien durch die Anwendung eines Ausschreibungssystems reduziert, das die Möglichkeit bietet, die Leistungsfähigkeit des anschließenden Unternehmens vor der Zuschlagserteilung zu prüfen. Auf diesem Wege können im Ergebnis die gleichen Wirkungen erreicht werden wie bei dem System des vorrangigen Netzanschlusses.

Unterstellt man einen umfassenden Ausbau der geplanten Offshore-Infrastruktur, kann sich in Zukunft ein wohlfahrtsökonomisches Problem daraus entwickeln, dass einige Staaten einen vorrangigen Netzanschluss vorsehen und andere nicht. Im Falle knapper Anschlusskapazitäten kann sich bei den Anlagenbetreibern die Tendenz entwickeln, Offshore-Windparks – nach einer Öffnung der Netzanschlussregime für grenzüberschreitende Netzanschlüsse[212] – bevorzugt in solchen Staaten anzuschließen, die einen vorrangigen Netzanschluss für Anlagen zur Erzeugung von Strom aus erneuerbaren Energien gewähren. Diese Tendenz wird dadurch noch verstärkt, dass in einigen dieser Staaten (z. B. Deutschland) der Anspruch auf vorrangigen Netzanschluss als gesetzliches Schuldverhältnis ausgestaltet ist.[213] Die Betreiber von Offshore-Windparks können ihre Anlagen also auch dann an das nächstgelegene Elektrizitätsversorgungsnetz anschließen lassen, wenn eine Einigung über einen Netzanschlussvertrag nicht zustande kommt. Um eine übermäßige Inanspruchnahme einzelner Netze zu vermeiden, erscheint vor diesem Hintergrund eine Harmonisierung der Netzanschlussregime empfehlenswert.[214]

2. Vorrangiger und garantierter Netzzugang

Art. 16 Abs. 2 lit. b EE-RL verpflichtet die Mitgliedstaaten, in ihren nationalen Rechtsordnungen entweder einen garantierten Netzzugang oder einen vorrangigen Netzzugang für Strom aus erneuerbaren Energiequellen vorzusehen. Diese Anforderung ist in den einzelnen Mitgliedstaaten zum Teil sehr unterschiedlich ausgelegt und umgesetzt worden. Das deutsche, das dänische, das irische und das belgische Recht gewähren einen vorrangigen Netzzugang,[215] während im französischen, im

212 Dazu oben S. 57 ff.

213 Vgl. § 4 Abs. 1 EEG.

214 Ausführlich unten S. 130 ff.

215 Dies folgt für das deutsche Recht aus § 8 Abs. 1 EEG, für das dänische Recht aus § 27c Abs. 5 Lovbekg, für das irische Recht aus Sec. 4 (b) der European Communities (Renewable Energy) Regulations 2011 und für das belgische Recht aus Art. 30

schwedischen und im britischen Recht der Netzzugang jeweils garantiert wird. In den Niederlanden findet derzeit ein Wechsel vom garantierten zum vorrangigen Netzzugang statt.[216] Mit der Entscheidung für einen garantierten und gegen einen vorrangigen Netzzugang soll in der Regel die gleiche Behandlung der Anlagenbetreiber als Unternehmer sichergestellt werden.[217] Aus dieser unterschiedlichen Umsetzung von Art. 16 Abs. 2 EE-RL, und aus den beiden unterschiedlichen Konzepten als solchen können sich weitere Hemmnisse für die Entwicklung eines Offshore-Netzes in der Nordsee ergeben.

a) Begrifflichkeiten

In der deutschen Sprachfassung verpflichtet Art. 16 Abs. 2 lit. b EE-RL die Mitgliedstaaten, „einen vorrangigen Netzzugang oder einen garantierten Netzzugang für Elektrizität aus erneuerbaren Energiequellen" vorzusehen. In der englischen Version der Richtlinie ist die Rede von "priority access or guaranteed access to the grid-system of electricity produced from renewable energy sources". Die französische Sprachfassung spricht von "un accès prioritaire, soit un accès garanti au réseau pour l'électricité produite à partir de sources d'énergie renouvelables".

Der Begriff „Zugang" wird in den Mitgliedstaaten der EU teilweise unterschiedlich verstanden. Das deutsche Energierecht ist geprägt von einer Unterscheidung zwischen dem Netzanschluss und dem Netzzugang einer Erzeugungsanlage. Der Begriff „Netzanschluss" meint die Herstellung einer elektrotechnischen Verbindung zwischen einer Erzeugungsanlage und einem Elektrizitätsversorgungsnetz. Der Begriff „Netzzugang" beschreibt dagegen die spätere Netznutzung, also im Falle einer Erzeugungsanlage die Einspeisung von Strom in das Elektrizitätsversorgungsnetz.[218] In der EE-RL und in den nationalen Energierechtsordnungen anderer Nordseeanrainerstaaten (z. B. Großbritannien, Frankreich) wird der

---

Ordonnance du 19 juillet 2001 (Brüssel), aus Art. IV.5.3.1 der Technischen Verordnung (Flandern) sowie aus Art. 13 Décret du 12 avril 2001 (Flandern).

216 Tweede Kamer der Staten Generaal, Besluit congestiemanagement electriciteit, 2011–12, 32 774.

217 So zur Einführung des ursprünglichen garantierten Netzzuganges in den Niederlanden *Aarts/Van Zijtveld*, Netherlands: renewable energy – the promotion of electricity from renewable energy sources in: International Energy Law & Taxation Review 2007, S. 216, 220 mit Verweis auf die niederländischen Parliamentary Proceedings II 2002/03 28 782 und 28 665, Nr. 15, S. 11.

218 Vgl. hierzu ausführlich *Scholz*, Die Rechtfertigung von diskriminierenden umweltpolitischen Steuerungsinstrumenten, 2011, S. 71 f., 83.

Begriff des Zugangs („access“, „accès“) aber so verwendet, dass er den Begriff des Netzanschlusses („connection“, „connexion“) mit umfasst, sodass sich keine trennscharfe Abgrenzung zwischen den beiden Begriffen ergibt. So erstreckt sich im französischen Energierecht der in Art. L111–91 Code de l‘énergie verwendete Begriff „accès au reseau“ sowohl auf den Netzanschluss als auch auf die Netznutzung. Ebenso umfasst der bereits beschriebene *connect and manage*-Ansatz im britischen Energierecht einen garantierten Anschluss und auch einen garantierten Netzzugang.

Die Tatsache, dass die EE-RL von einem weiteren Netzzugangsbegriff ausgeht als das deutsche Energierecht, lässt sich Art. 16 Abs. 2 EE-RL entnehmen. Dort findet sich unter lit. b die bereits zitierte Regelung, wonach die Mitgliedstaaten einen garantierten oder vorrangigen Netzzugang für Strom aus erneuerbaren Energien vorsehen müssen. Gemäß lit. c werden die Mitgliedstaaten außerdem verpflichtet, sicherzustellen, dass die ÜNB beim Abrufen von Elektrizitätserzeugungsanlagen solchen Erzeugungsanlagen Vorrang gewähren, in denen erneuerbare Energiequellen eingesetzt werden, soweit der sichere Betrieb des nationalen Elektrizitätssystems dies zulässt. Legte man bei der Interpretation von Art. 16 Abs. 2 EE-RL das deutsche Verständnis des Netzzugangsbegriffs zugrunde, würde die Unterscheidung von lit. b und lit. c keinen Sinn ergeben. Der Abruf von Elektrizitätserzeugungsanlagen (sog. *Dispatch*) ist nämlich technisch nichts anderes, als die Ermöglichung einer Stromeinspeisung, also die Gewährung von Netzzugang nach dem deutschen Begriffsverständnis. Das ergibt sich ohne weiteres aus dem zweiten Satz von Art. 16 Abs. 2 lit. c EE-RL. Danach müssen die Mitgliedstaaten sicherstellen, dass angemessene netz- und marktbezogene betriebliche Maßnahmen ergriffen werden, „um Beschränkungen der *Einspeisung von Elektrizität* aus erneuerbaren Energiequellen möglichst gering zu halten“.[219] Wenn aber bereits in Art. 16 Abs. 2 lit. c EE-RL die Einspeisung von Strom aus erneuerbaren Energiequellen und damit die Netznutzung durch Betreiber von Anlagen zur Erzeugung von Strom aus erneuerbaren Energien geregelt ist, muss sich für Art. 16 Abs. 2 lit. b EE-RL ein anderer Anwendungsbereich ergeben. Es liegt deshalb auf der Hand, dass der dort verwendete Begriff des Netzzugangs in einem weiteren Sinne zu verstehen ist und auch den Netzanschluss nach deutschem Verständnis mit einschließt.

Sprachlich liegt das weite Begriffsverständnis der EE-RL näher als die deutsche Lesart, da die Netznutzung durch den Betreiber einer Erzeugungs-, Speicher- oder Verbrauchsanlage voraussetzt, dass zuvor ein Netzanschluss hergestellt worden

---

219 Herv. d. Verf.

ist. Der Anspruch auf Netzzugang beinhaltet deshalb logischerweise einen Anspruch auf Netzanschluss. Der Zugang zum Netz setzt eine elektrotechnische Verbindung mit dem Netz voraus, die erst durch den Netzanschluss hergestellt wird. Es ist deshalb überzeugend, in den Begriff des Netzzugangs das Erfordernis des Netzanschlusses mit hineinzulesen. Die strikte Trennung der beiden Begriffe hat allerdings den Vorteil, dass semantisch die einzelnen Pflichten der Betreiber von Elektrizitätsversorgungsnetzen präziser unterschieden werden können.

b) Konflikt mit der Interkonnektorregulierung

Die Pflicht zur Gewährung eines uneingeschränkten vorrangigen Netzzugangs im Sinne einer vorrangigen Netznutzung kann – je nachdem, wie sie angewendet wird – für die Entwicklung eines Offshore-Netzes in der Nordsee ein gravierendes Hemmnis darstellen. Ein solches Offshore-Netz würde sich dadurch auszeichnen, dass es gleichermaßen dem Abtransport von Strom aus Offshore-Windenergieanlagen und der Durchführung von grenzüberschreitenden Stromhandelsgeschäften dient. Bei einer starken Auslastung der Kapazitäten des Offshore-Netzes oder einzelner seiner Bestandteile kann sich deshalb die Frage stellen, welcher der beiden Zwecke vorrangig erfüllt werden muss, wenn die Kapazitäten für die Erfüllung beider Zwecke nicht ausreichen.

Konkret stellt sich die Frage, ob der vorrangige Netzzugang gemäß Art. 16 Abs. 2 lit. b und lit. c EE-RL und den entsprechenden Vorschriften in den nationalen Energierechtsordnungen (in Deutschland z. B. § 8 Abs. 1 EEG) Auswirkungen auf die Nutzung der grenzüberschreitenden Verbindungsleitungen (Interkonnektoren) hat oder haben müsste. Interkonnektoren werden in erster Linie für die Durchführung grenzüberschreitender Stromhandelsgeschäfte genutzt und unterliegen dabei dem strengen Regime der StromHVO. Solche Interkonnektoren sind zwingende Bestandteile eines Offshore-Netzes, entweder als konventionelle Land-zu-Land-Interkonnektoren oder als *hub-to-hub connections*, die mehrere auf dem Meer installierte Umspannwerke grenzüberschreitend verbinden (vgl. das schon beschriebene Projekt „Kriegers Flak“[220]).

aa) Bedeutung des Engpassmanagements

Interkonnektoren weisen die Besonderheit auf, dass sie typischerweise nicht nur zwei verschiedene Übertragungsnetze und damit zwei Regelzonen miteinander

220 Dazu schon oben, S. 11 ff.

verbinden, sondern auch zwei Handels- und Preiszonen. Auf beiden Seiten des Interkonnektors existiert also jeweils ein Spotmarkt mit einer eigenständigen Preisbildung.[221] So kann sich auf der einen Seite des Interkonnektors ein anderer Großhandelspreis herausbilden als auf der anderen Seite des Interkonnektors. Durch grenzüberschreitende Stromhandelsgeschäfte können diese Preisdifferenzen für die Erlösung einer geographischen Arbitrage genutzt werden. Ein Händler kauft dafür in der Handels- und Preiszone mit dem niedrigeren Großhandelspreis Strom und verkauft ihn in die Handels- und Preiszone mit dem höheren Großhandelspreis. Dabei macht er einen Gewinn in Höhe der Preisdifferenz. Solche grenzüberschreitenden Stromhandelsgeschäfte können aber nur durchgeführt werden, soweit physikalisch genügend Stromübertragungskapazitäten zur Verfügung stehen, um die grenzüberschreitenden Stromlieferungen auszuführen. Bei hohen Preisdifferenzen zwischen zwei Handels- und Preiszonen, die namentlich in Skandinavien nicht immer mit den Staatsgrenzen übereinstimmen, ist die Nachfrage nach grenzüberschreitenden Übertragungskapazitäten so groß, dass sie die Kapazität der vorhandenen Interkonnektoren übersteigt. Es kommt dann zu einer vollständigen Auslastung oder sogar zu einer Überlastung der Interkonnektoren (Netzengpasssituation). Gegenwärtig weisen die meisten Interkonnektoren in der EU strukturelle, dauerhafte Netzengpässe auf, da die nationalen Übertragungsnetze – nimmt man die angestrebte Verwirklichung des europäischen Elektrizitätsbinnenmarktes und den dafür notwendigen grenzüberschreitenden Stromaustausch als Maßstab – immer noch unzureichend miteinander verbunden sind.

Netzengpässe behindern den grenzüberschreitenden Stromhandel und damit die Ausnutzung von geographischen Preisdifferenzen. Damit verhindern sie gleichzeitig die Angleichung der Preise auf den nationalen Stromgroßhandelsmärkten, die sich als Folge des grenzüberschreitenden Stromhandels eigentlich einstellen würde.[222] Denn durch die grenzüberschreitenden Stromhandelsgeschäfte sinkt der Großhandelspreis in der Handels- und Preiszone, in die Strom importiert wird, da sich dort durch den Import das Angebot erhöht. Gleichzeitig steigt der Großhandelspreis in der Handels- und Preiszone, aus der Strom exportiert wird, da sich dort durch den Export das Angebot verringert. Volkswirtschaftlich ist eine Angleichung der Strompreise – nimmt man die beteiligten Staaten

221 Ausführlich zu den nachfolgenden Zusammenhängen *König*, Engpassmanagement in der deutschen und europäischen Elektrizitätsversorgung, 2013, Kap. 2 und 3.

222 *König*, Engpassmanagement in der deutschen und europäischen Elektrizitätsversorgung, 2013, S. 79 ff.

gemeinsam in den Blick – vorteilhaft, da sie auf einem Niveau erfolgt, das unter dem Durchschnitt der getrennt gebildeten Großhandelspreise liegt. Durch den grenzüberschreitenden Wettbewerb setzen sich nämlich nur diejenigen Stromerzeuger durch, die über alle Handels- und Preiszonen hinweg zu den geringsten Kosten Strom produzieren können.

Bei einer Gesamtbetrachtung führen Netzengpässe an den Interkonnektoren also zu volkswirtschaftlichen Nachteilen. Um diese Nachteile möglichst gering zu halten, enthält die StromHVO Regelungen über das sog. Engpassmanagement, also die Bewirtschaftung von Netzengpässen an Interkonnektoren. Diese Regelungen werden konkretisiert durch die „Leitlinien für das Management und die Vergabe verfügbarer Übertragungskapazitäten auf Verbindungsleitungen zwischen nationalen Netzen“ im Anhang der StromHVO und die Rahmenleitlinie ACERs über die Kapazitätsvergabe und das Engpassmanagement („Framework Guidelines on Capacity Allocation and Congestion Management for Electricity“, im Folgenden: CACM-Rahmenleitlinie). Danach soll die Day-ahead-Vergabe der zur Verfügung stehenden Übertragungskapazitäten mit Hilfe eines europaweiten „Single Price Coupling Algorithmus“ erfolgen.[223] Dabei handelt es sich um ein Instrument, mit dem die Preisbildung in mehreren Handels- und Preiszonen mittels impliziter Auktionen erfolgt. Implizite Auktionen sind Auktionen, bei denen grenzüberschreitende Übertragungskapazitäten nur in Verbindung mit der Durchführung von grenzüberschreitenden Stromhandelsgeschäften erworben werden können. Bei einem *Price Coupling* werden einer zentralen Stelle (z. B. einem sog. Auktionsbüro) von den Betreibern aller in das Price Coupling einbezogenen Interkonnektoren die für den kurzfristigen Handel zur Verfügung stehenden Übertragungskapazitäten gemeldet. Gleichzeitig legen die an dem Price Coupling beteiligten Strombörsen dem Auktionsbüro ihre Orderbücher für den Day-ahead-Handel offen. Das Auktionsbüro kann dann mit Hilfe von komplexen Algorithmen aus den zur Verfügung stehenden Übertragungskapazitäten und den geplanten Stromhandelsgeschäften die optimalen grenzüberschreitenden Stromflüsse ermitteln. Anschließend kann es an den beteiligten Strombörsen diejenigen Gebote abgeben, die notwendig sind, um diese errechneten optimalen Stromflüsse zu erreichen. So kann eine annähernd vollständige Auslastung der Interkonnektoren und damit ein volkswirtschaftlich optimales Ergebnis erzielt werden.

---

223 Ausführlich zum Market Coupling *König*, Engpassmanagement in der deutschen und europäischen Elektrizitätsversorgung, 2013, S. 294 ff.

bb) Anwendungskonflikte

Hinsichtlich des vorrangigen Netzzugangs für Strom aus erneuerbaren Energien stellt sich die Frage, ob dieser der so beschriebenen Kapazitätsvergabe an den Interkonnektoren entgegen steht. Zu unterscheiden sind zwei Konstellationen, nämlich diejenige, in welcher ein Interkonnektor zwei Übertragungsnetze miteinander verbindet (der heutige Normalfall) und diejenige, in welcher unmittelbar an einen Interkonnektor Erzeugungsanlagen, insbesondere Windparks, angeschlossen werden (*tee-in connection).*[224]

(1) Herkömmliche Nutzung

Gegenwärtig zeichnen sich Interkonnektoren dadurch aus, dass sie lediglich eine Punkt-zu-Punkt-Verbindung zwischen zwei Übertragungsnetzen herstellen. Sie kreuzen sich weder mit anderen Interkonnektoren (*meshed interconnections*) noch gehen von ihnen Anbindungsleitungen aus, um Erzeugungs-, Speicher- oder Verbrauchsanlagen anzuschließen (*tee-in connections*). Die Betreiber von Interkonnektoren sind in dieser Situation schon deshalb nicht zur Gewährung eines vorrangigen Netzzugangs zugunsten von Strom aus erneuerbaren Energien verpflichtet, weil sie nicht über die Einspeisung von Strom entscheiden. Art. 16 Abs. 2 lit. c EE-RL macht deutlich, dass es auf den vorrangigen Netzzugang nur bei der Einspeisung von Strom ankommt. Danach müssen die Mitgliedstaaten sicherstellen, dass die ÜNB beim Abrufen von Elektrizitätserzeugungsanlagen (sog. *Dispatch*) solchen Erzeugungsanlagen Vorrang gewähren, in denen erneuerbare Energiequellen eingesetzt werden, soweit der sichere Betrieb des nationalen Elektrizitätssystems dies zulässt. Die Mitgliedstaaten haben außerdem sicherzustellen, dass angemessene netz- und marktbezogene betriebliche Maßnahmen ergriffen werden, um Beschränkungen der Einspeisung von Elektrizität aus erneuerbaren Energiequellen möglichst gering zu halten. Besonders der zweite Satz von Art. 16 Abs. 2 lit. c EE-RL macht deutlich, dass ein vorrangiger Netzzugang bei der Entscheidung über die Duldung oder Verweigerung von Stromeinspeisungen realisiert werden muss. Ist Strom erst einmal in das Netz eingespeist, ist es für den Netzbetreiber gar nicht möglich, nach Erzeugungsarten zu differenzieren. Als homogenes Gut weist Strom keinerlei Unterscheidungsmerkmale auf; er verteilt sich augenblicklich im gesamten Stromnetz und steht, solange keine Netzengpässe auftreten, grundsätzlich überall gleichzeitig zur Verfügung. Eine vorrangige Übertragung oder Verteilung von

224 Vgl. die Überlegungen zum Cobra Cable zwischen Dänemark und den Niederlanden, das durch die deutsche ausschließliche Wirtschaftszone verlaufen wird, oben S. 13 f.

Strom im Sinne einer zeitlichen Differenzierung kann es deshalb nicht geben. Eine vorrangige Behandlung von Strom ist allein bei der Einspeisung möglich.

Selbst wenn man aus der Pflicht zur Gewährung vorrangigen Netzzugangs gemäß Art. 16 Abs. 2 EE-RL ein allgemeines Prinzip der Privilegierung von Strom aus erneuerbaren Energien ableiten wollte,[225] könnte dieses hinsichtlich der Nutzung von Interkonnektoren nicht zum Tragen kommen. Zwar wäre es grundsätzlich möglich, eine solche Privilegierung bei der Vergabe der knappen Übertragungskapazitäten umzusetzen. So könnten die Strombörsen verpflichtet werden, die Herkunft des im Day-ahead-Handel vermarkteten Stroms zu erfassen und die entsprechenden Angaben als Teil der Orderbücher dem Auktionsbüro zu übermitteln. Das Auktionsbüro könnte dann – unter Außerachtlassung der jeweiligen Gebotshöhen – die zur Verfügung stehenden Kapazitäten vorrangig für solche Stromhandelsgeschäfte zur Verfügung stellen, mit denen Strom aus erneuerbaren Energien gehandelt werden würde.

Eine solche Regelung ist mit dem geltenden Rechtsrahmen für das Engpassmanagement an den Interkonnektoren aber nicht in Einklang zu bringen. Art. 16 StromHVO, die Engpass-Leitlinien im Anhang der Verordnung und die CACM-Rahmenleitlinie regeln ein komplexes System für die Kapazitätsvergabe an den Interkonnektoren, dass eine Privilegierung der Vermarktung von Strom aus erneuerbaren Energien nicht vorsieht. Die genannten Rechtsakte regeln das Engpassmanagement an den Interkonnektoren abschließend und bieten deshalb keinen Spielraum für eine erweiternde Auslegung von Art. 16 Abs. 2 EE-RL. Die StromHVO steht in der Normenhierarchie auf derselben Stufe wie die EE-RL, die sich außerdem unmittelbar nur an die Mitgliedstaaten richtet. Es ergibt sich also auch kein Anwendungsvorrang, der eine Privilegierung von Strom aus erneuerbaren Energien im Rahmen des Engpassmanagements an den Interkonnektoren gebietet.

Die Verankerung einer solchen Privilegierung wäre ohne eine Änderung der StromHVO und des Prinzips der diskriminierungsfreien grenzüberschreitenden Stromlieferungen im dritten Binnenmarktpaket nicht möglich. Auch eine Regelung auf untergesetzlicher Ebene wäre unzulässig, da jede Privilegierung den in Art. 16 Abs. 1 StromHVO niedergelegten Grundsätzen der Nichtdiskriminierung und der Marktorientierung widersprechen würde. Der Grundsatz der Nichtdiskriminierung verlangt, dass alle potentiellen Netznutzer grundsätzlich gleich behandelt werden. Das wäre nicht mehr der Fall, wenn die Erzeuger von Strom

225 Dies ließe sich allerdings nicht begründen; vgl. *Säcker*, Die Europäisierung des Energie-Umweltschutzrechts als nicht länger aufschiebbare Aufgabe, in: EWERK-Sonderausgabe im Gedenken an H. Scheer, 2011, S. 27 ff.

aus erneuerbaren Energien die Interkonnektoren vorrangig für grenzüberschreitende Stromhandelsgeschäfte nutzen dürften. Außerdem gebietet der Grundsatz der Marktorientierung, dass sich die Kapazitätsvergabe strikt an der in Geld ausgedrückten Wertschätzung der Marktteilnehmer ausrichtet, sodass diejenigen Marktteilnehmer die Übertragungskapazitäten nutzen dürfen, die den höchsten Preis für die Nutzung bieten. Eine Privilegierung bestimmter Stromhandelsgeschäfte unter Außerachtlassung der Gebotshöhen wäre mit dieser Anforderung nicht zu vereinbaren.

(2) Direktanschluss von Offshore-Windenergieanlagen

In Zukunft ist auch daran zu denken, Offshore-Windenergieanlagen unmittelbar an Interkonnektoren anzuschließen. Ein solcher Direktanschluss wird in Hinblick auf das Cobra Cable erwogen, das mit einer Kapazität von 700 MW zwischen Eemshaven in den Niederlanden und Endrup in Dänemark verlegt werden soll und voraussichtlich nahe an einigen Offshore-Windparks in der deutschen AWZ vorbeiführen wird. Bei einem Direktanschluss von Erzeugungsanlagen an einen Interkonnektor stellen sich im Zusammenhang mit dem vorrangigen Netzzugang gemäß Art. 16 Abs. 2 EE-RL neuartige rechtliche Fragen.

Der Direktanschluss von Offshore-Windenergieanlagen an einen Interkonnektor führt dazu, dass dem Betreiber des Interkonnektors gleichzeitig die Rolle des Anschlussnetzbetreibers zufällt. Er ist also derjenige, der über den Abruf des Stroms aus den Offshore-Windenergieanlagen, also den sog. *Dispatch* i. S. von Art. 16 Abs. 2 lit. c EE-RL entscheidet. Der Betreiber des Interkonnektors ist deshalb nach dieser Vorschrift verpflichtet, auf Grundlage transparenter und nichtdiskriminierender Kriterien Erzeugungsanlagen Vorrang zu gewähren, in denen erneuerbare Energiequellen eingesetzt werden, soweit der sichere Betrieb des nationalen Elektrizitätssystems dies zulässt. Dabei muss er nach den Anforderungen der Richtlinie angemessene netz- und marktbezogene betriebliche Maßnahmen ergreifen, um Beschränkungen der Einspeisung von Elektrizität aus erneuerbaren Energiequellen möglichst gering zu halten. Der Betreiber des Interkonnektors muss also nach Art. 16 Abs. 2 lit. c EE-RL den Strom aus den an seinen Interkonnektor angeschlossenen Windenergieanlagen vorrangig behandeln.

Dies könnte bedeuten, dass der Interkonnektor nicht mehr für den grenzüberschreitenden Stromhandel genutzt werden darf, soweit seine Kapazitäten für den Abtransport von Strom aus Offshore-Windenergieanlagen benötigt werden. Der Betreiber des Interkonnektors dürfte dann, sofern sein Interkonnektor in einen Price Coupling-Mechanismus einbezogen ist, nur noch eine entsprechend verringerte Kapazität an das Auktionsbüro melden, sodass grenzüberschreitende

Stromhandelsgeschäfte gegebenenfalls nur noch in deutlich vermindertem Umfang ausgeführt werden könnten. Eine methodengerechte Auslegung von Art. 16 Abs. 2 lit. c EE-RL zeigt jedoch, dass die Pflicht zur Gewährung vorrangigen Netzzugangs nichts darüber aussagt, wie die Kapazitäten von Interkonnektoren genutzt werden müssen.

Entscheidend ist, welche Reichweite der Pflicht zur Gewährung vorrangigen Netzzugangs beizumessen ist. Der Wortlaut von Art. 16 Abs. 2 EE-RL enthält dafür keine Anhaltspunkte, weil dort nicht bestimmt wird, *welchem Strom* gegenüber Strom aus erneuerbaren Energien vorrangig zu behandeln ist. Nach ihrem Sinn und Zweck zielt die Vorschrift darauf ab, Strom aus erneuerbaren Energien gegenüber Strom aus konventioneller Erzeugung (Kohle, Gas oder Uran) zu privilegieren. Die Privilegierung muss, wie dies weiter oben bereits ausgeführt wurde,[226] aus technischen Gründen bei der Entscheidung über die Einspeisung erfolgen. Der vorrangige Netzzugang gemäß Art. 16 Abs. 2 EE-RL wird deshalb zu Recht häufig auch als „Einspeisevorrang" bezeichnet. Auf die Pflicht zur Gewährung eines vorrangigen Netzzugangs kann es dann aber nur ankommen, wenn der Adressat dieser Pflicht eine Entscheidung darüber trifft, ob er eine Stromeinspeisung aus einer Anlage zur Erzeugung von Strom aus erneuerbaren Energien oder aus einer konventionellen Erzeugungsanlage akzeptiert. Betreiber von Interkonnektoren müssen aber eine solche Auswahlentscheidung gar nicht treffen, da an ihre Interkonnektoren keine konventionellen Erzeugungsanlagen angeschlossen sind. Sie entscheiden nicht zwischen dem Abruf einer Stromerzeugung aus erneuerbaren Energien und dem Abruf einer Stromerzeugung aus konventionellen Energieträgern, sondern zwischen dem Abruf einer Stromerzeugung aus erneuerbaren Energien und der Durchführung grenzüberschreitender Stromhandelsgeschäfte.

Dieser Entscheidungskonflikt sollte aber mit der Aufnahme eines vorrangigen Netzzugangs in die EE-RL gar nicht beantwortet werden. Der Unionsgesetzgeber bringt in seiner Gesetzgebung nicht zum Ausdruck, dass ihm der grenzüberschreitende Stromhandel zur Herstellung eines einheitlichen Strombinnenmarktes weniger wichtig wäre als die Förderung der erneuerbaren Energien. Im Gegenteil spricht eine Gesamtschau der Vorschriften der EltRL und StromHVO dafür, dass die Herstellung des Elektrizitätsbinnenmarkts durch die Förderung des grenzüberschreitenden Handels für den Unionsgesetzgeber höchste Priorität hat. Art. 16 Abs. 2 EE-RL lässt sich lediglich entnehmen, dass der Unionsgesetzgeber die Stromerzeugung aus erneuerbaren Energien höher

226 S. 95.

gewichtet als die Stromerzeugung aus konventionellen Energieträgern. Grenzüberschreitende Stromlieferungen können aber sowohl Strom aus erneuerbaren Energien als auch solchen aus konventionellen Energieträgern zum Gegenstand haben. Die Herkunft des Stroms, der zur Durchführung von grenzüberschreitenden Stromhandelsgeschäften über den Interkonnektor geleitet werden soll, ist dem Betreiber des Interkonnektors unbekannt. Es ist für ihn technisch unmöglich, die Herkunft des Stroms nachträglich zu ermitteln. Art. 16 Abs. 2 EE-RL kann die Betreiber von Interkonnektoren deshalb allenfalls verpflichten, Stromeinspeisungen aus konventionellen Erzeugungsanlagen nachrangig gegenüber Stromeinspeisungen aus Offshore-Windenergieanlagen abzurufen. Es gibt aber bisher keine Überlegungen, konventionelle Erzeugungsanlagen in den Küstenmeeren oder in den AWZ zu errichten. Die Pflicht zur Gewährung eines vorrangigen Netzzugangs für Strom aus erneuerbaren Energien würde also auch im Falle eines Direktanschlusses von Offshore-Windenergieanlagen an einen Interkonnektor keine Wirkungen für den Betreiber des Interkonnektors entfalten, sondern im Ergebnis leer laufen.

cc) Folgeprobleme

Ungeachtet der an sich eindeutigen Regelung der StromHVO besteht eine praktische Notwendigkeit dafür, für den Fall eines Direktanschlusses von Offshore-Windenergieanlagen an Interkonnektoren das Verhältnis der beiden Nutzungsarten des Interkonnektors (Abtransport von Strom aus Windenergieanlagen einerseits, Durchführung grenzüberschreitender Stromlieferungen andererseits) zu regeln. Hierfür bieten sich auf den ersten Blick vertragliche Vereinbarungen zwischen dem Betreiber des Interkonnektors und den Betreibern der angeschlossenen Windenergieanlagen an. Allerdings ist dabei zu beachten, dass es sich bei den Regelungen über die Vergabe der Übertragungskapazität von Interkonnektoren gemäß Art. 16 StromHVO, den Engpass-Leitlinien im Anhang dieser Verordnung und der CACM-Rahmenleitlinie um zwingendes Recht handelt, das abweichenden vertraglichen Vereinbarungen entgegen steht. Die Vereinbarung eines Rechts zur vorrangigen Nutzung eines Interkonnektors für bestimmte Nutzer ist, wie dargestellt, mit dem geltenden Rechtsrahmen für das Engpassmanagement nicht zu vereinbaren. Gemäß Art. 16 Abs. 3 StromHVO muss den Marktteilnehmern unter Beachtung der Sicherheitsstandards für den sicheren Netzbetrieb die *maximale* Kapazität der Verbindungsleitungen für den grenzüberschreitenden Stromhandel zur Verfügung gestellt werden. Ziffer 1.1 der Engpass-Leitlinien verpflichtet die ÜNB sogar, „alle verfügbaren Mittel" einzusetzen, um die Durchführung der von den Marktteilnehmern gewünschten

Handelsgeschäfte zu ermöglichen. Es gilt also der Grundsatz der bestmöglichen Ausschöpfung der verfügbaren Übertragungskapazität zugunsten des grenzüberschreitenden Stromhandels.[227] Damit wäre es nicht zu vereinbaren, einen Teil der Übertragungskapazität für Stromeinspeisungen aus unmittelbar an den Interkonnektor angeschlossenen Anlagen zu reservieren.

Da die Übertragungskapazität der Interkonnektoren zumindest im Rahmen kurzfristiger Kapazitätsvergaben in Zukunft nicht mehr losgelöst von konkreten Stromhandelsgeschäften vergeben werden soll, können die Betreiber der an den Interkonnektor angeschlossenen Windenergieanlagen die notwendige Übertragungskapazität auch nicht am Markt erwerben. Zugang zu der Übertragungskapazität des Interkonnektors ließe sich nur durch eine Einbeziehung des in den Windenergieanlagen erzeugten Stroms in das Price Coupling erreichen, mit dessen Hilfe die zur Verfügung stehende Übertragungskapazität implizit vergeben wird. Dafür müssten spezielle Vorschriften in die Auktionsregeln der jeweiligen Interkonnektoren aufgenommen werden, da bei der Einbeziehung des Stroms aus den unmittelbar an den Interkonnektor angeschlossenen Anlagen Besonderheiten zu beachten sind. So lassen sich diese Anlagen z. B. nicht eindeutig einer der beiden Handels- und Preiszonen zuordnen, die über den Interkonnektor miteinander verbunden sind.[228] Außerdem müsste der Algorithmus für die Kapazitätsberechnung berücksichtigen, dass Stromeinspeisungen aus unmittelbar an einen Interkonnektor angeschlossenen Windenergieanlagen den Interkonnektor nicht auf seiner gesamten Länge beanspruchen. Denn der Strom aus diesen Windenergieanlagen fließt lediglich von dem jeweiligen Einspeisepunkt bis zu dem Endpunkt des Interkonnektors in der Handels- und Preiszone mit dem höheren Großhandelspreis. Ob die frei bleibenden Kapazitäten des Interkonnektors jedoch praktisch genutzt werden können, ist fraglich. Denn Strom durchfließt Interkonnektoren immer nur in eine Richtung, nämlich grundsätzlich in Richtung der Handels- und Preiszone mit dem höheren Großhandelspreis, da es für Stromhändler ökonomisch reizvoll ist, Strom aus Handels- und Preiszonen mit niedrigeren Großhandelspreisen in diesen Markt zu exportieren. Die frei bleibenden Übertragungskapazitäten können deshalb zumindest beim gegenwärtigen Stand der Technik aus physikalisch-technischen Gründen nicht anderweitig genutzt werden.

---

227 Vgl. *König*, Engpassmanagement in der deutschen und europäischen Elektrizitätsversorgung, 2013, S. 209 ff.

228 Hierzu noch unten, S. 118 ff.

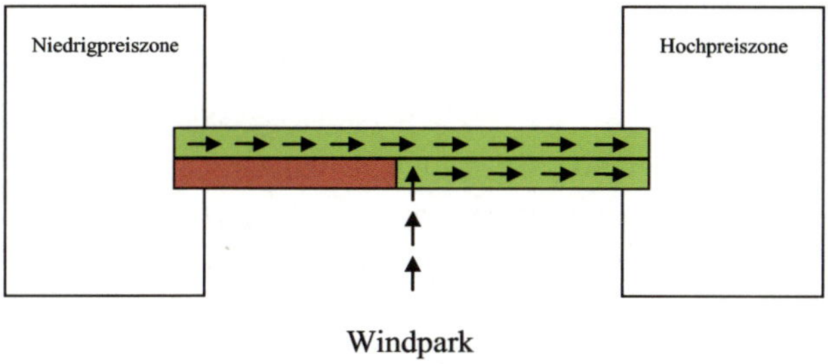

Abb. 6: Physikalischer Stromfluss in einem Interkonnektor (Quelle: eigene Darstellung)

Die Einbeziehung des Stroms aus unmittelbar an einen Interkonnektor angeschlossenen Windenergieanlagen in das Price Coupling, dem der jeweilige Interkonnektor unterliegt, würde voraussetzen, dass der Strom im kurzfristigen Stromhandel der beteiligten Strombörsen vermarktet werden soll. Unter Umständen ist eine solche Börsenvermarktung für die Betreiber von Offshore-Windenergieanlagen aber nicht attraktiv, wenn das jeweilige nationale System zur Förderung der Stromerzeugung aus Offshore-Windenergie keine Börsenvermarktung vorsieht. In Deutschland müssen die Anlagenbetreiber ihren Strom z. B. nicht selbst vermarkten, sondern können stattdessen gemäß §§ 8 Abs. 1 S. 1, 16 Abs. 1 S. 1, 31 EEG einen Abnahme- und Vergütungsanspruch gegen ihren jeweiligen Anschlussnetzbetreiber geltend machen. Sie erhalten dann eine gesetzlich definierte Mindestvergütung. Die abgenommenen Strommengen werden gemeinsam mit den Strommengen aus anderen erneuerbaren Energiequellen (z. B. Photovoltaik, Biomasse) bis zu den ÜNB „hochgewälzt" und von diesen im kurzfristigen Handel einer Strombörse vermarktet. Der Strom aus unmittelbar an einen Interkonnektor angeschlossenen Windenergieanlagen könnte also nur über den Umweg der Vermarktung durch die ÜNB in das Price Coupling einbezogen werden. Hierbei ist die Besonderheit zu beachten, dass die ÜNB den Strom, den sie gemäß § 8 Abs. 1 S. 1 EEG von den Betreibern von Anlagen zur Erzeugung von Strom aus erneuerbaren Energien abgenommen haben, im kurzfristigen Stromhandel ohne einen Mindestpreis vermarkten, damit sie ihn auf jeden Fall am Markt absetzen können. Daraus kann sich ein Konflikt mit dem Gebot der Marktorientierung gemäß Art. 16 Abs. 1 StromHVO ergeben.

Die Gewährung einer Regulierungsfreistellung gemäß Art. 17 StromHVO für solche Interkonnektoren, für die ein Direktanschluss von Offshore-Windenergieanlagen vorgesehen werden soll, bietet keine Lösung für die beschriebenen Schwierigkeiten. Abgesehen davon, dass solche Freistellungen nur unter sehr engen Voraussetzungen gewährt werden können, stehen dem auch die eng begrenzten Rechtsfolgen von Art. 17 StromHVO entgegen. Die Vorschrift sieht vor, dass

Gleichstrom-Verbindungsleitungen auf Antrag für eine begrenzte Dauer von den Bestimmungen des Art. 16 Abs. 6 StromHVO sowie der Art. 9, 32 und 37 Abs. 6 und 10 EltRL ausgenommen werden können. Nicht vorgesehen ist hingegen, die Betreiber von Interkonnektoren von den Pflichten gemäß Art. 16 Abs. 1 und 3 StromHVO freizustellen. Auch die Übertragungskapazitäten der gemäß Art. 17 StromHVO privilegierten Interkonnektoren müssen also vollständig ausgeschöpft und in nichtdiskriminierenden, transparenten und marktorientierten Verfahren vergeben werden. Eine Reservierung von Übertragungskapazitäten für den Abtransport von Strom, der in unmittelbar an einen Interkonnektor angeschlossen Offshore-Windenergieanlagen erzeugt wird, ist mit diesen Grundsätzen nicht zu vereinbaren.

Eine mögliche Lösung könnte darin liegen, die einzelnen Bestandteile der Offshore-Netzinfrastruktur so zu definieren, dass es nicht zu Rechtsanwendungskonflikten kommen kann. Sog. „Hybrid Assets", also Leitungen, die gleichzeitig als Interkonnektor und als Anbindungsleitung einzuordnen sind, müssten dafür vermieden werden. Dies könnte gelingen, indem die gesamte Infrastruktur bis zum „letzten Windpark vor der Grenze" entweder als Elektrizitätsversorgungsnetz oder als Anbindungsleitung definiert wird, und nur der Teil der Infrastruktur, der hinter diesem letzten Windpark beginnt, die Grenze überschreitet und bis zum „ersten Windpark hinter der Grenze" verläuft, als Interkonnektor eingestuft wird. Nur für diesen Teil, an den dann keine Erzeugungsanlagen mehr angeschlossen wären, würden (ausschließlich) die speziellen Vorschriften für Interkonnektoren einschließlich derjenigen über das Engpassmanagement gelten. Für alle anderen Teile der Offshore-Infrastruktur würden (ausschließlich) die allgemeinen Regelungen einschließlich Art. 16 der EE-RL über den vorrangigen Netzzugang für Anlagen zur Erzeugung von Strom aus erneuerbaren Energien gelten. Der Interkonnektor wäre dann ein „Hub-to-Hub"-Interkonnektor, der nicht die jeweiligen Onshore-Netze an Land miteinander verbinden würde, sondern eine reine Offshore-Infrastruktur wäre.

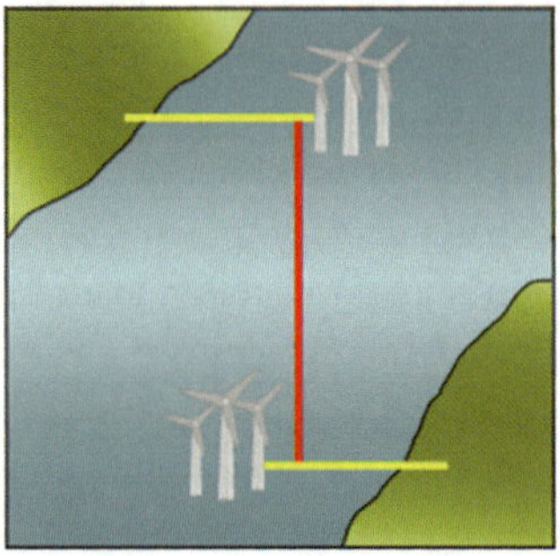

Abb. 7: Abgegrenzter Interkonnektor (Quelle: eigene Darstellung)

Der Nachteil dieses Ansatzes ist, dass er nur bei einer vergleichsweise geringen Vermaschung funktioniert und nachträgliche Entwicklungen schwer zu berücksichtigen wären. Würden später weitere Windparks hinter dem „letzten Windpark vor der Grenze" angeschlossen, müssten die einzelnen Infrastrukturbestandteile nachträglich neu eingeordnet werden. Der Teil, der ursprünglich als Interkonnektor identifiziert wurde, würde sich mit dem nachträglichen Anschluss weiterer Erzeugungsanlagen ggf. immer weiter verkürzen. Dies kann erhebliche rechtliche und operative Schwierigkeiten mit sich bringen, da sodann auf den „umgewidmeten" Teil der Infrastruktur nachträglich andere Vorschriften anwendbar wären. Auch könnten sich Probleme mit bestehenden Regulierungsfreistellungen ergeben, die an sich auf einen Teil der Infrastruktur nachträglich nicht mehr anwendbar sein dürften. Schließlich ergäben sich institutionelle Probleme, da der Interkonnektorbetreiber im Nachhinein entweder einen Teil seiner Infrastruktur abgeben, oder teilweise die Rolle eines ÜNB annehmen müsste, was ihn und seine Aktivitäten einer strengen Regulierung unterwerfen würde. Die damit verbundenen Herausforderungen sind so weitreichend, dass sie voraussichtlich sehr umfangreiche Änderungen des geltenden Regulierungsrahmens erfordern würden.

dd) Änderung der Stromhandelsverordnung

Vor dem Hintergrund der beschriebenen Unwägbarkeiten erscheint, sofern sich die bislang noch theoretischen Planungen zum Direktanschluss von Offshore-Windenergieanlagen an Interkonnektoren in den nächsten Jahren auch praktisch konkretisieren, eine Änderung der StromHVO sinnvoll. Die Verordnung, die bereits detaillierte Regelungen über die Nutzung von Interkonnektoren und deren Rolle im grenzüberschreitenden Stromhandel enthält, sollte um eine Vorschrift ergänzt werden, die den Direktanschluss von Offshore-Windenergieanlagen an Interkonnektoren regelt. Dabei sollte insbesondere vorgesehen werden, dass für die unmittelbar an den Interkonnektor angeschlossenen Anlagen Übertragungskapazitäten reserviert werden dürfen. In vertraglichen Vereinbarungen zwischen den Betreibern von Interkonnektoren und den Betreibern von an diese Interkonnektoren angeschlossenen Offshore-Windenergieanlagen wäre dann zu vereinbaren, dass ein bestimmter Anteil der Übertragungskapazität des Interkonnektors vorrangig für den Abtransport des mit den angeschlossenen Anlagen erzeugten Windstroms genutzt wird. Welche Kapazität für den grenzüberschreitenden Stromhandel zur Verfügung steht, würde dann davon abhängen, welcher Anteil der Übertragungskapazität im jeweiligen Einzelfall bereits durch Strom aus Offshore-Windenergieanlagen belegt ist.

3. Ökonomische Anreizsysteme

Außer durch die Gewährung eines Anspruchs auf vorrangigen Netzanschluss und vorrangigen Netzzugang wird die Stromerzeugung aus erneuerbaren Energien und damit auch aus Offshore-Windenergie in den Mitgliedstaaten der EU auch noch durch ökonomische Anreizsysteme gefördert. Die Ausgestaltung der Anreizsysteme in den Nordseeanrainerstaaten ist sehr unterschiedlich und reicht von eher marktbasierten Förderansätzen (z. B. Großbritannien) bis hin zu weitgehend legislativ determinierten Modellen (z. B. Deutschland). Unter anderem von den europäischen ÜNB wird die Befürchtung geäußert, dass sich aus dieser unterschiedlichen Ausgestaltung der ökonomischen Anreizsysteme Hemmnisse für die Entwicklung eines Offshore-Netzes in der Nordsee ergeben können.[229]

a) Arten und Verbreitung

Die Förderung der Offshore-Stromerzeugung mit ökonomischen Anreizsystemen geht unter anderem auf die EE-RL zurück. Gemäß Art. 3 Abs. 1 EE-RL müssen die Mitgliedstaaten der EU dafür sorgen, dass sie bis zum Jahr 2020 die durch die Richtlinie für jeden Staat vorgegebenen Ziele für den Anteil erneuerbarer Energien am Bruttoendenergieverbrauch erreichen (z. B. Deutschland 18 Prozent, Frankreich 23 Prozent, Großbritannien 15 Prozent, Niederlande 14 Prozent und Dänemark 30 Prozent). Auch wenn der Bruttoendenergieverbrauch nicht nur durch die Stromerzeugung bestimmt wird, sondern zudem durch die Energienutzung für Verkehr und Wärme, sind die Ziele der EE-RL ohne Maßnahmen im Bereich der Stromerzeugung nicht zu erreichen. Art. 3 Abs. 3 EE-RL führt aus, dass die Mitgliedstaaten zur Erfüllung der Ziele gemäß Art. 3 Abs. 1 EE-RL unter anderem „Förderregelungen" einsetzen können. Eine Förderregelung wird in Art. 2 lit. k EE-RL definiert als „ein Instrument, eine Regelung oder ein Mechanismus, das bzw. die bzw. der von einem Mitgliedstaat oder einer Gruppe von Mitgliedstaaten angewendet wird und die Nutzung von Energie aus erneuerbaren Quellen dadurch fördert, dass die Kosten dieser Energie gesenkt werden, ihr Verkaufspreis erhöht wird oder ihre Absatzmenge durch eine Verpflichtung zur Nutzung erneuerbarer Energie oder auf andere Weise gesteigert wird". Als Beispiele werden direkt im Anschluss an die Definition genannt: „Investitionsbeihilfen, Steuerbefreiungen, Förderregelungen, die zur Nutzung erneuerbarer Energiequellen verpflichten, einschließlich solcher, bei denen grüne Zertifikate verwendet werden, sowie direkte

229 ENTSO-E, Ten-Year Network Development Plan 2010–2020, 28.6.2010, S. 158.

Preisstützungssysteme einschließlich Einspeisetarife und Prämienzahlungen". Den Mitgliedstaaten kommt mithin bei der Umsetzung der EE-RL ein weiter Ermessensspielraum zu, der freilich im Einklang mit dem europäischen Primärrecht, insbesondere der Warenverkehrsfreiheit gemäß Art. 34 AEUV und dem Beihilferegime in Art. 107 ff. AEUV ausgeübt werden muss.[230]

In den Nordseeanrainerstaaten kommen, wie in den übrigen Mitgliedstaaten der EU, vor allem gesetzliche Vergütungssysteme (Einspeisevergütungen, Einspeiseprämien) und Quotenmodelle zur Anwendung.

aa) Modell der gesetzlichen Einspeisevergütung

Einige Nordseeanrainerstaaten (z. B. Deutschland, die Niederlande, Dänemark und Frankreich) fördern die Erzeugung von Strom aus Offshore-Windenergie mit gesetzlichen Einspeisevergütungen. In solchen Systemen erhalten die Betreiber von Offshore-Windenergieanlagen eine gesetzlich festgelegte Mindestvergütung für jede kWh Strom, die sie in das Netz der allgemeinen Versorgung einspeisen.

In Deutschland wird den Betreibern von Offshore-Windenergieanlagen z. B. gemäß § 31 Abs. 1 EEG eine Grundvergütung in Höhe von 3,5 Cent pro kWh gezahlt. In den ersten zwölf Jahren ab Inbetriebnahme der Offshore-Anlage beträgt die Vergütung gemäß § 31 Abs. 2 EEG 15,0 Cent pro kWh (sog. Anfangsvergütung). Strom aus Anlagen, die bis zum 1. Januar 2018 in Betrieb genommen werden, wird gemäß § 31 Abs. 3 EEG sogar mit 19,0 Cent pro kWh vergütet (sog. Sprinter-Bonus). Die Vergütung ist gemäß § 16 Abs. 1 EEG jeweils von demjenigen Netzbetreiber zu zahlen, an dessen Netz die geförderte Anlage angeschlossen ist. Im Falle einer Offshore-Windenergieanlage ist dies der anbindungsverpflichtete ÜNB gemäß § 17d EnWG. Mit den gesetzlichen Einspeisevergütungen sollen die höheren Kosten der Stromerzeugung aus erneuerbaren Energien ausgeglichen werden, sodass diese im Wettbewerb mit anderen Energieträgern bestehen können. Um den Betreibern von Offshore-Windenergieanlagen Planungs- und Investitionssicherheit zu gewähren, wird ihnen die gesetzliche Einspeisevergütung für 20 Jahre garantiert.

Die Betreiber von Anlagen zur Erzeugung von Strom aus erneuerbaren Energien müssen sich in Deutschland nicht um die Vermarktung des mit ihren Anlagen erzeugten Stroms kümmern. Sie können vielmehr gemäß § 8 Abs. 1 EEG einen Abnahmeanspruch gegen ihren Anschlussnetzbetreiber geltend machen

230 Vgl. zu den Grenzen dieses Umsetzungsspielraumes Scholz, Die Rechtfertigung von diskriminierenden umweltpolitischen Steuerungsinstrumenten, 2011, S. 231 ff.

und von diesem die gesetzliche Einspeisevergütung verlangen.[231] Der Anschlussnetzbetreiber reicht dann den abgenommenen Strom an den vorgelagerten ÜNB weiter, der die Vermarktung übernimmt. Zentrale Neuerung der Ausgleichsmechanismusverordnung (AusglMechV) seit dem 1. Januar 2010 ist, dass die ÜNB, die aufgrund der Unbundlingvorschriften des EU-Rechts rechtlich und wirtschaftlich selbstständig gegenüber den Elektrizitätsvertriebsunternehmen sein müssen, den EEG-Strom nicht mehr physikalisch an die Vertriebsunternehmen liefern, sondern ihn diskriminierungsfrei und transparent an der Strombörse vermarkten (§ 1 und § 2 AusglMechV). Spiegelbildlich dazu sind die Stromversorgungsunternehmen nicht mehr verpflichtet, den EEG-Strom von den ÜNB abzunehmen und zu vergüten. Sie können die von ihnen benötigte Energie vielmehr vollständig am Markt beschaffen. In Form der sog. EEG-Umlage, die sie an die Letztverbraucher weitergeben können, müssen die Vertriebsunternehmen nur noch die Differenz zwischen den Verkaufserlösen, die die ÜNB an der Strombörse für den EEG-Strom erzielen, und den Vergütungen, die diese an die Anlagenbetreiber entrichtet haben, zahlen.

In anderen Staaten mit gesetzlichen Vergütungssystemen wie den Niederlanden und Dänemark werden die Anlagenbetreiber nicht von der Vermarktung des mit ihren Anlagen erzeugten Stroms befreit. Sie erhalten dann als Einspeisevergütung nur eine Einspeiseprämie, also einen Aufschlag gegenüber dem Preis, den sie am Markt erzielt haben. Dies hat den Vorteil einer stärkeren Marktorientierung, ist aber auch mit erheblichen Nachteilen in der Umsetzung verbunden. Gerade für die Betreiber von kleinen Anlagen kann die Eigenvermarktung unattraktiv sein, da sie einen nicht unerheblichen Aufwand bedeutet. Starre Prämien haben außerdem den Nachteil einer verminderten Anreizwirkung, da der Gesamterlös des Anlagenbetreibers weiterhin von der Höhe der auf dem Markt zu erzielenden Preise abhängt. Flexible Prämien, die stets so hoch sind, dass sie den jeweiligen Marktpreis bis zu einem gesetzlich definierten Zielpreis aufstocken, müssen in Abhängigkeit von den Großhandelspreisen laufend neu berechnet werden, sodass sie nur mit einem erheblichen bürokratischen Aufwand treffsicher zu ermitteln sind.

In den Niederlanden erfolgt die Förderung der Energiegewinnung aus erneuerbaren Energien auf der Grundlage des SDE+, einer im Jahr 2011 in Kraft getretenen Novellierung des Vorgängererlasses SDE. Das niederländische Ministerium für Wirtschaft, Landwirtschaft und Innovation verkündet jährlich eine Förderrunde. Es legt gemäß Art. 2 S. 2 SDE+ in Absprache mit dem Finanzministerium

231 Vgl. hierzu *Scholz*, Die Rechtfertigung von diskriminierenden umweltpolitischen Steuerungsinstrumenten, 2011, S. 46 ff.

die Obergrenze für die Förderung von erneuerbarer Energie fest. Während im Jahr 2012 die Förderhöhe 1,7 Mrd. EUR betrug, stehen für das Jahr 2013 drei Mrd. EUR zur Verfügung. Anlagenbetreiber bewerben sich im Rahmen eines Ausschreibungsverfahrens i. S. d. Art. 56 ff. SDE+ für die Förderung, die in einer variablen Einspeisevergütung in Form eines Aufschlags je kWh erzeugten Stroms auf den Marktpreis besteht. Das Ministerium für Wirtschaft, Landwirtschaft und Innovation legt laut Art. 11 SDE+ in Absprache mit dem Finanzministerium einen Basisbetrag an Zuschüssen pro kWh fest, der nach Art. 14 SDE+ jährlich angepasst werden kann. Der Aufschlag stellt die Differenz zwischen den erwarteten Betriebskosten (CAPEX, OPEX und Finanzierungskosten) und dem jeweiligen Basiselektrizitätspreis, der gemäß Art. 12 SDE+ ex-post festgestellt wird, dar, und wird durch die Stromendverbraucher finanziert. Der Zuschlag darf allerdings gemäß Art. 16 SDE+ nicht höher sein als die Differenz zwischen Basisbetrag und Basiselektrizitätspreis. Art. 15 SDE+ erfordert, dass der Zuschlag für jede kWh erzeugten Stroms nur gegen Vorlage eines Herkunftszertifikats gezahlt wird. Ziel der Förderung ist es, dass Anlagen zur Erzeugung von Strom aus erneuerbaren Energien rentabel betrieben werden können.

Seit 2011 ist das Fördersystem der SDE+ in Kraft, das darauf gerichtet ist, die erzeugten Strommengen bei geringster Förderung zu maximieren und die kosteneffizientesten Technologien voranzubringen. Die Dauer der Förderung variiert gemäß Art. 7 SDE+ nach Anlagenkategorien und wird für einen Zeitraum von zwölf bis 15 Jahren gewährt. Offshore-Windenergie unterfällt nach der SDE+ der sog. freien Kategorie, die für alle Technologien offen ist, welche keiner spezifischen eigenen Kategorie zugeordnet sind. Hierzu zählen beispielsweise auch die Wasserkraft und die Photovoltaik. Diese Technologien konkurrieren im Ausschreibungsverfahren miteinander um die Förderung. Der Zuschlag für Onshore-Windenergie wird für 80 Prozent der Volllaststunden gezahlt, Schwankungen in den Windverhältnissen werden dabei durch den Windfaktor 1,25 ausgeglichen. Windkraftanlagen in windstärkeren Gebieten laufen mehr Volllaststunden pro Jahr und brauchen deshalb einen geringeren Basisbetrag an Zuschüssen. So entsteht eine Konkurrenz zwischen den Windkraftbetreibern aufgrund des Standortes. Das gilt allerdings nicht für Offshore-Windenergie, da dort höhere Auslastungen in Volllaststunden gegenüber der Referenzanlage unrealistisch sind.

Rechtsgrundlage für die Förderung der Stromerzeugung in Offshore-Windenergieanlagen in Dänemark ist das VE-Lov. Es sieht als Fördermechanismus einen Aufschlag auf den Marktpreis an der skandinavischen Strombörse Nordpool Spot vor. Wie in den Niederlanden müssen die Anlagenbetreiber zunächst an einem Ausschreibungsverfahren teilnehmen, § 22 (2) VE-Lov. Im Rahmen der Ausschreibung wird auch die Höhe der Förderung festgelegt. Gewinner der Ausschreibung sind diejenigen Anlagenbetreiber mit dem Gebot der niedrigsten Einspeisevergütung. Offshore-Windenergieanlagen, die unter einem ebenfalls existierenden „offenen Verfahren“, das in § 23 (4) VE-Lov angelegt ist, errichtet wurden, erhalten den gleichen Zuschlag wie neue Onshore-Windenergieanlagen, z. B. gemäß § 36 (2) VE-Lov 0,25 DKK je kWh für 22.000 Volllaststunden zuzüglich 0,023 DKK je kWh für die gesamte Laufzeit der Turbine.

Frankreich fördert ebenfalls mit einem Einspeisesystem den Ausbau der Stromerzeugung aus erneuerbaren Energien. Anlagenbetreiber erhalten für den in das Netz eingespeisten Strom aus erneuerbaren Energien eine Einspeisevergütung von EDF oder anderen Stromlieferunternehmen. Rechtsgrundlage hierfür ist ein Vertrag. Art. 10 Loi n°2000–108 verpflichtet den Netzbetreiber zum Abschluss eines Vertrages, der den Ankauf des Stroms zu einem gesetzlich festgesetzten Preis zum Gegenstand hat. Verordnungen legen für die jeweiligen Technologien zur Stromerzeugung aus erneuerbaren Energien die Einspeisetarife fest. Dabei handelt es sich um garantierte Mindestzahlungen, die durch einen Zuschlag erhöht werden können. Die Förderdauer beträgt für Offshore-Anlagen gemäß Art. 4 des Arrêté du 17 novembre 2008 20 Jahre. Die Einspeisevergütung wird über einen Ausgleichsmechanismus gemäß Art. 5 Loi n°2000–108 auf die Endverbraucher umgelegt.

Die Stromerzeugung aus erneuerbaren Energien wird schließlich auch in Irland durch ein System mit festgelegten Vergütungssätzen gefördert. Der Betreiber einer förderberechtigten Anlage erhält auf der Grundlage eines fünfzehnjährigen Stromliefervertrags mit einem Stromlieferanten eine Mindestvergütung.[232] Herkunftszertifikate dienen dabei als Nachweis gegenüber dem Stromlieferanten, dass die jeweilige Strommenge einen Fördertatbestand erfüllt. Offshore-Windenergieanlagen, die vor dem 31. Dezember 2009 eine Genehmigung vom irischen Energieministerium erhalten haben, unterliegen dem Fördersystem „Renewable Energy Feed-in Tariff 1“ (REFIT 1) mit einem Fördersatz von 140 EUR/MWh. Da das REFIT 2 die Förderung von Windenergie auf Onshore-Anlagen beschränkt, werden Offshore-Anlagen mit einem späteren Genehmigungszeitpunkt nicht gefördert. Der irische Energieminister hat jedoch eine Wiederaufnahme von Offshore-Anlagen in das REFIT zu einem Fördersatz von 140 EUR/MWh angekündigt.

---

232 Vgl. z. B. Ziffer 3.6 REFIT 2.

bb) Quotenmodell

Eine verbreitete Alternative zu gesetzlichen Vergütungssystemen ist das sog. Quotenmodell, das in der Vergangenheit insbesondere im Vereinigten Königreich zum Einsatz kam. Mittlerweile ist es dort durch ein Einspeisesystem für Anlagen bis zu 5 MW ergänzt worden. Das englisch-walisische Fördersystem[233] fußt auf zwei Instrumenten. Zum einen unterliegen Stromlieferanten, die Strom in England und Wales liefern, gemäß Art. 5 ROO der Verpflichtung, eine bestimmte Quote zu erfüllen. Diese Quote wird „Renewables Obligation" (RO) genannt. Sie wird vom Gesetzgeber festgelegt und richtet sich auf einen Anteil erneuerbarer Energien am Strommix der Lieferanten. Um die Quote zu erfüllen, müssen alle lizensierten Stromlieferanten eine bestimmte Anzahl von Zertifikaten bezogen auf ein Förderjahr, welches vom 1. April bis zum 31. März läuft, nachweisen. Die Quote wird jedes Jahr erhöht, um den Anteil erneuerbaren Energien insgesamt zu steigern.

Für die aus erneuerbaren Energien erzeugten Strommengen werden Zertifikate von der Regulierungsbehörde an die Erzeugungsunternehmen verteilt. Rechtsgrundlage hierfür ist Art. 34 ROO. Die Berechnung des sog. Renewables-Outputs, der Grundlage für die Zuteilung der Zertifikatemenge ist, wird in den Art. 24 ff. ROO geregelt. Ursprünglich war das Zertifikatesystem rein marktorientiert ausgestaltet. Die Bezugsgröße eines Zertifikats nach der ROO 2002–2007 entsprach einer MWh aus erneuerbaren Energien erzeugten Stroms. Eine Differenzierung nach der eingesetzten Erzeugungstechnologie fand nicht statt. Die ROO 2009 verfolgt einen interventionistischeren Ansatz und differenziert zwischen Erzeugungstechnologien. Es wurden in den Art. 27 ff. ROO sog. *technology bands* eingeführt. Nach Schedule 2 Part 2 ROO wird für eine MWh onshore erzeugten Stroms ein Zertifikat erteilt, wohingegen bereits für eine 2/3 MWh offshore erzeugten Stroms ebenfalls ein Zertifikat erteilt wird. Damit ist offshore erzeugter Strom pro MWh mehr wert als onshore erzeugter Strom. Auf diese Weise ist die Entscheidung nicht mehr nur den Marktkräften überlassen, welche Technologien zur Erzeugung von Strom aus erneuerbaren Energien hauptsächlich zum Einsatz kommen.

Die Erfüllung ihrer Quote müssen die Stromlieferanten gegenüber Ofgem nachweisen. Dem Stromlieferunternehmen stehen hierzu drei Wege offen: Der Verpflichtete kann erstens gemäß Art. 5 Abs. 2 ROO der Regulierungsbehörde die erforderliche Menge an Zertifikaten vorlegen. Diese können ihnen originär aufgrund der Erzeugung von Strom aus erneuerbaren Energien zugewiesen worden

233 Die Fördersysteme in Schottland und Nordirland sind vergleichbar. Zudem sind alle Systeme miteinander kompatibel. Hierzu auch S. 31 f.

sein, oder die Lieferanten erwerben sie von Stromerzeugern oder Dritten wie der Non-Fossil Purchasing Agency Limited (NFPA). Die NFPA versteigert regelmäßig Zertifikate. Da den Lieferanten freigestellt ist, woher sie die benötigten Strommengen beschaffen, werden sie sich deshalb schon aus betriebswirtschaftlichen Gründen bemühen, die benötigten Strommengen möglichst günstig am Markt zu erwerben oder selbst zu erzeugen. Das Quotenmodell enthält damit einen Marktmechanismus, durch den die Erzeuger von Strom aus erneuerbaren Energien miteinander im Wettbewerb stehen. Denn sie konkurrieren darum, Strom aus erneuerbaren Energien möglichst günstig anzubieten und entsprechende Verträge mit den Lieferanten abzuschließen. Dadurch werden Erzeugungstechnologien mit geringeren Kosten (z. B. Windenergie) begünstigt, wohingegen Erzeugungstechnologien mit hohen Kosten (z. B. Photovoltaik) unter Geltung eines Quotenmodells praktisch nicht zum Zuge kommen. Dies zeigt, dass Quotenmodelle kosteneffizient sind, aber in der Regel keine hohe Diversifizierung der Erzeugungstechnologien ermöglichen. Schließlich kann die Verpflichtung zur Erfüllung der Quote dadurch erfüllt werden, dass der Lieferant einen *Buy-out*-Preis in einen *Buy-out-Fund* zahlt. Rechtsgrundlage hierfür ist Art. 42 ff. ROO. Hierbei handelt es sich um ein Strafinstrument, das von Ofgem kontrolliert wird. Der Buy-out-Preis betrug GBP 40,71 per ROC für das Jahr 2012/13.[234] Das Kapital aus dem Buy-out-Fund wird am Ende der Periode an die Anlagenbetreiber gemäß Art. 52 ROO gezahlt, die teilweise oder vollständig ihre Quote erfüllt und Zertifikate vorgelegt haben. Die Verteilung erfolgt im Verhältnis zu den Zertifikaten, die jeder Stromlieferant ursprünglich vorgelegt hat. Wenn man diese Zahlungen berücksichtigt, sind die tatsächlichen Sanktionsgebühren höher als die Zahlungen, die in den Buy-out-Fund zu leisten sind.

Im Vereinigten Königreich wird damit der *effiziente* Ausbau der erneuerbaren Energien gefördert.[235] Ist der Zertifikatepreis hoch, so wird der Stromerzeuger in den Fonds einzahlen, ist der Zertifikatepreis niedrig, dann wird er Strom aus erneuerbaren Energien erzeugen und Zertifikate vorlegen. Um trotz des Wirkens der Marktkräfte die Situation zu vermeiden, dass aufgrund eines zu hohen Zertifikatepreises

---

234 DECC, abrufbar unter http://www.decc.gov.uk/en/content/cms/meeting_energy/renew able_ener/renew_obs/renew_obs.aspx (Stand 27.12.2013).

235 Von namhaften Ökonomen und Juristen wird deshalb auch für Deutschland ein Quotenmodell gefordert, vgl. z. B. *Haucap/Kühling*, Zeit für eine grundlegende Reform der EEG-Förderung – das Quotenmodell, Ordnungspolitische Perspektiven Nr. 33, November 2012; Monopolkommission, Monopolkommission, Sondergutachten Energie 2011, Rn. 553 ff.

kein Strom aus erneuerbaren Energien produziert wird, musste eine Preisobergrenze für Zertifikate eingeführt werden.

Wenn die Ausbauverpflichtung zu 70 Prozent erfüllt ist, bedeutet das, dass ein Zertifikat ca. 100 GBP/MWh wert sein wird.[236] Dieser Betrag ist zum Großhandelspreis von Windstrom hinzuzurechnen, der in den Jahren 2006 bis 2010 zwischen 40 und 80 GBP je MWh schwankte. Demzufolge hat Offshore-Windenergie nach dem Quotensystem einen „Wert" zwischen 140 und 180 GBP je MWh. Dieser Wert dürfte in Abhängigkeit vom Wechselkurs über dem deutschen Vergütungssatz von 15 ct/kWh liegen.[237] Aus diesem Grund kann es für Offshore-Anlagenbetreiber attraktiver sein, ihre Anlage so zu errichten, dass sie dem britischen Fördersystem unterfällt, sofern sie bereit sind, auf die Investitionssicherheit, die das deutsche System bietet, zu verzichten.

Die gegenüber konventioneller Stromerzeugung höheren Kosten durch das Quotensystem werden bei der Kalkulation des Strompreises, den die Endverbraucher zahlen, eingepreist.[238] Der Vorteil des Quotensystems gegenüber Einspeisetarifsystemen besteht somit vor allem darin, dass die Verbraucher nur die Kosten einer effizienzorientierten Stromerzeugung tragen. Der entscheidende Nachteil von Quotenmodellen ist allerdings ihre vergleichsweise geringe Fördereffektivität. Es gibt für die Marktteilnehmer keinen Anreiz, den Anteil von Strom aus erneuerbaren Energien über die Quote hinaus zu erhöhen. Ist die Quote erreicht, müssen die Lieferanten keinen weiteren Strom aus erneuerbaren Energien ankaufen. Solange die Stromerzeugung aus erneuerbaren Energien mit höheren Kosten verbunden ist als die Stromerzeugung aus konventionellen Energien, gibt es für die Betreiber von Anlagen zur Erzeugung von Strom aus erneuerbaren Energien keine Möglichkeit, ihren Strom jenseits der Quote am Markt abzusetzen. Die Quote bestimmt also nicht nur den Mindestanteil, sondern gleichzeitig auch den Höchstanteil an Strom aus erneuerbaren Energien.

Zu der geringeren Fördereffektivität des Quotenmodells trägt ferner bei, dass dieses Modell den Betreibern von Anlagen zur Erzeugung von Strom aus erneuerbaren Energien keine Investitionssicherheit bietet. Ob der Betreiber einer Anlage zur Erzeugung von Strom aus erneuerbaren Energien seinen Strom vermarkten kann, hängt von der Höhe der Quote und der Höhe des Gesamtangebots an Strom aus erneuerbaren Energien auf dem Markt ab. Sind andere Anbieter günstiger und

236 *Toke*, The UK offshore wind power programme: A sea-change in UK energy policy, Energy Policy 39 (2011), S. 529.

237 Ebenda.

238 Ebenda.

kann die Quote mit dem Angebot der günstigeren Anbieter bereits vollständig erfüllt werden, lässt sich weiterer Strom aus erneuerbaren Energien auf dem Markt nicht mehr absetzen. Investitionen in Anlagen zur Erzeugung von Strom aus erneuerbaren Energien sind also unter Geltung eines Quotenmodells ein unternehmerisches Wagnis. Ob sich eine Investition rentiert, kann im Einzelfall schwer abzuschätzen sein. Denn hierfür muss nicht nur kalkuliert werden, welche Strommengen mit der eigenen Anlage zu welchen Kosten erzeugt werden können, was bei Anlagen zur Erzeugung von Strom aus erneuerbaren Energien wegen der Abhängigkeit von betriebsexternen Faktoren (z. B. Windverhältnissen) alles andere als trivial ist. Außerdem muss noch mit Hilfe von Marktbeobachtungen analysiert werden, welche Strommengen zu welchen Kosten von den Anlagen der Konkurrenz erzeugt werden können, und wie sich dies auf die eigenen Absatzchancen auswirkt, insbesondere angesichts der Tatsache, dass die Gesamtnachfrage durch die Quote begrenzt ist.

Der interventionistische Ansatz, den Großbritannien mit Einführung der beschriebenen *technology bands* verfolgt, wird dadurch verstärkt, dass das Quotensystem seit dem 1. April 2010 um ein Einspeisesystem ergänzt wird, das allerdings nur für Großbritannien und nicht für Nordirland gilt.[239] Da das Einspeisesystem lediglich auf Anlagen bis zu einer Leistung von 5 MW Anwendung findet, bleibt das Quotensystem das Hauptförderinstrument. Für Anlagen zwischen 50 kW und 5 MW besteht ein Wahlrecht zwischen dem Einspeisesystem und dem Quotensystem.[240] Künftig soll das Einspeisesystem ausgedehnt werden und das Quotensystem graduell ersetzen. Bis zum Jahr 2017 werden beide Systeme parallel nebeneinander bestehen. Anlagen, die nach dem 31. März 2017 in Betrieb genommen werden, sind nach der gegenwärtigen Fassung der ROO von dem Fördersystem nicht mehr erfasst, d. h. sie erhalten keine Zertifikate. Für Anlagen, die vor dem 31. März 2017 in Betrieb genommen werden, ist die Zuteilung von Zertifikaten noch bis zum Jahr 2037 möglich.

Norwegen hat mit Schweden mit Wirkung vom 1. Januar 2012 ein gemeinsames Quoten-Zertifikatesystem eingerichtet, das dem englisch-walisischen ähnelt. Rechtsgrundlage für Norwegen sind der Electricity Certificates Act und die Electricity Certificates Regulation (Forskrift om elsertifikater)[241], für Schweden

239 Statutory Instrument 2010 No. 678, The Feed-in Tariffs (Specified Maximum Capacity and Functions) Order 2010 vom 8.3.2010, in Kraft getreten am 1.4.2010.

240 Sec. 17B, 17D ROO 2009 und Sect. 3 FTO 2012.

241 LOV 2011–06–24 nr 39: Lov om elsertifikater und Fastsatt av Olje- og energidepartementet de n 16. desember 2011.

das Lag om elcertifikat (2011:1200). Nach Kapitel 4 §§ 1 ff. des schwedischen Lag om elcertifikat (2011:1200) sind Stromlieferanten, registrierte stromintensive Unternehmen sowie besondere Endverbrauchergruppen verpflichtet, für einen festgelegten Anteil ihres Energiemixes Herkunftszertifikate vorzulegen. Diese werden nach den Bestimmungen des Kapitel 2 des Lag om elcertifikat (2011: 1200) für die Erzeugung von Strom aus erneuerbaren Energien erteilt. Ein Zertifikat entspricht dabei einer MWh erzeugten Stroms. Windenergie wird anders als beispielsweise nach dem englisch-walisischen Fördersystem nicht bevorzugt behandelt. Ein in Kapitel 6 § 1 des Lag om elcertifikat (2011:1200) angelegter Sanktionsmechanismus sichert die Einhaltung der Verpflichtungen. Können die jeweiligen Herkunftszertifikate nicht vorgelegt werden, ist ein Strafgeld in Höhe von 150 % des durchschnittlichen Zertifikatewertes zu zahlen. Die Zertifikate werden in Schweden und Norwegen von der jeweiligen nationalen Behörde für die Stromerzeugung auf dem eigenen Hoheitsgebiet erteilt. Verbunden sind beide Systeme, indem die Zertifikate auf beiden Staatsgebieten gehandelt werden können und gegenseitig als Nachweis für eine Stromerzeugung aus erneuerbaren Energien dienen. Auch Belgien wendet ein Quoten- und Zertifikatesystem nach englisch-walisischem Vorbild an.

b) Räumliche Anwendungsbereiche

Ökonomische Anreizsysteme wie die beschriebenen gesetzlichen Vergütungssysteme und Quotenmodelle finden sich in Umsetzung von Art. 3 Abs. 3 lit. a EE-RL in den nationalen Energierechtsordnungen der Mitgliedstaaten. Der räumliche Anwendungsbereich dieser Anreizsysteme ist jeweils auf das Gebiet des Staates, dessen Gesetzgebungsorgane sie erlassen haben, beschränkt.[242]

In Deutschland ist der räumliche Anwendungsbereich des EEG im Gesetz selbst definiert. § 2 EEG bestimmt zum Geltungsbereich des Gesetzes das Bundesgebiet „einschließlich der deutschen ausschließlichen Wirtschaftszone“. Es wurde bereits darauf hingewiesen, dass diese Definition aus völkerrechtlicher Sicht falsch ist, weil die AWZ danach nicht zum Staatsgebiet zählt.[243] Entscheidend ist aber etwas anderes: Das EEG gilt nur für Anlagen, die sich auf dem Territorium der Bundesrepublik Deutschland oder in der deutschen AWZ befinden, also nicht für Anlagen im Ausland. Deshalb kann z. B. der Betreiber einer Windenergieanlage auf der niederländischen Seite der deutsch-niederländischen

242 Zu dieser Thematik schon oben, S. 21 ff.
243 Oben, S. 24.

Grenze keine Ansprüche nach dem EEG gegen einen deutschen Netzbetreiber geltend machen, falls ihm das deutsche Anreizsystem attraktiver erscheint als das niederländische. Ein Anspruch auf eine Förderung nach dem EEG besteht selbst dann nicht, wenn sich eine Anlage im Ausland befindet, aber z. B. aus technischen oder historischen Gründen an das Netz eines deutschen Netzbetreibers angeschlossen ist.

Vergleichbare Regelungen finden sich im dänischen und niederländischen Recht. § 3 (1) VE-Lov begrenzt die Förderung auf Anlagenstandorte in Dänemark, dem dänischen Hoheitsgewässer sowie in der dänischen AWZ. Im niederländischen Recht ist die Förderung gemäß Art. 1 (1m) SDE+ i. V. m. Sec. 2 des niederländischen Territorialitätsgesetzes auf Anlagenstandorte auf dem niederländischen Territorium und in der AWZ beschränkt. Die territoriale Begrenzung des französischen Fördersystems auf das französische Staatsgebiet und die AWZ folgt aus Art. 1 des Arrêté du 17 novembre 2008.

Ebenso ist im Vereinigten Königreich die Förderung erneuerbarer Energien an den Standort der Anlage gekoppelt.[244] Dies folgt aus der Zusammenschau zweier Vorschriften. Die territoriale Begrenzung des Fördersystems ergibt sich zum einen aus der Definition des Offshore-Gewässers in Sec. 2 ROO. Offshore-Gewässer sind danach solche, die im Vereinigten Königreich liegen oder diesem zugewiesen sind und die zwischen der Niedrigwasserlinie und der seewärtigen Grenze des Hoheitsgewässers liegen sowie Gewässer die in einem Gebiet liegen, das nach Sec. 1 (7) des Continental Shelf Acts ausgewiesen wurde, mithin der 200-Seemeilenzone. Zum anderen werden nach Sec. 17 (3) ROO Anlagen von der Förderung, d. h. von der Zuteilung von Zertifikaten, ausgeschlossen, die hinter der seewärtigen Grenze des dem Vereinigten Königreiches zugewiesenen Hoheitsgewässers liegen, es sei denn, diese Anlagen befinden sich in einer Zone i. S. d. Sec. 1 (7) Continental Shelf Act oder in einer Erneuerbaren-Energien-Zone.

Auch die anderen Nordseeanrainerstaaten fördern mit ihren jeweiligen ökonomischen Anreizsystemen nur Anlagen auf ihren eigenen Staatsgebieten. Dies folgt zwar nicht schon aus dem völkerrechtlichen Territorialitätsprinzip, da sich daraus nicht ergibt, dass einem ausländischen Rechtssubjekt keine Rechte gewährt werden dürften.[245] Aus nachvollziehbaren haushalts- und industriepolitischen Gründen ist die Förderung aber stets entweder ausdrücklich oder als Folge von einschränkenden Tatbestandsvoraussetzungen auf inländische Anlagen beschränkt.

---

244 Hierzu bereits S. 25 f.

245 Ausführlich oben S. 23 f.

c) Anwendungskonflikte

Im Zusammenhang mit der geplanten Errichtung eines Offshore-Netzes in der Nordsee wird gelegentlich die Befürchtung geäußert, es könne wegen der unterschiedlichen Ausgestaltung der nationalen Fördersysteme zu Anwendungskonflikten kommen. Dies wird jedoch ausgeschlossen durch die Beschränkung der räumlichen Anwendungsbereiche der nationalen Fördergesetze. Der Betreiber einer Offshore-Windenergieanlage in der deutschen AWZ kann z. B. eine Förderung ausschließlich nach dem deutschen EEG beanspruchen und nicht etwa nach dem dänischen VE-Lov. Das gilt *de lege lata* selbst dann, wenn die Anlage über eine zusätzliche Anbindungsleitung direkt mit dem dänischen Netz verbunden ist. Der Strom kann dann zwar in das dänische Elektrizitätsversorgungssystem transportiert und dort verbraucht werden, sodass es angemessen wäre, wenn er auch nach dem dänischen Fördersystem gefördert würde. Es ist aber bisher in keinem Nordseeanrainerstaat vorgesehen, die Betreiber ausländischer Anlagen in das jeweilige nationale Fördersystem einzubeziehen. Eine entsprechende Öffnung der Fördersysteme ließe sich jedoch ohne weiteres umsetzen, da die Gewährung eines Vergütungsanspruchs als bloßes Angebot an die Anlagenbetreiber nicht gegen das Territorialitätsprinzip verstoßen würde.

Komplexere Fragen ergeben sich, wenn eine Offshore-Windenergieanlage in der AWZ eines Staates errichtet wird, aber unmittelbar nur mit einem Elektrizitätsversorgungsnetz in einem anderen Staat verbunden ist. Dies könnte nach einer Öffnung der Netzanschlussregime in Zukunft praktisch relevant werden, z. B. weil der Anschluss an ein ausländisches Netz technisch leichter zu realisieren ist[246] oder weil der Netzanschluss unmittelbar an einen Interkonnektor zwischen zwei anderen Staaten erfolgen soll (z. B. Cobra Cable). In diesen Fällen ergibt sich *de lege lata* für die Anlagenbetreiber eine doppelt ungünstige Situation, wie das Beispiel eines Windparks in der deutschen AWZ veranschaulicht, der aus technischen Gründen an ein Netz in den Niederlanden angeschlossen werden soll. In den Niederlanden kann der Betreiber des Windparks nach geltendem Recht keine Förderung beanspruchen, da eine Anlage in der deutschen AWZ nicht dem räumlichen Anwendungsbereich des SDE+ unterfällt. Aber auch in Deutschland steht ihm keine Förderung zu, da sein Strom nicht von einem deutschen Netzbetreiber abgenommen wird, die Abnahme gemäß

246 Man denke an die Windparks vor Sylt, die möglicherweise in Dänemark effizienter angeschlossen werden könnten als in Deutschland, wo ein 160 km langes Unterseekabel bis nach Büsum verlegt werden soll.

§ 8 EEG aber Voraussetzung für den Vergütungsanspruch gemäß §§ 16 ff., 31 EEG ist.

Von einer Abnahme, die schon begrifflich mehr sein muss als bloßer Netzzugang, kann nur gesprochen werden, wenn der Netzbetreiber den Strom nicht nur technisch-physikalisch, sondern auch kaufmännisch-bilanziell entgegennimmt. Der deutsche Gesetzgeber hat mit dem Begriff der Abnahme nicht ohne Grund auf einen Begriff aus dem Kaufrecht zurückgegriffen (vgl. § 433 Abs. 2 BGB). Das Konzept des EEG sieht vor, dass abgenommener Strom in den Ausgleichsmechanismus gemäß §§ 34 ff. EEG i. V. m. der Ausgleichsmechanismusverordnung einzustellen ist, wo er gegebenenfalls über mehrere Stufen weitergegeben und schließlich von den ÜNB an der Strombörse vermarktet wird. Strom, der in ein ausländisches Netz eingespeist wird, kann aber im Ausgleichsmechanismus gemäß §§ 34 ff. EEG schon aus praktischen Gründen nicht berücksichtigt werden. Die deutschen ÜNB können den Strom nicht vermarkten, da er in Deutschland nicht zur Verfügung steht. Der niederländische ÜNB kann zur Vermarktung nicht verpflichtet werden, da der deutsche Gesetzgeber durch das Territorialitätsprinzip gehindert ist, die Geltung der deutschen Rechtsnormen auf Unternehmen im Ausland zu erstrecken.

Auch für diese Konstellation bietet sich als Lösung an, in konsequenter Umsetzung ökologischer Prinzipien den räumlichen Geltungsbereich der nationalen Fördersysteme für Anlagen im Ausland zu öffnen. Entscheidend wäre dann, in welches Elektrizitätsversorgungssystem der Strom eingespeist würde. Erfolgt eine Einspeisung z. B. in das britische Elektrizitätsversorgungssystem, könnte eine Förderung nach dem englisch-walisischen oder schottischen Recht beansprucht werden, und zwar unabhängig davon, in welcher AWZ sich die einspeisende Offshore-Windenergieanlage befindet. Dies wäre sachlich angemessen, da die Kosten der Förderung dann in demjenigen Elektrizitätsversorgungssystem anfielen, in dem der Strom tatsächlich zur Verfügung stünde. Das Territorialitätsprinzip steht einer Öffnung der Fördersysteme nicht entgegen, soweit sich daraus für die Anlagenbetreiber nur eine Berechtigung, aber keine Verpflichtung ergibt.[247] Auch der Zweck der Fördergesetze spricht nicht gegen eine solche Lösung, da es für die Förderung der Stromerzeugung aus erneuerbaren Energien und den dadurch erstrebten Klimaschutz gleichgültig ist, in welchem Staat oder in welcher AWZ der Strom erzeugt wird.

Die Öffnung der nationalen Fördersysteme für die Betreiber von Anlagen im Ausland unter der Voraussetzung, dass der Strom in ein inländisches Elektrizitätsversorgungssystem eingespeist wird, würde schließlich auch den bestehenden

---

247 Oben, S. 21 ff.

Konflikt mit der Warenverkehrsfreiheit gemäß Art. 34, 36 AEUV abmildern. Die Verweigerung einer Förderung mit dem Argument, eine Anlage sei im Ausland belegen, ist mit der Freiheit des Warenverkehrs nicht zu vereinbaren, sofern der Betreiber der Anlage im Ausland bereit ist, seinen Strom in ein inländisches Netz einzuspeisen, also eine grenzüberschreitende Stromlieferung vorzunehmen.[248] Ein sachlicher Grund für die Verweigerung der Förderung kann immer nur darin liegen, dass eine Anlage keine unmittelbare Verbindung mit einem inländischen Elektrizitätsversorgungsnetz aufweist. Ist eine solche Verbindung aber vorhanden, gibt es keinen vernünftigen Grund, warum nicht auch der Strom aus einer ausländischen Anlage gefördert werden sollte.

d) Wettkampf der Anreizsysteme

Aus der Uneinheitlichkeit der ökonomischen Anreizsysteme zur Förderung der Stromerzeugung aus Offshore-Windenergie ergibt sich die Gefahr eines ineffizienten Wettkampfes zwischen den Nordseeanrainerstaaten um den Aufbau von Offshore-Erzeugungskapazitäten. Die meisten Nordseeanrainerstaaten haben es sich zum Ziel gesetzt, die Stromerzeugung aus Offshore-Windenergie mehr oder weniger stark auszubauen. Die Anzahl der möglichen Investoren ist aber genauso begrenzt wie die Produktions- und Errichtungskapazitäten derjenigen Unternehmen, die Offshore-Technologie herstellen und installieren können. Die Nordseeanrainerstaaten stehen deshalb miteinander und mit anderen Staaten weltweit im Wettbewerb um den Aufbau von Offshore-Windparks und der erforderlichen Netzinfrastruktur. Dies birgt die Gefahr, dass die Anrainerstaaten versuchen, sich mit ihren Fördersystemen gegenseitig zu überbieten, da es potentiellen Investoren in der Regel gleichgültig sein dürfte, vor welcher Küste sie ihre Anlagen errichten. Mit den Fördersystemen würden dann nicht mehr nur die wirtschaftlichen Nachteile ausgeglichen, welche die Stromerzeugung aus Offshore-Windenergie gegenüber der konventionellen Stromerzeugung hat, sondern auch Überkompensationen gewährt, deren eigentliches Ziel es ist, andere Staaten im Wettkampf um die Ansiedelung von Offshore-Windenergieanlagen und Netzinfrastruktur zu übertrumpfen.

Vor diesem Hintergrund erscheint es dringend geboten, das Niveau nationaler Fördersysteme unter Beachtung regionaler Besonderheiten, wie sie z. B. auch bei der Vergabe von Regionalbeihilfen berücksichtigt werden, EU-weit zu harmonisieren. Mit Blick auf die Errichtung eines Offshore-Netzes in der Nordsee würde

---

248 Vgl. *Scholz*, Die Rechtfertigung von diskriminierenden umweltpolitischen Steuerungsinstrumenten, 2011, S. 231 ff.

eine teilweise Harmonisierung der Fördersysteme genügen, insbesondere müssten zu diesem Zwecke andere Erzeugungstechnologien als die Offshore-Windenergie nicht einbezogen werden. In Deutschland wäre in erster Linie an eine Anpassung von § 31 EEG zu denken.

V. Direktvermarktung von Offshore-Strom

In den meisten Nordseeanrainerstaaten wird den Betreibern von Offshore-Windenergieanlagen die Vermarktung des erzeugten Stroms – anders als in Deutschland[249] – nicht oder zumindest nicht vollständig abgenommen. Vielmehr sind die Anlagenbetreiber in den meisten Fällen selbst für die Vermarktung ihres Stroms verantwortlich und erhalten über das jeweilige nationale Fördersystem „nur" einen Aufschlag für den Ausgleich der Kostennachteile, die Offshore-Anlagen gegenwärtig noch gegenüber konventionellen Kraftwerken haben. In Quotensystemen[250] sind die Anlagenbetreiber ohnehin vollständig selbst für die Vermarktung des Offshore-Stroms verantwortlich, da diese Systeme auf einem Marktmechanismus beruhen. Durch die Quote wird lediglich ein eigener „Ökostrom-Markt" geschaffen, auf dem die Betreiber von Anlagen zur Erzeugung von Strom aus erneuerbaren Energien nur miteinander und nicht mit den Betreibern konventioneller Kraftwerke konkurrieren. Dadurch kann sich auf diesem Markt ein höheres Preisniveau einstellen, was notwendig ist, damit die Anlagenbetreiber die vergleichsweise hohen Investitionskosten von Anlagen zur Erzeugung von Strom aus erneuerbaren Energien refinanzieren können.

In Deutschland können sich die Anlagenbetreiber gemäß §§ 33a ff. EEG freiwillig dafür entscheiden, das sichere System der Abnahme- und Vergütungspflichten zu verlassen und ihren Strom stattdessen selbstständig zu vermarkten (sog. Direktvermarktung). Dies bietet sich insbesondere an, wenn die Anlagenbetreiber meinen, auf dem Großhandelsmarkt einen Preis erzielen zu können, der über den gesetzlichen Vergütungssätzen gemäß §§ 23 ff. EEG liegt. Der Gesetzgeber fördert die Direktvermarktung mit verschiedenen Instrumenten, insbesondere mit der sog. Marktprämie (vgl. § 33g EEG), um die Stromerzeugung aus erneuerbaren Energien schrittweise in die Stromhandelsmärkte zu integrieren. Denn die Förderung

249 In Deutschland müssen die Netzbetreiber den Strom gemäß § 8 Abs. 1 S. 1 EEG abnehmen; er wird dann von den ÜNB gemäß §§ 34 ff. EEG i. V. m. der Ausgleichsmechanismusverordnung vermarktet.

250 Ausführlich oben, S. 109 ff.

mit dem EEG ist nicht als Dauerinstrument angelegt, sondern soll die Wirtschaftlichkeit der Stromerzeugung aus erneuerbaren Energien nur bis zum Übergang zu deren vollständiger Marktreife sichern. Sofern sie die Direktvermarktung wählen, sind auch deutsche Anlagenbetreiber selbst dafür verantwortlich, ihren Strom an den Großhandelsmärkten (z. B. einer Strombörse) abzusetzen.

Bei der freien Vermarktung von Strom aus Offshore-Windenergieanlagen kann sich die Frage stellen, in welchen Handels- und Preiszonen der Strom angeboten werden darf. In den Nordseeanrainerstaaten entsprechen die Handels- und Preiszonen weitgehend den Staatsgebieten; Norwegen, Schweden und Dänemark sind allerdings jeweils in mehrere Handels- und Preiszonen unterteilt. Kein Problem ergibt sich, soweit die Anlagen unmittelbar nur mit einem einzelnen Elektrizitätsversorgungsnetz verbunden sind. Der dort erzeugte Strom kann dann nur in der Handels- und Preiszone angeboten werden, in der dieses Elektrizitätsversorgungsnetz liegt. Ist eine Offshore-Anlage z. B. nur mit dem niederländischen Stromnetz unmittelbar verbunden, kann der Strom aus dieser Anlage auch nur in der niederländischen Handels- und Preiszone vermarktet werden. Komplizierter ist die Situation, wenn eine Offshore-Anlage mit mehreren Elektrizitätsversorgungsnetzen und damit auch mit mehreren Handels- und Preiszonen unmittelbar verbunden ist, sei es durch eine doppelte Anbindung in zwei verschiedene Richtungen (sog. *split connection*) oder durch den Direktanschluss an einen Interkonnektor (sog. *tee-in connection*). Hier wird sich in Zukunft die Frage stellen, ob der Betreiber der Offshore-Anlage wählen kann, in welcher von mehreren möglichen Handels- und Preiszonen er den Strom aus seiner Anlage vermarkten möchte oder ob nur die Vermarktung in einer Handels- und Preiszone erlaubt sein soll.

Im geltenden Regulierungsrahmen für die Errichtung von Offshore Infrastruktur ist diese Frage nicht angesprochen, da es bisher keine Regelungen über den Direktanschluss von Offshore-Windparks an Interkonnektoren oder über Mehrfachanbindungen mit grenzüberschreitendem Bezug gibt. Ziffer 2.2 der CACM-Rahmenleitlinie bestimmt lediglich, dass die Abgrenzung von Handels- und Preiszonen nach dem Prinzip der Markteffizienz erfolgen soll. Hierfür ist es erforderlich, die Ausdehnung von Handels- und Preiszonen in erster Linie an strukturellen Netzengpässen auszurichten und nicht an Staatengrenzen.[251] Das Ziel einer solchen netztechnischen Abgrenzung ist es, möglichst transparente und wirksame Preissignale auf den Großhandelsmärkten zu erzeugen, die nicht durch nachträgliche Eingriffe der ÜNB (Redispatch, Countertrading) verfälscht werden.

251 Ausführlich dazu *König*, EnWZ 2013, S. 451, 453 ff.

Ob sich Handels- und Preiszonen auch in die AWZ von Küstenstaaten erstrekken können, ist in der CACM-Rahmenleitlinie nicht geregelt. Grundsätzlich ist dagegen nichts einzuwenden, da es sich bei Handels- und Preiszonen um künstliche Gebilde handelt, die keinerlei geographischen Bezug voraussetzen. Sie können beliebig groß oder beliebig klein definiert werden, solange dies ihre Funktion – eine transparente und wirksame Preisbildung zu ermöglichen – nicht gefährdet. Maßgeblich ist ohnehin weniger der Standort einer Erzeugungsanlage als der Standort des jeweiligen Netzverknüpfungspunktes, der sich zumindest heute noch stets an Land befindet. Es ist also ohne weiteres möglich, Offshore-Anlagen nach ihrem Standort bzw. der Belegenheit des Netzverknüpfungspunktes eindeutig einer bestimmten Handels- und Preiszone zuzuordnen.

Ob die Vermarktung von Offshore-Strom nur in dieser „heimischen" Handels- und Preiszone erfolgen darf oder auch in anderen Handels- und Preiszonen, mit denen die fragliche Anlage über zusätzliche Anbindungsleitungen oder einen Interkonnektor unmittelbar verbunden ist, ist eine Rechtsfrage, die im gegenwärtigen Regulierungsrahmen nicht beantwortet wird. Hier besteht deshalb Gestaltungsspielraum, der von den Nordseeanrainerstaaten zur Gewährleistung einer kohärenten Lösung gemeinschaftlich ausgefüllt werden sollte. Auf den ersten Blick liegt es nahe, den Anlagenbetreibern freizustellen, wo sie ihren Strom vermarkten wollen, da dies am ehesten dem Markt- und Wettbewerbsgedanken entspricht, der mit der Direktvermarktung gefördert werden soll. Für die Anlagenbetreiber ergäbe sich der Vorteil, dass sie ihren Strom stets in der Handels- und Preiszone mit dem höheren Preis vermarkten könnten. Dies entspräche auch dem Förderzweck der EE-RL, mit der ja ein attraktives Marktumfeld für Betreiber von Anlagen zur Erzeugung von Strom aus erneuerbaren Energien und somit auch für die Betreiber von Offshore-Windenergieanlagen geschaffen werden soll. Allerdings hätte ein Wahlrecht der Anlagenbetreiber einen erheblichen Nachteil: es bestünde nur für diejenigen, deren Anlagen tatsächlich unmittelbar mit zwei verschiedenen Handels- und Preiszonen verbunden sind und deshalb ihr Vermarktungsgebiet wählen können. Dadurch würden sie gegenüber Offshore-Anlagen mit einer gewöhnlichen Netzanbindung bevorzugt. Es bestünde die Gefahr, dass Anlagenbetreiber nur noch an Interkonnektoren oder mit Mehrfachanbindungen angeschlossen werden wollen würden. Dies könnte sich negativ auf die Auswahl geeigneter Standorte für Windenergieanlagen auswirken und einen effizienten Ausbau der Offshore-Infrastruktur in der Nordsee gefährden. Die Besserstellung von Anlagenbetreibern, deren Anlagen mit mehreren Handels- und Preiszonen verbunden sind, ist auch nicht notwendig, da die Anreizsysteme der Nordseeanrainerstaaten so ausgestaltet sind, dass es ohne weiteres möglich ist, Offshore-Anlagen auch mit einer gewöhnlichen Netzanbindung wirtschaftlich zu betreiben.

Die Nordseeanrainerstaaten sollten in ihren nationalen Energierechtsordnungen klarstellen, dass Offshore-Strom aus Anlagen mit einer Anbindung an mehrere Elektrizitätsversorgungsnetze jeweils nur in *einer* Handels- und Preiszone vermarktet werden darf. Dies sollte in der Regel diejenige Handels- und Preiszone sein, der die Offshore-Anlage aufgrund ihres Standorts zuzuordnen ist. Die Direktvermarktung von Strom aus Offshore-Anlagen würde dann genauso erfolgen wie die Direktvermarktung von Strom aus anderen erneuerbaren Energiequellen.

VI. Institutionelle Fragen

Hemmnisse für die Errichtung einer integrierten Offshore-Netzinfrastruktur in der Nordsee können sich auch aus ungeklärten institutionellen Fragen ergeben. Ein multilaterales Projekt wie das Nordseenetz mit weitreichenden Auswirkungen für Erzeuger, Händler, Verbraucher, Netzbetreiber und andere Akteure kann nur erfolgreich sein, wenn es eine eindeutige Zuweisung von Aufgaben und Zuständigkeiten gibt. Grundsätzlich besteht keine Notwendigkeit, die Rollen bei dem Offshore-Netzausbau anders zu verteilen als bei dem Onshore-Netzausbau. Dennoch ergeben sich mit Blick auf den Ausbau der Netzinfrastruktur in der Nordsee einige Besonderheiten, die im Folgenden untersucht werden. Unterschieden werden Aufgaben im Zusammenhang mit der Planung, der Errichtung und dem Betrieb des Offshore-Netzes in der Nordsee und solche im Zusammenhang mit der Aufsicht über das Offshore-Netz.

1. Zuständigkeit für Planung, Errichtung und Betrieb des Offshore-Netzes

Die maßgebliche Rolle hinsichtlich der Planung, der Errichtung und des Betriebs des Offshore-Netzes kann – entsprechend der Aufgabenverteilung an Land – nur den ÜNB und ihren Verbänden, darunter insbesondere ENTSO-E zukommen. Die ÜNB sind gemäß Art. 12 lit. a EltRL verpflichtet, sichere, zuverlässige und leistungsfähige Übertragungsnetze zu betreiben, zu warten und auszubauen und dadurch auf lange Sicht die Fähigkeit des Netzes sicherzustellen, eine angemessene Nachfrage nach Übertragung von Elektrizität zu befriedigen. Gemäß Art. 12 lit. c EltRL werden die ÜNB außerdem verpflichtet, durch entsprechende Übertragungskapazität und

Zuverlässigkeit des Netzes zur Versorgungssicherheit beizutragen. Es sind also die ÜNB, die dafür verantwortlich sind, dass die Übertragungsnetze dem gegenwärtigen und dem zukünftigen Bedarf entsprechend ausgebaut werden.

Bei der Netzentwicklungsplanung, also der Abschätzung des künftigen Bedarfs und der Planung der erforderlichen Aus-, Um- und Neubaumaßnahmen müssen die europäischen ÜNB miteinander kooperieren. Gemäß Art. 4 StromHVO mussten sie zu diesem Zweck ENTSO-E gründen, was zum 1. Juli 2009 geschehen ist. Zu den Aufgaben von ENTSO-E gehört gemäß Art. 8 Abs. 3 lit. b StromHVO die Ausarbeitung eines gemeinschaftsweiten zehnjährigen Netzentwicklungsplans (Ten-Year Network Development Plan – TYNDP) einschließlich einer Prognose zur Angemessenheit der Stromerzeugung. Der zehnjährige Netzentwicklungsplan, der von den Netzbetreibern alle zwei Jahre neu vorzulegen ist, enthält eine koordinierte Gesamtplanung der europäischen Netzinfrastruktur. Er ist notwendig, da die Elektrizitätsversorgungssysteme der europäischen Staaten schon heute eng miteinander verwoben sind, sodass Netzerweiterungsmaßnahmen in einem Staat Auswirkungen in einem anderen Staat haben können. Mit der Verwirklichung des europäischen Elektrizitätsbinnenmarktes wird die Verflechtung der nationalen Elektrizitätsversorgungssysteme weiter zunehmen, sodass die koordinierte Netzentwicklungsplanung immer größere Bedeutung gewinnt.

Die Vorschriften der EltRL und StromHVO unterscheiden nicht zwischen Netzinfrastruktur an Land und solcher im Meer. Die Vorschriften der beiden Rechtsakte und damit auch die Aufgabenzuordnung gemäß Art. 12 EltRL und Art. 8 StromHVO gelten daher auch für Offshore-Netzinfrastruktur. Selbst wenn man unterstellte, dass der Sekundärrechtsgesetzgeber bei der Formulierung der Richtlinie und der Verordnung an Offshore-Netze nicht gedacht hat und deshalb eine Regelungslücke annimmt, wäre diese Lücke im Wege der analogen Anwendung von Art. 12 EltRL und Art. 8 StromHVO zu schließen. Im Ergebnis kann also kein Zweifel daran bestehen, dass die Planung, die Errichtung und der Betrieb des Offshore-Netzes in den Aufgabenkreis der ÜNB fallen. Dass die ÜNB ihre entsprechende Verantwortung bereits wahrnehmen, zeigt sich unter anderem daran, dass die bisherigen zehnjährigen Netzentwicklungspläne von ENTSO-E auch zahlreiche Offshore-Projekte enthalten, darunter insbesondere Unterseekabel, die als Interkonnektoren dienen sollen. Der Netzentwicklungsplan für die Jahre 2010–2020 enthielt zudem einen Abschnitt über die Entwicklung von Offshore-Netzen.[252]

---

252 ENTSO-E, Ten-Year Network Development Plan 2010–2020, S. 155 ff.

Dass die ÜNB die Verantwortung für die Planung, die Errichtung und den Betrieb der Offshore-Netzinfrastruktur tragen, bedeutet nicht, dass andere Unternehmen sich nicht in diesem Bereich engagieren könnten. Interkonnektoren können auch in einem integrierten Offshore-Netz von unabhängigen Investoren (sog. *Merchant Investors*) betrieben werden. Art. 17 StromHVO setzt dafür, wie schon dargestellt,[253] entsprechende Anreize, in dem er unter bestimmten Voraussetzungen erlaubt, Interkonnektoren von der Regulierung freizustellen. Mit der zunehmenden Vermaschung der Offshore-Netzinfrastruktur wird es allerdings immer schwieriger, als *Merchant Investor* erfolgreich zu sein; denn das Modell der *Merchant Investments* basiert auf der Idee, Investoren, die einen neuen Interkonnektor errichten, mit einem exklusiven Nutzungsrecht an diesem Interkonnektor zu belohnen. Dafür wird der Investor von der Pflicht befreit, anderen Unternehmen gemäß Art. 32 der EltRL Zugang zu seinem Interkonnektor zu gewähren. Außerdem muss er die Vorgaben für die Erlösverwendung gemäß Art. 16 Abs. 6 StromHVO nicht einhalten, sondern kann alle Erlöse ertragswirksam verbuchen. Dadurch hat der Investor die Möglichkeit, seine Investition mit Erlösen aus der Nutzung des Interkonnektors zu refinanzieren. Erlöse ergeben sich aber vor allem aus dem Engpassmanagement gemäß Art. 16 StromHVO, das mit der zunehmenden Vermaschung der Offshore-Infrastruktur an Bedeutung verliert. Denn je stärker die Elektrizitätsversorgungsnetze der Nordseeanrainerstaaten miteinander verwoben sind, desto leichter können grenzüberschreitende Stromhandelsgeschäfte durchgeführt werden. Mit dem Ausbau des Offshore-Netzes in der Nordsee reduzieren sich also allmählich die Netzengpässe auf den Verbindungsleitungen zwischen den Nordseeanrainerstaaten und damit auch die Erlöse aus dem Engpassmanagement. Das Konzept der *Merchant Investments* kann in der Nordsee also allenfalls noch in den nächsten Jahren zur Anwendung kommen, wird dann aber mit einer zunehmenden Vermaschung des Offshore-Netzes seine Attraktivität verlieren.

In Großbritannien ergeben sich Möglichkeiten für unabhängige Investoren durch das dort praktizierte Ausschreibungsmodell.[254] Dabei werden die Errichtung und der Betrieb von Anbindungsleitungen zu Offshore-Windparks ausgeschrieben, sodass mehrere Unternehmen um die Übernahme dieser Tätigkeiten konkurrieren können. Die Folge ist eine vergleichsweise niedrige Marktzutrittsschwelle, die auch weniger erfahrenen Unternehmen, die bisher kein großes Übertragungsnetz betreiben, die Möglichkeit einräumt, sich um die Errichtung und den Betrieb von Anbindungsleitungen zu bewerben. Als Vergütung erhalten die

253 Oben, S. 79 ff.
254 Hierzu S. 43 ff., 51 ff.

Investoren ein auf zwanzig Jahre garantiertes Entgelt, das von Ofgem genehmigt werden muss. Voraussetzung der Genehmigung ist die Einhaltung der staatlichen Lizenzbedingungen.[255]

2. Aufsicht über das Offshore-Netz

Auch für die Aufsicht über das Offshore-Netz gelten im Wesentlichen dieselben Vorschriften wie für die Aufsicht über Elektrizitätsversorgungsnetze an Land. Es sind in erster Linie die nationalen Regulierungsbehörden, die gemäß Art. 37 Abs. 1 lit. b EltRL damit beauftragt sind, zu gewährleisten, dass die ÜNB und ggf. die Netzeigentümer den ihnen aus der Richtlinie und anderen einschlägigen Rechtsvorschriften erwachsenden Verpflichtungen nachkommen und zwar ausdrücklich auch in Bezug auf grenzüberschreitende Aspekte. Die nationalen Regulierungsbehörden müssen ferner gemäß Art. 37 Abs. 1 lit. g EltRL die Investitionspläne der ÜNB beobachten und deren Vereinbarkeit mit dem unionsweiten zehnjährigen Netzentwicklungsplan überprüfen. Art. 38 EltRL stellt außerdem klar, dass die nationalen Regulierungsbehörden auch für grenzüberschreitende Aspekte zuständig sind, wobei sie auf regionaler Ebene mit anderen nationalen Regulierungsbehörden zusammenarbeiten müssen. Diese Zusammenarbeit umfasst gemäß Art. 38 Abs. 2 EltRL insbesondere auch die Förderung von netztechnische Regelungen, um ein angemessenes Maß an Verbindungskapazitäten innerhalb der Region und zwischen den Regionen zu ermöglichen, damit sich ein effektiver Wettbewerb entwickeln kann.

Die nationalen Regulierungsbehörden sind jeweils für die Aufsicht über die gesamte Netzinfrastruktur zuständig, die sich auf dem Territorium oder in der AWZ ihres Heimatstaates befindet. Durch die vergleichsweise eindeutige Abgrenzung der AWZ in der Nordsee ergibt sich somit auch eine klare Zuweisung der Zuständigkeiten. In grenzüberschreitenden Angelegenheiten, die sich z. B. dadurch auszeichnen können, dass ÜNB aus mehreren Ländern an einem Projekt beteiligt sind, müssen die nationalen Regulierungsbehörden miteinander kooperieren. Hierfür können sie gemäß Art. 38 Abs. 3 EltRL Kooperationsvereinbarungen abschließen. Eine gemeinschaftliche Aufsicht durch mehrere Regulierungsbehörden kann auf diese Weise effizient organisiert werden und muss keinesfalls weniger schlagkräftig sein als die Aufsicht durch eine zentrale Stelle. Für eine Bündelung der Aufsichtszuständigkeiten bei der Europäischen Agentur für die Zusammenarbeit der

255 Ausführlich oben, S. 51 ff.

Energieregulierungsbehörden (ACER) oder gar die Schaffung eines neuen Regulators für das Offshore-Netz in der Nordsee besteht deshalb keine Notwendigkeit.

Die Rolle von ACER im Zusammenhang mit der Aufsicht über ein Offshore-Netz in der Nordsee beschränkt sich auf ihren Beobachterstatus gemäß Art. 9 StromHVO. Danach beobachtet ACER die Durchführung der in Art. 9 Abs. 1 StromHVO näher bezeichneten Tätigkeiten durch ENTSO-E und erstattet der Europäischen Kommission darüber Bericht. Außerdem stehen ACER gemäß Art. 6 und 7 ACER-VO umfangreiche Stellungnahmerechte zu, die auch im Zusammenhang mit einem Offshore-Netz in der Nordsee Bedeutung haben. Exekutivkompetenzen hat die Agentur gemäß Art. 8 ACER-VO vor allem in Bezug auf den Zugang zu grenzüberschreitenden Infrastrukturen und deren Betriebssicherheit. Gemäß Art. 8 Abs. 1 ACER-VO kann sie eigene Entscheidungen treffen, wenn sich die nationalen Regulierungsbehörden innerhalb von sechs Monaten keine Einigung erzielen können oder eine Entscheidung von ACER beantragen. Dieses Eintrittsrecht von ACER kann im Einzelfall ein wirkungsvolles Mittel sein, um die Entscheidungsfindung der nationalen Regulierungsbehörden zu beschleunigen. Es zeigt jedoch auch, dass ACER selbst in grenzüberschreitenden Aspekten nur über sehr eingeschränkte Ausführungskompetenzen verfügt. Dies bestätigt die Feststellung, dass die Aufsicht über ein künftiges Offshore-Netz in der Nordsee in erster Linie durch die nationalen Regulierungsbehörden zu erfolgen hat.

E. Lösungsansätze zur Überwindung der festgestellten Hemmnisse

Ein Offshore-Netz in der Nordsee würde drei Zwecken dienen, denen durch das europäische Energierecht überragende Bedeutung beigemessen wird: Es würde erstens zu einem hohen Maß an Versorgungssicherheit beitragen, indem es die nationalen Elektrizitätsversorgungssysteme der Nordseeanrainerstaaten verbände und deren gegenseitige Absicherung ermöglichte; es würde zweitens den zwischenstaatlichen Stromhandel fördern, indem es die grenzüberschreitende Stromübertragungskapazität zwischen den Nordseeanrainerstaaten erhöhte; damit würde es gleichzeitig einen Beitrag zu der für das Jahr 2014 angestrebten Verwirklichung des Europäischen Elektrizitätsbinnenmarktes leisten; und es würde drittens der besseren Integration von Strom aus erneuerbaren Energien in die europäischen Elektrizitätsversorgungsnetze dienen, insbesondere der Integration der großen Mengen an Strom aus Offshore-Windenergie, die in den nächsten Jahren in der Nordsee erzeugt werden sollen.

Ein hohes Maß an Versorgungssicherheit, das effiziente Funktionieren des Elektrizitätsbinnenmarktes und die Förderung einer Stromerzeugung aus erneuerbaren Energien werden bereits durch Art. 194 Abs. 1 AEUV als wichtigste Ziele der europäischen Energiepolitik definiert. Die primärrechtlichen Vorgaben werden unter anderem durch die EltRL, die EE-RL und die StromHVO konkretisiert. Neben diesen rechtlich verbindlichen Instrumenten auf europäischer Ebene existieren zahlreiche politische Erklärungen und Programme der europäischen Institutionen, insbesondere die Energiestrategie 2020[256] und der Energiefahrplan 2050[257]. Zuletzt hat die Europäische Kommission in zwei Mitteilungen zur Verwirklichung des Energiebinnenmarktes und zur Förderung der erneuerbaren Energien die Bedeutung der genannten Ziele betont.[258]

I. Notwendigkeit einer multilateralen Koordinierung

Nationale Maßnahmen gefährden jedoch die Ziele der europäischen Energiepolitik, sofern sie nicht hinreichend aufeinander abgestimmt sind. Dies gilt auch

256 KOM(2010) 639 endg.
257 KOM(2011) 885 endg.
258 KOM(2012) 663 endg.und KOM(2012) 271 endg.

für Regulierung der neuen Offshore-Netzinfrastruktur. Die Errichtung dieser Infrastruktur in der Nordsee wird derzeit von den Nordseeanrainerstaaten in unterschiedlichem Maße und mit unterschiedlichen Instrumenten gefördert. Die Interessen, welche die Nordseeanrainerstaaten mit der Errichtung eines Offshore-Netzes verbinden, unterscheiden sich teilweise erheblich voneinander. Einige Staaten, z. B. Deutschland und Großbritannien, haben sich ambitionierte Ziele für den Ausbau der Stromerzeugung aus Offshore-Windenergie vor ihren Küsten gesetzt und versprechen sich von dem Ausbau der Offshore-Netzinfrastruktur vor allem einen effizienten Anschluss der neuen Erzeugungsanlagen. Andere Staaten, z. B. Norwegen, betonen eher die Vorteile, die ein Offshore-Netz in der Nordsee für die Versorgungssicherheit, die Interkonnektion der nationalen Stromnetze und den zwischenstaatlichen Stromhandel hätte. Dass bei der Errichtung von Offshore-Netzinfrastruktur Interessenkonflikte zwischen den Nordseeanrainerstaaten bestehen können, zeigten in der jüngeren Vergangenheit zum Beispiel die parallelen Verhandlungen von Deutschland und Großbritannien mit Norwegen über den Bau neuer Interkonnektoren. Nach Medienberichten kam es hierbei zu einem Wettlauf um die Frage, welcher Interkonnektor zuerst errichtet werden solle.[259]

Von entscheidender Bedeutung für die Errichtung eines Offshore-Netzes in der Nordsee sind die regulatorischen Rahmen, die in den Nordseeanrainerstaaten für den Ausbau von Offshore-Netzinfrastruktur bestehen. Die regulatorischen Rahmen geben z. B. vor, unter welchen Voraussetzungen die Betreiber von Offshore-Netzinfrastruktur zur Erweiterung ihrer Netze, zum Anschluss von Erzeugungsanlagen oder zur Gewährung von Netzzugang verpflichtet sind. Sie bestimmen auch darüber, unter welchen Voraussetzungen die Kosten des Netzbetriebs und von Netzerweiterungsmaßnahmen auf die Netznutzer umgelegt werden können und entscheiden somit über die Wirtschaftlichkeit von Investitionen in die Offshore-Netzinfrastruktur. In einem marktwirtschaftlich ausgerichteten Elektrizitätsversorgungssystem sind wirtschaftliche Anreize unverzichtbar, um sicherzustellen, dass sich die handelnden Unternehmen an den übergeordneten energiepolitischen Zielsetzungen ausrichten.

Die regulatorischen Rahmen der Nordseeanrainerstaaten für den Ausbau von Offshore-Netzinfrastruktur sind jedoch uneinheitlich. Zwar ergibt sich aus der EltRL, der EE-RL und der StromHVO z. B. im Hinblick auf Fragen des Netzanschlusses, des Netzzugangs und des Netzsicherheitsmanagements ein

259 Spiegel Online, Die Nordsee-Stromautobahn kommt, 21.6.2012.

gemeinsamer gesetzlicher Rahmen.[260] Das europäische Sekundärrecht lässt den Mitgliedstaaten jedoch erhebliche Umsetzungsspielräume bei zentralen Fragen der Regulierung. So ist beispielsweise Art. 16 Abs. 2 EE-RL, der einen vorrangigen oder garantierten Netzzugang für Strom aus erneuerbaren Energien vorsieht, in den Mitgliedstaaten sehr unterschiedlich umgesetzt worden.[261] Andere Themen, z. B. die Netzentgeltregulierung,[262] werden in den europäischen Rechtsakten nur oberflächlich abgehandelt, sodass die Mitgliedstaaten in der Ausgestaltung weitgehend frei sind. Konkrete Vorgaben für den Ausbau der grenzüberschreitenden Offshore-Netzinfrastruktur oder den Ausbau der Stromerzeugung aus Offshore-Windenergie sind im europäischen Sekundärrecht überhaupt nicht enthalten.

Die vorstehende Bestandsaufnahme der Hemmnisse für die Errichtung eines Offshore-Netzes in der Nordsee hat gezeigt, dass die Stromerzeugung in den Küstenmeeren und in den AWZ, insbesondere die Stromerzeugung mit Hilfe von Offshore-Windenergieanlagen, von den Nordseeanrainerstaaten zur Zeit in unterschiedlicher Intensität und mit unterschiedlichen Instrumenten gefördert wird. Die Ausgestaltung reicht von marktbasierten Förderansätzen, wie sie z. B. in Großbritannien verfolgt werden, bis hin zu weitgehend zentralverwaltungswirtschaftlichen Modellen. Das in Deutschland praktizierte System des uneingeschränkten Einspeisevorrangs für im Inland eingesetzte erneuerbare Energien, verbunden mit hohen Garantiezahlungen für Produktion und Absatz, geht dabei in mancher Hinsicht über die in den anderen Nordseeanrainerstaaten eingesetzten Fördersysteme hinaus. Uneinheitlich sind auch die Anreizsysteme für Investitionen in Offshore-Netzinfrastruktur ausgestaltet. Weit verbreitet sind Investitionsanreize im Rahmen der Netzentgeltregulierung, z. B. in Gestalt von Investitionsbudgets in Anreizregulierungssystemen. In einigen Nordseeanrainerstaaten werden außerdem staatliche Zuschüsse, Kredite, Bürgschaften, Steuervergünstigungen oder Haftungsfreistellungen gewährt, um den Ausbau von Offshore-Netzinfrastruktur voranzutreiben. Im Einzelnen bietet sich jedoch auch hier ein uneinheitliches Bild. „Kleinstaaterei" im Zusammenhang mit den angesprochenen regulatorischen Fragen würde vor diesem Hintergrund einen effizienten Aufbau und Betrieb der geplanten Offshore-Infrastruktur unnötig behindern.

260 Vgl. dazu z. B. oben, S. 16 ff.
261 Oben, Rn. 89 ff.
262 Vgl. aber Art. 14 StromHVO.

II. Weiterentwicklung des regulatorischen Rahmens

Zur Beseitigung bzw. Abmilderung der schwerwiegendsten Hindernisse für den Ausbau von Offshore-Netzinfrastruktur in der Nordsee empfehlen sich u. a. folgende Maßnahmen, die sich im Wesentlichen aus der vorstehenden Bestandsaufnahme ableiten lassen:

1. Erweiterung der Netzanschlusspflichten

Sofern die Betreiber von Erzeugungsanlagen nach dem jeweils anwendbaren nationalen Energierecht einen Anspruch auf Netzanschluss haben, können sie diesen in der Regel nur gegen den Betreiber des nächstgelegenen nationalen Elektrizitätsversorgungsnetzes richten.[263] Betreiber von Anschlussleitungen und Interkonnektoren sind nach den nationalen Rechtsordnungen der Nordseeanrainerstaaten ebenso wenig wie nach der StromHVO gegenwärtig zum Netzanschluss von Erzeugungsanlagen verpflichtet. Auch die Betreiber von Elektrizitätsversorgungsnetzen im Ausland können nach geltendem Recht nicht in Anspruch genommen werden, und zwar selbst dann nicht, wenn ein grenzüberschreitender Netzanschluss technisch und ökonomisch vorteilhaft wäre. Das völkerrechtliche Territorialitätsprinzip erlaubt es nicht, Netzbetreiber im Ausland zum Anschluss inländischer Erzeugungsanlagen zu verpflichten. Umgekehrt ist aber von Rechts wegen nichts dagegen einzuwenden, einen inländischen Netzbetreiber zum Anschluss ausländischer Erzeugungsanlagen zu verpflichten. Die Betreiber der Erzeugungsanlagen hätten dann einen Anspruch, und könnten selbst entscheiden, ob sie einen grenzüberschreitenden oder einen innerstaatlichen Netzanschluss verlangen wollen. Ökonomisch effizient ist immer nur der Anschluss an das nächstgelegene Elektrizitätsversorgungsnetz, ohne Rücksicht auf den Verlauf von Staatsgrenzen. Eine Ausweitung der nationalen Netzanschlussregime würde deshalb eine kosteneffiziente Errichtung eines integrierten Offshore-Netzes in der Nordsee begünstigen.

Aus Gründen der Kosteneffizienz ist außerdem zu erwägen, auch die Betreiber von Interkonnektoren zum Anschluss von Erzeugungsanlagen zu verpflichten, sofern noch durchzuführende Studien ergeben, dass dies technisch machbar und ökonomisch sinnvoll ist.[264] In den nächsten Jahren sollen mehrere neue Interkonnektoren in der Nordsee errichtet und in Betrieb genommen werden. Einige von

263 Ausführlich oben, S. 54 ff.

264 So auch angelegt in *Zeuschner*, International Energy Law Review 2011, S. 311, 326.

ihnen, z. B. das zwischen Dänemark und den Niederlanden geplante Cobra Cable, werden dicht an bestehenden oder noch zu errichtenden Offshore-Windparks vorbeiführen. Vor diesem Hintergrund kann es ökonomisch sinnvoll sein, die Kapazitäten der Interkonnektoren auch oder sogar in erster Linie für den Transport von Offshore-Windstrom zu verwenden. Die Offshore-Windparks müssten dafür zunächst an die Interkonnektoren angeschlossen werden. Ein solcher Direktanschluss von Offshore-Windparks (*tee-in connection*) kann auf einer freiwilligen Vereinbarung zwischen den Betreibern der Windparks und den Betreibern der Interkonnektoren beruhen, oder aber durch eine gesetzliche Anschlusspflicht der Interkonnektorbetreiber umgesetzt werden.

2. Koordinierung der Offshore-Netzentwicklungsplanung

Die Errichtung von Offshore-Netzinfrastruktur fällt in den meisten Nordseeanrainerstaaten in den Verantwortungsbereich der ÜNB.[265] Mit Ausnahme des niederländischen ÜNB TenneT B.V., der durch ein Tochterunternehmen auch bedeutende Teile des deutschen Übertragungsnetzes betreibt, sind die ÜNB jeweils nur in einem einzigen Mitgliedstaat tätig. Dies birgt die Gefahr einer unzureichenden grenzüberschreitenden Koordinierung der Netzentwicklungsplanung. Auch die nationalen Behörden beziehen die Planungen in den anderen Nordseeanrainerstaaten nicht immer ausreichend in ihre eigenen Erwägungen ein. Ohne eine koordinierte Netzentwicklungsplanung kann die Errichtung eines Offshore-Netzes in der Nordsee nicht gelingen. Die Führungsrolle muss hierbei ENTSO-E übernehmen. Vor diesem Hintergrund ist es zu begrüßen, dass ENTSO-E mit dem gemeinschaftsweiten zehnjährigen Netzentwicklungsplan 2012 auch einen regionalen Investitionsplan für die Nordsee vorgelegt hat.[266] Das Instrument der gemeinsamen Netzentwicklungsplanung sollte in den nächsten Jahren weiter ausgebaut werden. Insbesondere sollte auch die Bedarfsermittlung anhand der jeweiligen energiepolitischen Vorgaben (sog. Szenariorahmen) eng zwischen den Nordseeanrainerstaaten abgestimmt werden, um einen effizienten Netzausbau sicherzustellen und Überkapazitäten zu vermeiden.

Auch eine stärkere Einbeziehung der Regulierungsbehörden in die Netzentwicklungsplanung, wie sie in Deutschland gemäß §§ 12a ff. EnWG mit der Aufstellung des Bundesbedarfsplanes erfolgt, erscheint empfehlenswert. Netzentwicklungspläne

265 Oben, S. 121 ff.

266 ENTSO-E, Regional Investment Plan North Sea, 5.7.2012.

der Netzbetreiber ohne hoheitliche Zustimmung gewähren keine Investitions- und Planungssicherheit, da sie keine rechtliche Bindungswirkung für die Regulierungsbehörden entfalten. Die Regulierungsbehörden können deshalb die Anerkennung von Investitionen in Netzerweiterungsprojekte verweigern, selbst wenn diese Projekte in den Netzentwicklungsplänen für notwendig erachtet werden. Eine frühere Einbeziehung der Regulierungsbehörden in die Netzentwicklungsplanung könnte mehr Verbindlichkeit und damit mehr Planungssicherheit gewährleisten. Die jüngst verabschiedete EU-Verordnung zu Leitlinien für die transeuropäische Energieinfrastruktur und zur Aufhebung der Entscheidung Nr. 1364/2006/EG („Energieinfra strukturverordnung")[267] geht einen Schritt in diese Richtung, indem sie bestimmte – hoheitlich definierte – Infrastrukturprojekte (*projects of common interest* – PCI) mit Planungserleichterungen ausstattet. Die Identifikation von PCI durch staatliche Stellen trägt dazu bei, dass diesen Projekten eine höhere Legitimität zukommt, die auch zu mehr Sicherheit in Hinblick auf die Kostenanerkennung führt. Das gemeinsame Offshore-Netz in der Nordsee wird in Anhang I der Verordnung bereits als „vorrangiger Stromkorridor" definiert.

3. Änderung der europäischen Stromhandelsverordnung

Sollten technische und ökonomische Studien ergeben, dass ein Direktanschluss von Erzeugungsanlagen an Interkonnektoren (*tee-in connection*) sinnvoll ist, müsste über eine Änderung oder Erweiterung der StromHVO nachgedacht werden. Deren Art. 16 regelt nämlich abschließend, wie die Übertragungskapazität von Interkonnektoren zu nutzen ist, wenn diese Engpässe aufweisen. Engpässe dürften aber zumindest in den nächsten Jahren noch auf allen Interkonnektoren in der Nordsee unvermeidbar sein. Gemäß Art. 16 StromHVO muss die Kapazität von engpassbelasteten Interkonnektoren mit diskriminierungsfreien, marktorientierten Methoden an die Marktteilnehmer vergeben werden. Die Engpass-Leitlinien in Anhang 1 der Verordnung, die von ACER im Juli 2011 beschlossene CACM-Rahmenleitlinie und der im Herbst 2012 von ENTSO-E vorgestellte CACM-Netzkodex, der durch ein Komitologieverfahren in der ersten Jahreshälfte 2014 rechtsverbindlich gemacht werden soll, konkretisieren diese Anforderungen. In der Praxis soll die Übertragungskapazität der Interkonnektoren in der Nordsee künftig über das sog. North-West European Market Coupling vergeben werden. Hierbei handelt es sich um einen komplexen Mechanismus, mit dessen Hilfe die

---

267 KOM(2011) 658 endg., VO 347/2013.

ÜNB gemeinsam mit den Strombörsen sicherstellen können, dass die Kapazität der Interkonnektoren gemäß der tagesaktuell bestehenden Nachfrage nach grenzüberschreitenden Stromlieferungen vollständig ausgeschöpft wird.[268]

Art. 16 StromHVO und die sonstigen Vorschriften über das Engpassmanagement lassen eine Nutzung der Interkonnektoren zum vorrangigen Abtransport von Offshore-Windstrom *de lege lata* nicht zu.[269] Gemäß Art. 16 Abs. 3 StromHVO muss die maximal mögliche Kapazität im Rahmen des Engpassmanagements angeboten werden. Ausnahmen sind allein zugunsten der Netzsicherheit vorgesehen. Einen Vorrang für Strom aus erneuerbaren Energien kennt die StromHVO nicht. Die Vorschriften der EE-RL werden mit Blick auf die Interkonnektoren von der insofern spezielleren StromHVO verdrängt, da diese die Nutzung der Interkonnektoren abschließend regelt. Die Betreiber der an einen Interkonnektor angeschlossenen Anlagen können auch keine Kapazitätsnutzungsrechte am Markt erwerben, da die Kapazitätsvergabe nach dem europäischen Zielmodell für die Kapazitätsvergabe und das Engpassmanagement (CACM-Zielmodell) in Zukunft implizit über die europäischen Strombörsen erfolgen wird.

Die beschriebenen Hemmnisse könnten durch eine Änderung oder Erweiterung der StromHVO beseitigt werden. Zu erwägen wäre insbesondere eine Öffnung der strengen Vorgaben für das Engpassmanagement an den Interkonnektoren. Art. 16 StromHVO könnte um einen Absatz erweitert werden, nach dem die Betreiber von Interkonnektoren von der Einhaltung der Anforderungen an das Engpassmanagement befreit werden können, soweit die Kapazität des jeweiligen Interkonnektors für den Abtransport von Strom aus Offshore-Windenergie eingesetzt werden soll. Die Regeln über die Kapazitätsvergabe würden dann nur noch gelten, soweit die Kapazität, z. B. in einer Schwachwindsituation, für den Abtransport von Strom aus Offshore-Windenergie nicht benötigt würde. Gegebenenfalls wäre für eine solche Änderung der Rechtslage sogar nur eine Anpassung der Engpass-Leitlinien in Anhang 1 der StromHVO erforderlich, die im Komitologieverfahren erfolgen kann. Der europäische Gesetzgeber sollte die Zweckmäßigkeit einer solchen Änderung aber sorgfältig prüfen. Eine vorrangige Behandlung von offshore erzeugtem Windstrom mag erforderlich sein, um die Investitionsbereitschaft der Betreiber von Offshore-Windparks sicherzustellen. Interkonnektoren erfüllen jedoch eine wichtige Funktion für den zwischenstaatlichen Stromhandel und tragen damit zur Verwirklichung des europäischen Elektrizitätsbinnenmarktes bei. Nur

---

268 Ausführlich *König*, Engpassmanagement in der deutschen und europäischen Elektrizitätsversorgung, 2013, S. 294 ff.

269 Ausführlich oben, S. 97 ff.

wenn es dadurch nicht zu einer Einschränkung des grenzüberschreitenden Wettbewerbs kommt, sollten Interkonnektoren deshalb auch oder sogar vorrangig als Anschlussleitungen genutzt werden dürfen.

4. Änderungen in den nationalen Energierechtsordnungen

Neben einer möglichen Änderung der StromHVO bzw. des untergesetzlichen europäischen Rechtsrahmens (Engpass-Leitlinien, CACM-Rahmenleitlinie) sind auch Änderungen in den nationalen Energierechtsordnungen der Nordseeanrainerstaaten in Betracht zu ziehen, um einen zügigen und effizienten Ausbau der Offshore-Infrastruktur in der Nordsee zu ermöglichen. Welche Änderungen im Einzelnen notwendig sind, hängt von den konkreten technischen Plänen für das Offshore-Netz in der Nordsee ab, die in den nächsten Jahren noch konkretisiert werden müssen. Die Frage kann außerdem erst nach einer noch umfassenderen und detaillierteren Untersuchung der nationalen Energiegesetze- und Energieverordnungen ermittelt werden. Einige Empfehlungen sind aber so universell, dass sie an dieser Stelle bereits erwähnt werden sollen.

a) Aufnahme von Erstreckungsklauseln

Nationales Recht gilt grundsätzlich nur auf dem Hoheitsgebiet desjenigen Staates, der es erlassen hat. Jenseits der Staatsgrenzen gilt es nur, wenn es dafür einen besonderen Geltungsgrund gibt. Nach der Rechtsprechung des Ständigen Internationalen Gerichtshofs (StIGH) muss sich eine extraterritoriale Geltung nationalen Rechts in erster Linie aus dem Geltungsbefehl ergeben, den der nationale Gesetzgeber mit einem bestimmten Gesetz verbindet.[270] Der Gesetzgeber muss also – ausdrücklich oder konkludent – zum Ausdruck bringen, dass ein Gesetz auch im staatsfreien Territorium, z. B. in der AWZ des jeweiligen Staates, Geltung entfalten soll.[271] Um Rechtsklarheit und Rechtssicherheit zu schaffen, sollten sich die nationalen Gesetzgeber sog. Erstreckungsklauseln bedienen, welche die Geltung eines Gesetzes außerhalb des Staatsgebietes des jeweiligen Staates ausdrücklich anordnen.[272] Das deutsche EEG enthält eine solche

270 Oben, S. 23 f.

271 VG Hamburg, Urt. v. 1.12.2003, NuR 2004, S. 547.

272 Vgl. zur Geltung deutschen Rechts in der deutschen AWZ auch *Böttcher*, RNotZ 2011, S. 589, 590 ff.; *Hille/Schröder/Dettmer/Visser*, VersR 2010, S. 585, 590 ff.; Cloppenburg, ZfBR-Sonderausgabe 2012, S. 3, 7 f.

Erstreckungsklausel in § 2 Nr. 1. Die extraterritoriale Geltung des EnWG und der Energiegesetze einiger anderer Nordseeanrainerstaaten ergibt sich hingegen nur durch Auslegung oder ist teilweise sogar unklar.[273] Den nationalen Gesetzgebern ist deshalb zu raten, dort, wo es noch keine Erstreckungsklauseln gibt, die Geltung des jeweiligen Regulierungsrahmens auch in der jeweiligen AWZ ausdrücklich anzuordnen. Andernfalls kann im Einzelfall fraglich sein, welche Vorschriften aus dem nationalen Recht auf Offshore-Infrastruktur in der Nordsee angewandt werden können.

b) Direktvermarktung

Die Nordseeanrainerstaaten sollten in ihren nationalen Energierechtsordnungen außerdem klarstellen, dass Offshore-Strom aus Anlagen mit einer Anbindung an mehrere Elektrizitätsversorgungsnetze jeweils nur in einer Handels- und Preiszone vermarktet werden darf. Dies sollte in der Regel diejenige Handels- und Preiszone sein, der die Offshore-Anlage aufgrund ihres Standorts zuzuordnen ist. Die Direktvermarktung von Strom aus Offshore-Anlagen würde dann genauso erfolgen wie die Direktvermarktung von Strom aus anderen erneuerbaren Energiequellen.

Ohne eine solche Regelung könnte Offshore-Strom aus Anlagen, die mit mehr als einem Elektrizitätsversorgungsnetz und deshalb auch mit mehr als einer Handels- und Preiszone verbunden sind, in mehreren Handels- und Preiszonen vermarktet werden. Solche Fälle gibt es zwar gegenwärtig noch nicht, sie werden aber Wirklichkeit, wenn in Zukunft Direktanschlüsse an Interkonnektoren (*tee-in connections*) oder Mehrfachanbindungen an unterschiedliche Küsten (*split connections*) realisiert werden. Durch die flexibleren Vermarktungsmöglichkeiten entstünden den betroffenen Anlagenbetreibern Vorteile, die sie gegenüber Anlagenbetreibern mit gewöhnlichen Netzanbindungen unangemessen privilegieren würden. Die daraus folgende Anreizsetzung könnte einen effizienten Ausbau der Offshore-Infrastruktur behindern. Es empfiehlt sich deshalb, die Vermarktungsmöglichkeiten künftig dadurch zu beschränken, dass jede Anlage einer konkreten Handels- und Preiszone zugewiesen wird (in der Regel zweckmäßigerweise in Abhängigkeit von ihrem jeweiligen Standort).

---

273 Vgl. *Roggenkamp/Hendriks/Ummels/Kling*, Market and regulatory aspects of transnational offshore electricity networks for wind power interconnection in: Wind Energy 2010, 13, S. 483, 488.

5. Schaffung zusätzlicher Anreize

Die Errichtung eines Offshore-Netzes in der Nordsee kann nur gelingen, wenn den maßgeblichen Akteuren hinreichende wirtschaftliche Anreize gesetzt werden, damit sie sich freiwillig für Investitionen in Offshore-Infrastruktur entscheiden.[274] Die maßgebliche Rolle hinsichtlich der Planung, der Errichtung und des Betriebs des Offshore-Netzes kommt den ÜNB zu, die gemäß Art. 12 lit. a der EltRL verpflichtet sind, sichere, zuverlässige und leistungsfähige Übertragungsnetze zu betreiben, zu warten und auszubauen und dadurch auf lange Sicht die Fähigkeit des Netzes sicherzustellen, eine angemessene Nachfrage nach Übertragung von Elektrizität zu befriedigen. Es sind also die ÜNB, die dafür sorgen müssen, dass die Übertragungsnetze dem gegenwärtigen und dem zukünftigen Bedarf entsprechend ausgebaut werden. Die ÜNB sind deshalb grundsätzlich auch die richtigen Adressaten für Investitionsanreize. Gleichzeitig sollte versucht werden, die Attraktivität von Investitionen in Offshore-Netzinfrastruktur auch für solche Unternehmen zu steigern, die derzeit noch keine Netzinfrastruktur betreiben. Diese Unternehmen könnten beispielsweise als *Merchant Transmission Investors* auftreten oder sich finanziell an Projektgesellschaften der ÜNB beteiligen. So wurde im Januar 2013 bekanntgegeben, dass die japanische Mitsubishi Corporation 576 Mio. EUR in den Bau von Anbindungsleitungen vor der deutschen Nordseeküste investieren wird.[275]

Den ÜNB werden Anreize für Netzinfrastrukturinvestitionen bisher vor allem im Rahmen der Netzentgeltregulierung gesetzt. Die meisten Nordseeanrainerstaaten, z. B. Großbritannien und Deutschland, setzen gegenwärtig ein Anreizregulierungssystem oder ein anderes effizienzorientiertes Entgeltregulierungssystem ein.[276] Investitionen können in solchen Systemen durch die Anerkennung von Investitionsbudgets privilegiert werden. Im Umfang eines von der zuständigen Regulierungsbehörde genehmigten Investitionsbudgets werden die Kosten der jeweiligen Investitionsmaßnahme als dauerhaft nicht beeinflussbare Kosten gebilligt. Investitionsbudgets werden also keinen Effizienzvorgaben unterworfen und erhöhen deshalb unmittelbar die Erlösobergrenze des jeweiligen Netzbetreibers und damit anteilig seinen Gewinn. Im Ergebnis kommt es zu einer partiellen Anwendung der früher eingesetzten, durch die Anreizregulierung an sich verdrängten *Cost-plus-Regulierung*.

---

274 Ausführlich oben, S. 66 ff.

275 Z. B. FAZ, „Mitsubishi beteiligt sich am Ausbau des Offshore-Netzes", 16.1.2013.

276 Oben, S. 69 ff.

In Deutschland erhielten die Netzbetreiber in der ersten Regulierungsperiode bis Ende 2013 trotz niedriger Marktzinsen eine Eigenkapitalrendite für Neu- bzw. Erweiterungsinvestitionen in Höhe von 9,29 Prozent;[277] in der zweiten Regulierungsperiode ab 2014 beträgt die gesetzlich garantierte Eigenkapitalrendite der Netzbetreiber 9,05 Prozent.[278]

Eine höhere Eigenkapitalrendite für Investitionen in Offshore-Netzinfrastruktur ist bisher nicht vorgesehen, obwohl mit solchen Investitionen deutlich höhere Risiken verbunden sind als mit dem gewöhnlichen Netzbetrieb. Die Verlegung von Unterseekabeln ist technisch herausfordernd und wird – zumindest unter Verwendung von Gleichstromtechnik – gegenwärtig nur von wenigen Unternehmen angeboten, die bereits an ihren Kapazitätsgrenzen arbeiten. Die ÜNB laufen Gefahr, Offshore-Windparks nicht in den gesetzlich vorgegebenen Fristen anschließen zu können. Wegen der geringen Vermaschung der bestehenden Offshore-Netzinfrastruktur kann der Ausfall einer Anbindungsleitung dazu führen, dass auf einen Schlag zahlreiche Offshore-Windenergieanlagen keinen Strom mehr in die Elektrizitätsversorgungsnetze einspeisen können. Der Ausbau von Offshore-Netzinfrastruktur ist also mit erheblichen Haftungsrisiken verbunden.

Wegen des höheren Risikos können Investitionen in Offshore-Netzinfrastruktur im Rahmen der Netzentgeltregulierung nicht genauso behandelt werden wie Investitionen in Netzinfrastruktur an Land. Vielmehr muss den zusätzlichen Risiken im Offshore-Bereich in geeigneter Weise Rechnung getragen werden. Diese Forderung steht im Einklang mit der jüngst in Kraft getretenen Verordnung 347/2013 zu Leitlinien für die transeuropäische Energieinfrastruktur, in der die Mitgliedstaaten aufgefordert werden, die Realisierung von Vorhaben in gemeinsamem Interesse mit zusätzlichen wirtschaftlichen Anreizen zu begünstigen.[279] Für Netzinfrastruktur kann insoweit nichts anderes gelten als für Stromerzeugungsanlagen. Die Stromerzeugung aus Offshore-Windstrom wird aber von den Nordseeanrainerstaaten ganz selbstverständlich stärker gefördert als die Windstromerzeugung an Land. Dasselbe ist auch in Hinblick auf die zu errichtende Offshore-Netzinfrastruktur notwendig. Die zusätzlichen Risiken, die sich nicht ohne weiteres immer in höheren

277 Bundesnetzagentur, Ent. v. 7.7.2008, BK4–08–68 – Festlegung von Eigenkapitalzinssätzen für die erste Regulierungsperiode.

278 Bundesnetzagentur, Ent. v. 31.10.2011, BK4–11–304 – Festlegung von Eigenkapitalzinssätzen für die zweite Regulierungsperiode; s. auch Bundesnetzagentur, Bundesnetzagentur legt Eigenkapitalrenditen für Investitionen in die Strom- und Gasnetze fest, Pressemitteilung v. 2.11.2011.

279 Art. 13 VO 347/2013.

Kosten ausdrücken, könnten z. B. durch die Gewährung einer höheren Eigenkapitalrendite kompensiert werden. Denkbar wäre insbesondere ein Risikoaufschlag für Offshore-Investitionen, der in Abhängigkeit von der Anzahl der anzuschließenden Offshore-Anlagen und der Länge der erforderlichen Anbindungsleitungen steigen könnte. Unter den Aspekten der Kosteneffizienz und Kostentransparenz ist zu beachten, dass die zusätzlichen wirtschaftlichen Anreize, die für risikobehaftete Investitionen in Offshore-Infrastruktur gesetzt werden sollen, auf jeden Fall in die bestehenden Entgeltregulierungssysteme integriert werden sollten. Eine Lösung im Rahmen dieser Systeme ist der Schaffung von zusätzlichen Förderinstrumenten unbedingt vorzuziehen, da solche Instrumente in der Regel verschleiern würden, dass es sich bei den Kosten der Errichtung eines Offshore-Netzes um Netzkosten handelt, die grundsätzlich der Entgeltregulierung zu unterliegen haben und am Maßstab wettbewerbsanaloger Kosteneffizienz gemessen werden sollten.

6. Fortentwicklung des institutionellen Rahmens

Die Errichtung eines Offshore-Netzes in der Nordsee durch einen schrittweisen Ausbau der Offshore-Netzinfrastruktur kann nur gelingen, wenn die damit im Zusammenhang stehenden Aufgaben eindeutig verteilt sind. Die maßgebliche Rolle hinsichtlich der Planung, der Errichtung und des Betriebs des Offshore-Netzes kann – entsprechend der Aufgabenverteilung an Land – nur den ÜNB und ENTSO-E zukommen.[280] Die ÜNB sind gemäß Art. 12 lit. a EltRL verpflichtet, sichere, zuverlässige und leistungsfähige Übertragungsnetze zu betreiben, zu warten und auszubauen und dadurch auf lange Sicht die Fähigkeit des Netzes sicherzustellen, eine angemessene Nachfrage nach Übertragung von Elektrizität zu befriedigen. Es sind also die ÜNB, die dafür sorgen müssen, dass die Übertragungsnetze dem gegenwärtigen und dem zukünftigen Bedarf entsprechend ausgebaut werden. Bei der Wahrnehmung ihrer Aufgaben haben sich die ÜNB eng abzustimmen, wie dies gegenwärtig bereits im Rahmen von ENTSO-E und regionalen Kooperationen erfolgt.

Zudem besteht die Notwendigkeit der Koordinierung zwischen den Regulierungsbehörden, denn die Erfahrung hat im Falle der Interkonnektoren gezeigt, dass unkoordinierte Regulierungsansätze zur Verzögerung von Investitionsprojekten führt. Koordinierung bedeutet dabei nicht, dass ein für jeden Fall identischer Regulierungsrahmen geschaffen wird, sondern vielmehr, dass die

280 Ausführlich schon oben, S. 121 ff.

Regulierungsregime kohärent und konsistent sein müssen. Dies bedeutet, dass die nationalen Regulierungsbehörden zusammen einen klaren, stabilen und vorhersehbaren Rechtsrahmen schaffen müssen, der als Grundlage für Investitionsentscheidungen dienen kann.

Für die Aufsicht über das Offshore-Netz muss weitgehend dasselbe gelten wie für die Aufsicht über Elektrizitätsversorgungsnetze an Land. Gemäß Art. 37 Abs. 1 lit. b EltRL sind in erster Linie die nationalen Regulierungsbehörden damit beauftragt, zu gewährleisten, dass die ÜNB und die Netzeigentümer ihren rechtlichen Verpflichtungen nachkommen und zwar ausdrücklich auch in Bezug auf grenzüberschreitende Aspekte. Art. 38 EltRL stellt nochmals klar, dass die nationalen Regulierungsbehörden auch für grenzüberschreitende Aspekte zuständig sind, wobei sie auf regionaler Ebene mit anderen nationalen Regulierungsbehörden zusammenarbeiten müssen. Hierfür können sie gemäß Art. 38 Abs. 3 EltRL Kooperationsvereinbarungen abschließen. Eine gemeinschaftliche Aufsicht durch mehrere Regulierungsbehörden kann auf diese Weise effizient organisiert werden und muss nicht weniger schlagkräftig sein als die Aufsicht durch eine zentrale Stelle. Für eine Bündelung der Aufsichtszuständigkeiten bei der Europäischen Agentur für die Zusammenarbeit der Energieregulierungsbehörden (ACER) oder gar die Schaffung eines neuen Regulators für das Offshore-Netz in der Nordsee besteht deshalb keine Notwendigkeit.[281] ACER ist auch im Zusammenhang mit der Errichtung von Offshore-Netzinfrastruktur in der Nordsee weitgehend auf ihren Beobachterstatus gemäß Art. 9 StromHVO beschränkt. Exekutivkompetenzen hat die Agentur gemäß Art. 8 der ACER-VO vor allem in Bezug auf den Zugang zu Interkonnektoren und deren Betriebssicherheit. Gemäß Art. 8 Abs. 1 der ACER-VO kann ACER eigene Entscheidungen treffen, wenn die nationalen Regulierungsbehörden innerhalb von sechs Monaten keine Einigung erzielen können oder eine Entscheidung von ACER beantragen. Dieses Eintrittsrecht von ACER kann im Einzelfall ein wirkungsvolles Mittel sein, um die Entscheidungsfindung der nationalen Regulierungsbehörden zu beschleunigen. Es zeigt jedoch auch, dass ACER selbst in grenzüberschreitenden Aspekten nur über sehr einschränkte Ausführungskompetenzen verfügt. Dies bestätigt die Feststellung, dass die Aufsicht über ein künftiges Offshore-Netz in der Nordsee in erster Linie durch die nationalen Regulierungsbehörden zu erfolgen hätte.

---

281 A. A. *Woolley/Schaumberg/St. Michel*, Establishing an Offshore Electricity Grid: A Legal Analysis of Grid Development in the North Sea and US Waters in: Energy Network and the Law, 2012, S. 180, 188, 192.

7. Harmonisierung der nationalen Fördersysteme

Um eine widersprüchliche Anreizsetzung durch unterschiedliche nationale Fördersysteme für den Ausbau der Stromerzeugung aus erneuerbaren Energien zu vermeiden, sollten die Nordseeanrainerstaaten erwägen, ihre Fördersysteme zumindest teilweise zu vereinheitlichen.[282] Art. 7 EE-RL lässt gemeinsame Fördersysteme mehrerer Mitgliedstaaten ausdrücklich zu. Schweden hat mit Norwegen, das mit dem Wirtschaftsraum der EU durch völkerrechtliche Abkommen verbunden ist und für das deshalb das europäische Energierecht ebenfalls gilt, bereits ein gemeinsames Fördersystem eingerichtet. Für die Verbesserung der regulatorischen Rahmenbedingungen für ein Offshore-Netz in der Nordsee würde es genügen, zunächst die nationalen Instrumente zur Förderung der Offshore-Windenergie zu vereinheitlichen. Der Unterstützung einheimischer Windstromerzeugung dienende Fördergesetze sind wegen des mit ihnen verbundenen Diskriminierungspotentials europarechtlich ohnehin nur zulässig, soweit sie den europäischen Elektrizitätsbinnenmarkt nicht wesentlich beeinträchtigen. Das Preussen-Elektra-Urteil des EuGH rechtfertigt keineswegs die Abschottung eines nationalen Marktes. Der EuGH hat den Verstoß des deutschen Fördersystems gegen die Warenverkehrsfreiheit ausdrücklich festgestellt und diesen aus Gründen des Umweltschutzes nur deshalb für gerechtfertigt erklärt, weil die Warenverkehrsfreiheit angesichts der (zum damaligen Zeitpunkt) geringfügigen Strommengen aus erneuerbaren Energien nicht wesentlich beeinträchtigt wurde.[283] Die unionsrechtliche Grenze für nationale Förderprogramme, die Unternehmen in anderen Mitgliedstaaten potentiell diskriminieren, liegt nach bisherigem Verständnis bei 15 % (vgl. Art. 15 Abs. 4 EltRL).

Auch das europäische Sekundärrecht erlaubt keine weiterreichende Einschränkung der Warenverkehrsfreiheit im Interesse umwelt- und klimapolitischer Ziele.[284] Die EE-RL kann daher keine „Legalisierung diskriminierender Fördersysteme“, die

---

282 So im Ergebnis auch *Roggenkamp/Hendriks/Ummels/Kling*, Market and regulatory aspects of trans-national offshore electricity networks for wind power interconnection in: Wind Energy 2010, 13, S. 483, 490.

283 EuGH, Urt. v. 13.3.2001, C-379/98, Slg. 2001, I-2099, Rn. 72–81 – PreussenElektra/Schleswag AG, *Scholz*, Die Rechtfertigung von diskriminierenden umweltpolitischen Steuerungsinstrumenten, 2011, S. 231 ff.

284 Vgl. *Britz*, in: Schulze-Fielitz/Müller, Europäisches Klimaschutzrecht, 2009, S. 97, 113 f.; *Cremer*, EuZW 2007, S. 591 ff.; Erk, Die künftige Vereinbarkeit des EEG mit Verfassungs- und Europarecht, 2008, S. 185 ff.; *Weigt*, Die Förderung der Stromerzeugung aus erneuerbaren Energien in der EU, 2009, S. 112 ff.

zu einer vollständigen Abschottung der nationalen Elektrizitätsmärkte führen, vornehmen.[285] Eine solche Form der „Harmonisierung“ würde in Wahrheit das Ende des Binnenmarktziels und die Prädominanz der nationalen Klimaschutzziele bedeuten, ohne, wie es Art. 194 AEUV gebietet, auf europäischer Ebene ein Einvernehmen über eine gemeinsame, Binnenmarktziel und Klimaschutzziel integrierende Energiepolitik herzustellen. Die Berufung auf Art. 3 Abs. 3 EltRL zur Rechtfertigung der Verdrängung der Warenverkehrsfreiheit durch diskriminierende Förderregelungen[286] ist nicht einleuchtend. Die Norm scheint den Mitgliedstaaten zwar freizustellen, ihre Fördersysteme auf im Ausland erzeugten Strom zu erstrecken oder davon abzusehen. Die zahlreichen Vorschriften in der EltRL und der StromHVO, welche die Mitgliedstaaten zu einer diskriminierungsfreien Öffnung ihrer nationalen Stromhandelsmärkte anhalten, und der übergeordnete Grundsatz der Warenverkehrsfreiheit stehen einer Abschottung der nationalen Systeme jedoch unmissverständlich entgegen.

Die Förderung erneuerbarer Energien muss sich nach Maßgabe von Art. 194 Abs. 1 AEUV und der EltRL im europäischen Elektrizitätsbinnenmarkt vollziehen. Nationale Regelungen zum Verbraucher-, Umwelt- und Gesundheitsschutz dürfen genauso wenig wie nationale Beihilfen die praktische Wirksamkeit der Binnenmarkt- und Wettbewerbsvorschriften außer Kraft setzen.[287] Das Binnenmarktziel der Europäischen Verträge ist in der Energiestrategie 2020 von der Europäischen Kommission unmissverständlich dahin festgelegt worden, dass ein vollständig integrierter Elektrizitätsbinnenmarkt zu schaffen ist, in dem Strom und Gas ungehindert zwischen den Mitgliedsstaaten fließen können, und zwar unabhängig davon, ob der Strom aus fossil oder nuklear befeuerten Kraftwerken oder aus erneuerbaren Energien stammt. Das dritte Energiebinnenmarktpaket erlaubt und gewährleistet die Stromerzeugung aus unterschiedlichen Energiequellen im freien Wettbewerb und eine sichere Energieversorgung unter Bedingungen wirksamen Wettbewerbs.

III. Zwischenergebnis

Eine gemeinsame grenzüberschreitende Offshore-Infrastruktur leistet einen wichtigen Beitrag zur Verwirklichung eines vollständig integrierten Elektrizitätsbinnenmarktes.

---

285 So aber *Müller*, in: Cremer/Pielow, Probleme und Perspektiven im Energieumweltrecht, 2010, S. 142, 164; Ludwigs, ZG 2010, S. 222, 242 ff.

286 So *Ludwigs*, ZG 2010, S. 222, 242 m. w. N

287 EuGH, Urt. v. 13.3.2001, C-379/98, Slg.2001. I-2099, Rn. 63 – PreussenElektra/ Schleswag AG; EuGH, Urt. v. 17.11.1993, C-2/91, Slg. 1993, I-5751, Rn. 14 – Meng.

Die Herausforderung für die beteiligten Nordseeanrainerstaaten wird darin bestehen, das technisch Machbare mit einem angemessenen Rechtsrahmen zu unterstützen. Das erfordert vor allem eine enge Koordinierung der beteiligten Regulierungsbehörden und Netzbetreiber sowie die Bereitschaft, nationale Regulierungsansätze so abzustimmen, dass die derzeit existierenden rechtlichen Unterschiede nicht zu einem Hemmnis des technisch realisierbaren Auf- und Ausbaus der Infrastruktur werden. Die aufgezeigten Lösungsansätze zur Schaffung der notwendigen rechtlichen Rahmenbedingungen umfassen die Öffnung der nationalen Netzanschlussregime, Anschlussverpflichtungen für die Betreiber von Interkonnektoren, eine gemeinsame Netzentwicklungsplanung sowie eine Mindestharmonisierung der bestehenden Fördersysteme für die Stromerzeugung aus Offshore-Windenergie. Institutionell ist eine Koordinierung der Regulierungsbehörden der Errichtung eines supranationalen Regulierers vorzuziehen. Regelungsinstrumente können Erweiterungen und Änderungen der bestehenden Rechtsakte ebenso wie Kooperationsvereinbarungen sein. Mit der notwendigen Kooperationsbereitschaft der Nordseeanrainerstaaten kann so ein regulatorischer Rahmen entwickelt werden, der eine effiziente Errichtung und einen wettbewerbsorientierten Betrieb des Offshore-Netzes gewährleistet.

F. Zusammenfassung

Der rechtliche Rahmen für die Stromerzeugung mit Offshore-Windenergieanlagen in der Nordsee ist uneinheitlich. Die Interessen der Nordseeanrainerstaaten, einen möglichst hohen Anteil der erneuerbaren Energien an der Stromerzeugung zu erreichen, sind unterschiedlich stark ausgeprägt. Die vorstehende Bestandsaufnahme hat gezeigt, dass die Stromerzeugung in den Küstenmeeren und in den AWZ, insbesondere die Stromerzeugung mit Offshore-Windenergieanlagen, von den Nordseeanrainerstaaten wegen uneinheitlicher energiepolitischer Ziele in unterschiedlicher Intensität und mit unterschiedlichen Instrumenten gefördert wird.

Das EU-Recht gewährt Anlagen zur Erzeugung von Strom aus erneuerbaren Energien zumindest rechtlich einen garantierten bzw. einen vorrangigen Netzzugang, ohne zu wirtschaftlichen Anreizen zu verpflichten. Die unterschiedlichen nationalen Zugangsregelungen hemmen die rasche Entwicklung eines integrierten Offshore-Netzes in der Nordsee, dessen Errichtung und Betrieb gemeinsamen Prinzipien folgen. Auch die ökonomischen Anreizsysteme zur Förderung der Stromerzeugung aus Offshore-Windenergie sind in den Nordseeanrainerstaaten unterschiedlich ausgestaltet. Die Ausgestaltung reicht von marktbasierten Förderansätzen (Großbritannien, Belgien) bis hin zu weitgehend gesetzlich determinierten Modellen (Deutschland, Frankreich). Eine Harmonisierung gestaltet sich aus den folgenden Gründen schwierig:

Für die Regulierung der in der Nordsee geplanten Netzinfrastruktur gilt das europäische Recht als supranationale Rechtsordnung ebenso wie die nationalen Rechtsordnungen der Nordseeanrainerstaaten. Die vorliegende Untersuchung hat gezeigt, dass aus der Heterogenität der nationalen Regulierungs- und Fördersysteme in Verbindung mit dem völkerrechtlichen Territorialitätsprinzip, das diese Heterogenität zulässt, Hemmnisse resultieren, die sowohl dem Auf- und Ausbau einer integrierten Infrastruktur als auch deren effizientem Betrieb entgegenstehen können.

Die entstehende Infrastruktur weist Merkmale von Anschlussleitungen, von Interkonnektoren sowie von Übertragungsnetzen auf. Diese Leitungskategorien werden jedenfalls in den untersuchten Rechtsordnungen weitestgehend gleich definiert, so dass Hemmnisse zumindest nicht aufgrund eines unterschiedlichen Verständnisses dieser Netzbestandteile entstehen werden. Derzeit ist die Offshore-Infrastruktur noch als eine Kombination aus Anschlussleitungen und Interkonnektoren anzusehen.

Mit dem Fortschreiten des Netzauf- und Netzausbaus wird jedoch die Abgrenzungsfrage zu beantworten sein, ab wann die Leitungen die Qualität eines (Übertragungs-) Netzes erreichen werden.

Solange eine für alle Hoheitsgebiete gleichermaßen geltende rechtliche Einordnung der Infrastrukturbestandteile in die vorgenannten Leitungskategorien nicht erfolgt, werden die auf Anschlussleitungen, Interkonnektoren sowie Übertragungsnetze anwendbaren nationalen Rechtsregime den Bau und den Betrieb eines integrierten Offshore-Netzes in der Nordsee auf unterschiedliche Weise fördern oder hemmen.

Derartige Unterschiede bestehen zunächst in Hinblick auf die technische Anbindung der Windenergieanlagen an die Elektrizitätsversorgungsnetze, die derzeit streng national ausgerichteten Regelungen unterliegt. Dadurch werden grenzüberschreitende Netzanschlüsse verhindert, die im Einzelfall geringere Kosten verursachen und deshalb effizienter sein können. Gegenwärtig wird der Netzanschlusspunkt nicht durch die Kosten der Netzanbindung, sondern hauptsächlich durch die Attraktivität der relevanten Fördersysteme bestimmt. In netzorientierten Systemen ist ein ÜNB Adressat der Netzanschlusspflicht. Dies ist teilweise mit einer Kostenübernahme durch den ÜNB und schließlich durch die Endverbraucher verbunden. Auf diese Weise erwachsen aus dem Anschlusskonzept zumindest unmittelbar keine Anreize zu einer kosteneffizienten Netzanbindung. Anreize kann hier lediglich die Regulierungspraxis setzen, indem Effizienzgesichtspunkte bei der Genehmigung der Netzentgelte, bei deren Ermittlung die Anschlusskosten in Ansatz gebracht werden können, berücksichtigt werden. Stärker marktbasiert sind netzorientierte Systeme demgegenüber dann, wenn der Anlagenbetreiber die Kosten der Netzanbindung trägt. Dies begünstigt eine kosteneffiziente Standortwahl und Netzanbindung und somit auch den Aufbau der Offshore-Infrastruktur in der Nordsee.

Anders als netzorientierte System berechtigen oder verpflichten anlagenorientierte Systeme den Anlagenbetreiber zum Netzanschluss und damit in jedem Fall zur Übernahme der Kosten für die Netzanbindung. In diesen Systemen werden die Anbindungsleitungen meist als Bestandteile der Erzeugungsanlagen angesehen. Vorrangig an Effizienzgesichtspunkten ausgerichtet sind auch Ausschreibungssysteme. Hier kommt auch die Möglichkeit in Betracht, Dritte mit dem Bau der Anbindungsleitung zu beauftragen. Großbritannien hat beide Systeme kombiniert und wendet ein anlagenorientiertes Anschlussregime mit Ausschreibungselementen an. Das hier geltende *connect and manage*-Prinzip ist nicht mit einem vorrangigen Netzanschluss, sondern vielmehr mit einem quasi-gesetzlichen Netzanschluss verbunden.

Die aufgezeigte Pluralität der Netzanschlussregime führt zu ungleichen Bedingungen im Nordseeraum. Für Anlagenbetreiber besteht ein Anreiz, sich einen vorrangigen Netzanschluss zu sichern, so dass konventionelle Anlagen in einem Netzgebiet mit einem netzorientierten Anschlussregime eine stärkere Benachteiligung erfahren als in anlagenorientierten Netzgebieten. Zudem werden die Endverbraucher in Staaten mit netzorientieren Anschlusssystemen doppelt benachteiligt. Zum einen, weil aufgrund der stärkeren Anreizwirkung möglicherweise verhältnismäßig mehr Anschlussleitungen zu bauen sind, deren Kosten auf die Netzentgelte umgelegt werden, zum anderen weil gerade diese Systeme nicht immer kosteneffizient ausgestaltet sind, so dass die Endverbraucher überdies mit höheren Kosten belastet werden als notwendig.

Die nationale Ausrichtung der Netzanschlussregime führt dazu, dass die Pflicht zum Anschluss von Erzeugungsanlagen allein die inländischen ÜNB trifft. Grenzüberschreitende Netzanschlüsse sind nur auf der Basis freiwilliger Netzanschlussverträge zwischen Netzbetreiber und Anlagenbetreiber möglich. Keiner Anschlusspflicht unterliegen *de lege lata* Betreiber von Interkonnektoren. Mit zunehmendem Ausbau der Nordseeinfrastruktur, die bis zum Erreichen eines Netzstadiums zunächst aus Anbindungsleitungen und Interkonnektoren besteht, wird sich die Frage nach einem Anschluss an beide Leitungssysteme stellen. Für Anbindungsleitungen gilt dies vor allem in Hoheitsgebieten, in denen anlagenorientierte Netzanschlusssysteme bestehen.

Des Weiteren ergeben sich Hemmnisse für den Auf- und Ausbau der Nordseenetzinfrastruktur aus den heterogenen Rahmenbedingungen für die erforderlichen Investitionen. Während einige Staaten durch verschiedene Maßnahmen Anreize zum Ausbau von Infrastruktur gesetzt haben (z. B. Deutschland) oder dabei sind, investitionsfreundlichere Rahmenbedingungen zu schaffen (z. B. Großbritannien), fehlen entsprechende Regelungen in anderen Staaten (z. B. in Norwegen). Investitionsanreize werden zunächst im Rahmen der Anreizregulierung gesetzt. In Deutschland werden Investitionen in die Infrastruktur durch sog. Investitionsbudgets bzw. Investitionsmaßnahmen privilegiert; d. h. Netzbetreiber erhalten neben den erforderlichen Kosten einen Gewinnaufschlag, der einer Eigenkapitalrendite von derzeit 9,29 Prozent entspricht. Großbritannien privilegiert Anbindungsleitungen und Interkonnektoren gegenüber den Übertragungsnetzen. Der Betreiber einer Offshore-Anbindungsleitung erhält ein zwanzigjähriges festes Erlösband, so dass seine Investition im Ergebnis einer Rate-of-return-Regulierung unterfällt. Das für den Betrieb von Interkonnektoren geltende Regulierungsregime wird derzeit mit Blick auf das entstehende Nordseenetz novelliert und auf eine Cap-and-floor-Regulierung umgestellt, die neben einer Erlösobergrenze auch eine Erlösuntergrenze beinhaltet und so Investitionssicherheit bietet.

Neben einer investitionsfreundlichen Berücksichtigung im Rahmen des Regulierungsregimes kann der Bau von Infrastruktur auch durch Subventionen unter Beachtung der Art. 107 ff. AEUV gefördert werden, was derzeit eher auf EU-Ebene durch das Europäische Energieprogramm zur Konjunkturbelebung (EEPR) und das europäische Energieinfrastrukturpaket als auf nationaler Ebene erfolgt. Schließlich können indirekte Subventionen wie die Gewährung von Steuerermäßigungen und -befreiungen, Haftungsprivilegien, Regulierungsfreistellungen oder die Übernahme von externen Kosten durch die Allgemeinheit Investitionen fördern. Eine Haftungsprivilegierung für den Offshore-Netzausbau hat beispielsweise Deutschland implementiert. Die britische Regulierungsbehörde zeichnet sich durch eine investitionsfreundliche Regulierungspraxis für Interkonnektoren aus, indem sie einen Merchant Investor-Ansatz verfolgt und großzügig Regulierungsfreistellungen gewährt, die in der Vergangenheit allerdings teilweise von Europäischen Kommission beanstandet wurden. Die Heterogenität der Förderprogramme für den Infrastrukturausbau kann dazu führen, dass Infrastrukturmaßnahmen nicht dort vorgenommen werden, wo sie notwendig sind oder kosteneffizient erfolgen können, sondern dort, wo die stärksten finanziellen Anreize gesetzt werden.

Vor diesem Hintergrund setzt ein effizienter Auf- und Ausbau der Offshore-Infrastruktur in der Nordsee voraus, dass die Nordseeanrainerstaaten ihr jeweiliges nationales Regulierungsrecht weiterentwickeln, ihre Rechtsrahmen besser koordinieren und so den aufgezeigten Hemmnissen begegnen.

Zunächst erscheint es ratsam, die Netzanschlusspflichten zu erweitern. Die nationale Begrenzung der Anschlusspflichten könnte aufgegeben werden. Die Nordseeanrainerstaaten sollten dafür die Betreiber der inländischen Infrastruktur zum Anschluss von Anlagen, die außerhalb ihres Territoriums und ihrer AWZ belegen sind, verpflichten, sofern sich der günstigste Netzverknüpfungspunkt in ihrem Netz befindet. Auf diese Weise würde sichergestellt, dass stets der ökonomisch effizienteste Anschluss an das nächstgelegene Elektrizitätsversorgungsnetz ohne Rücksicht auf den Verlauf von Staatsgrenzen erfolgt.

Eine kosteneffiziente Errichtung der Offshore-Infrastruktur setzt weiter voraus, dass ein Anschluss auch an vorhandene Anschlussleitungen und Interkonnektoren möglich ist. Rechtsgrundlage hierfür können freiwillige Vereinbarungen zwischen den Betreibern der Windparks und den Betreibern der Interkonnektoren, oder aber eine gesetzliche Anschlusspflicht der Interkonnektorbetreiber sein. Dabei kann sich vor dem Hintergrund, dass Art. 16 StromHVO und die sonstigen Vorschriften über das Engpassmanagement die vorrangige Kapazitätsvergabe zugunsten von Offshore-Windenergie nicht zulassen, eine Änderung oder Erweiterung der StromHVO als sinnvoll erweisen. Art. 16 StromHVO könnte um einen Absatz erweitert werden, nach dem die Betreiber von Interkonnektoren von der Einhaltung der Anforderungen an das Engpassmanagement befreit werden können, soweit die Kapazität des jeweiligen Interkonnektors für den Abtransport von Strom aus Offshore-Windenergie eingesetzt werden soll.

Auch eine teilweise Anpassung der nationalen Energierechtsordnungen kann notwendig werden. Die Nordseeanrainerstaaten sollten sicherzustellen, dass durch Erstreckungsklauseln die Geltung des jeweiligen Regulierungsrahmens auch in der AWZ ausdrücklich angeordnet wird. Dies ist Voraussetzung dafür, dass die einschlägigen Vorschriften aus dem nationalen Recht überhaupt auf Offshore-Infrastruktur in der Nordsee angewandt werden können.

Sofern Offshore-Windenergieanlagen an mehrere Elektrizitätsversorgungsnetze angeschlossen sind, sollten die Nordseeanrainerstaaten regeln, dass der dort erzeugte Offshore-Strom jeweils nur in einer Handels- und Preiszone vermarktet werden darf. Dies sollte in der Regel diejenige Handels- und Preiszone sein, der die Offshore-Anlage aufgrund ihres Standorts zuzuordnen ist.

Den ÜNB sollten Anreize gesetzt werden, um einen Auf- und Ausbau der Offshore-Infrastruktur voranzutreiben. Investitionen können in Anreizregulierungssystemen z. B. durch die Anerkennung von Investitionsbudgets privilegiert werden. Für die Errichtung von Offshore-Infrastruktur sind stärkere Anreize zu setzen als dies für Onshore-Infrastruktur der Fall ist. Denkbar ist ein Risikoaufschlag für Offshore-Investitionen, der in Abhängigkeit von der Anzahl der anzuschließenden Offshore-Anlagen und der Länge der erforderlichen Anbindungsleitungen steigen könnte.

Durch eine (teilweise) Harmonisierung der Fördersysteme für den Ausbau der Stromerzeugung aus Offshore-Windenergie kann eine widersprüchliche Anreizwirkung vermieden werden. Außerdem könnte damit verhindert werden, dass die Nordseeanrainerstaaten in einen gesamtwirtschaftlich nachteiligen Wettbewerb um die Ansiedelung von Offshore-Windparks eintreten.

Eine Koordination muss auch die zunehmend transnationale Netzentwicklungsplanung einschließen und kann durch ENTSO-E geleitet werden. Eine Abstimmung der an den jeweiligen energiepolitischen Zielen auszurichtenden Bedarfsermittlung (sog. Szenariorahmen) kann einen effizienten Netzausbau sicherstellen und Überkapazitäten vermeiden.

Schließlich sind der institutionelle Rahmen fortzuentwickeln und die entstehenden Aufgaben eindeutig zu verteilen. Dabei sollten die Expertise und Kompetenzen der ÜNB und von ENTSO-E genutzt werden. Die Aufsicht über das Offshore-Netz ist vergleichbar zu der Aufsicht an Land auszugestalten. Gemäß Art. 38 EltRL sind die nationalen Regulierungsbehörden auch für grenzüberschreitende Aspekte zuständig. Sie können regional auf der Grundlage von Kooperationsvereinbarungen zusammenarbeiten. Für eine Bündelung der Aufsichtszuständigkeiten bei der Europäischen Agentur für die Zusammenarbeit der Energieregulierungsbehörden (ACER) oder gar die Schaffung eines neuen Regulators für das Offshore-Netz in der Nordsee besteht deshalb keine Notwendigkeit.

Bei der Entwicklung und Anwendung der Lösungsansätze zur Beseitigung der aufgezeigten Hemmnisse muss der Grundsatz gelten, die Entwicklung der erforderlichen Offshore-Infrastruktur in der Nordsee kosteneffizient voranzutreiben. Dabei ist unter Beachtung des Subsidiaritätsprinzips eine zwischenstaatliche Koordinierung der betroffenen Staaten einem supranationalen Tätigwerden der EU grundsätzlich vorzuziehen.

English Summary

The existing regulatory framework for an electricity grid infrastructure in the North Sea and proposals for its further development

I. Introduction

Art. 194 Sec. 1 TFEU provides for the main objectives of the European energy policy which are ensuring a high degree of security in energy supply, the efficient functioning of the internal electricity market and the promotion of electricity generation from renewable energies. These requirements, deriving from primary law, are substantiated by the Electricity Market Directive, the Renewable Energies Directive and the European Regulation on cross-border exchanges in electricity. In addition to these legally binding instruments at EU level, there are a several political declarations and programmes by EU institutions, in particular the Energy Strategy 2020 and the Energy Roadmap 2050. The European Commission has recently emphasised the significance of the aforementioned objectives in two communications which address both the completion of the internal energy market and the promotion of renewable energies.

An integrated offshore electricity grid in the North Sea would contribute significantly to the aforementioned objectives of European energy law: Firstly, it would contribute to a high degree of security of supply in electricity by connecting the national electricity supply systems of the North Sea coastal states. Secondly, it would promote cross-border trade in electricity by increasing the quantity of capacities for transmissions between the North Sea coastal states and thus contribute to the completion of the European internal electricity market by 2014. Thirdly, it would improve the integration of electricity from renewable energies into the European electricity supply networks, particularly the integration of large quantities of electricity generated from offshore-wind energy.

The development of an integrated offshore electricity grid in the North Sea would especially help promoting the expansion of the generation of electricity from offshore wind energy and would thus contribute to the achievement of the EU's objective to increase the share of energy from renewable sources in gross final consumption to at least 20 per cent by 2020. Two years ago, the European Commission indicated in its Communication *Renewable Energy: Progressing towards the 2020 target* that renewable energies had the potential to constitute 37 per cent of Europe's electricity mix by 2020. Both the EU and its Member States greatly emphasise the development of offshore wind energy to achieve the common objective. Germany, for example, has decided to increase its installed offshore capacity to 15 GW by 2030; the United Kingdom intends to increase its respective capacity to 16 GW by 2020 and to 39 GW by 2030.

Such significant volumes of electricity produced from renewable energy sources, particularly from offshore wind energy, require further development of the current grid infrastructure; otherwise, the produced electricity could not be fully integrated into the electricity system. The Commission has identified the development of electricity grids both off- and onshore as one of the biggest challenges in European energy policy. However, the interests of the North Sea coastal states in the development of an offshore grid in the North Sea vary significantly. Some states, such as Germany and Great Britain, primarily expect an efficient connection of new offshore electricity generation. Other states, such as Norway, put more emphasis on the benefits which an offshore network in the North Sea would have for securing electricity supply, the interconnection of national grids and cross-border trade in electricity. Recent parallel negotiations between Germany, Great Britain and Norway concerning the construction of new interconnectors have, for example, shown conflicts of interest between those states with regards to the development of offshore network infrastructure. According to media reports, national politics dominated the discussions on which interconnector should be constructed first.

Given that an integrated offshore grid in the North Sea would be a cross-border infrastructure, its development and operation are not only subject to the single legal system of one state but also to EU law, as well as the national legal systems of all other North Sea coastal states. The differences between the applicable national laws create barriers that may impede the development and operation of an offshore electricity grid in the North Sea.

A number of barriers identified in this report derive from the different national regulatory regimes. After outlining a legal classification of the existing and future infrastructure in the North Sea (I.) – which is relevant for the application of some important legal obligations (II.) – a brief overview of the legal framework applicable to the offshore grid is given (III.). On this basis, barriers deriving from the legal classification of the North Seas's infrastructure (IV.) and those deriving from existing national connection concepts are presented (V.–VII.). This is followed by an examination of barriers regarding the reimbursement of construction costs and investment incentives (VIII.), as well as barriers which derive from the currently existing different systems for the promotion of electricity produced from renewable energy sources (IX.) and from the direct selling of electricity (X.). Finally, the impact of the institutional framework on the development of an offshore electricity grid in the North Sea is outlined (XI.).

On the aforementioned basis, amendments to the existing legal framework are suggested in the report (XII). These are necessary to remove the most severe barriers for the grid development and enable the creation of a future design of a regulatory regime that can provide appropriate incentives for the development of an integrated offshore grid in the North Sea.

II. The legal classification of existing and future infrastructure

1. Existing infrastructure

At present, the existing infrastructure in the North Sea cannot be regarded as a grid. In the North Sea, wind farms are situated either in the territorial sea or in the exclusive economic zones of the coastal states. They are connected to the onshore grids via connecting cables. These connecting cables can all be ascribed to the territory of a single state. To contrast this, interconnectors in the North Sea are a part of a cross-border infrastructure as they connect the transmission grids of at least two states. Up until now, only two interconnectors have been set into operation in the central part of the North Sea: the undersea cables *NorNed* between Norway and the Netherlands and *BritNed* between Great Britain and the Netherlands. Additional interconnectors are planned to be installed: *NorGer* between Germany and Norway, *Nemo* between Great Britain and Belgium and the *Cobra Cable* between Denmark and the Netherlands. Thus, the existing infrastructure in the North Sea is currently to be classified as a combination of connecting cables and interconnectors.

2. Development of an offshore grid

The development of an offshore grid in the North Sea requires the construction of further connecting cables and interconnectors, the aim being that one day these cables will be meshed to such an extent that they form an integrated grid. An offshore grid can be developed by connecting individual wind farms to more than one coastline through multiple connections as well as by connecting existing connecting cables with interconnectors.

Currently, each offshore wind farm is only connected to the onshore grid of one Northern Sea coastal state via one single connection. However, the economic advantages of multiple or combined connections over single connections have been pointed out by a techno-economic assessment called “Offshore Electricity Grid Infrastructure in Europe” carried out by a consortium led by the Belgian consultant 3E. Several wind farms can be connected to so-called hubs and these hubs can be connected to each other via interconnectors and onshore grids. The electricity generated by the offshore wind farms could then be transmitted through the grid infrastructure to all connected onshore grids, thus leading to a greater flexibility regarding market integration and more cross-border electricity transfers.

Technically, there are four configuration options that can be found in any interconnected offshore grid infrastructure that consists of connecting cables, interconnectors and wind farms. Firstly, the so-called *tee-in connections* can be built to connect wind farms to existing interconnectors or connecting cables. Secondly, the so-called *split connections* connect wind farms to two onshore transmission grids with two cables. Thirdly, *hub-to-hub* interconnections can establish cross-border interconnection between two or more connecting cables. Finally, interconnectors can be connected with each other, which the authors of the 3E study call a *meshed interconnection.*

On the basis of these four options, the 3E study has identified two possible concepts for the development of a North Sea offshore grid: the *direct design* and the *split design.* Whereas the *split design* focuses on existing windfarms and connecting cables rather than on interconnectors as a basis for the further development of the offshore-infrastructure towards a meshed interconnection, the *direct design* envisages that, at first, further interconnectors will be built to improve the connection between the markets of North Sea coastal states. Later on, *tee-in connections* und *hub-to-hub-interconnections* will be built as more complex solutions. The development of *meshed interconnections* will be the third step towards an offshore-grid in the North Sea, concluding the development to a truly interconnected transmission grid.

3. Impact on the applicable legal framework

Considering that the offshore infrastructure in the North Sea will primarily consist of connecting cables and interconnectors for the years to come, the existing provisions on grid connection and the use of interconnectors apply. These rules derive from EU law and the national laws of the North Sea coastal states.

III. The legal framework

Offshore infrastructure in the North Sea is subject to the same legal provisions as onshore infrastructure unless there are legal acts which encompass specific rules for offshore grid infrastructure or offshore electricity generation.

1. EU law and national law

As mentioned before, the relevant EU law applies to the existing and planned infrastructure in the North Sea if the infrastructure is situated in the territorial sea or in the exclusive zone of a Member State of the EU or Norway. As a supranational legal order, EU law thereby overrides the national laws of the Member States. As far as the Member States are concerned, Art. 288 TFEU stipulates that regulations and directives are legally binding. Norway, on the other hand, is bound by all EU legal acts with relevance for the internal market, according to Art. 7 of the Agreement on the European Economic Area (EEA). Since 1994, Norway has been part of the EEA and is therefore obliged to adhere to EU law and transpose the *aquis communautaire* into its own national legal order.

The Directive concerning common rules for the internal market in electricity, the Electricity Market Directive, encompasses a variety of provisions with regards to the organisation of the electricity sector, including the generation and transmission of electricity and the institutional framework. A lot of these provisions are relevant to offshore generation and offshore grid infrastructure. However, regarding the design of the regulatory framework, the Electricity Market Directive only outlines the necessary principles. Aside from these principles, the details of the regulatory design have been left to the discretion of the Member States. The use of such discretion varies widely. For example, the rules on investment incentives for constructing new infrastructure are very heterogeneous and lead to barriers that can impede the development of an offshore grid.

The Renewable Energies Directive, which promotes the use of energy from renewable sources, contains not only rules on the expansion and promotion of the use of energy from renewable sources but also provides rules on the use of network infrastructure for the transmission of electricity from such sources. Both, the obligation to create a national promotion system in Art. 3 Sec. 3 of the Renewable Energies Directive, and the obligation to implement either a priority or a guaranteed access in Art. 16 Sec. 2 lit. b of the Directive, are of high relevance to a potential offshore grid in the North Sea. The discretion awarded to Member States by these two provisions may create barriers. This discretion has led to very heterogeneous promotion systems and grid access regimes that have the potential to hinder a cost-efficient development of an integrated offshore grid in the North Sea.

Finally, the European Regulation on cross-border exchanges in electricity is applicable to some offshore infrastructure, as this regulation provides for a regulatory framework for interconnectors, i. e. transmission lines which cross or span a border between Member States and which connect the national transmission systems of the Member States (cf. Art. 2 Sec. 1 of the Regulation on cross-border exchanges in electricity).

Due to the fact that not all issues relevant to offshore infrastructure are regulated by EU legal acts, the nine national legal systems of the North Sea coastal states are also widely applicable. As the aforementioned directives of the EU have left many significant issues to the discretion of the Member States, there is consequently a variety of legal concepts in the fields of grid connection, grid access, investment incentives and promotion systems for renewable energies. This diversity of legal concepts may also constitute barriers to the development of an offshore grid.

2. The Territoriality Principle under International law

The underlying principle which causes the diversity of national legal systems is the territoriality principle deriving from international law. This principle states that each state can exercise sovereign powers on its territory regardless of other states' actions. The sovereign powers can be exercised on the state's territory as well as in the territorial sea reaching 12 nautical miles from the coast and the exclusive economic zone on the continental shelf which can reach up to 200 nautical miles. Art. 56 Sec. 1 lit. a of the United Nations Convention on the Law of the Sea allows to construct and to operate offshore wind farms in the exclusive economic zones. Offshore infrastructure can be constructed on the basis of Art. 79 Sec. 1 of the Convention.

In general, national legal acts only apply to the territory of the relevant state and not to its exclusive economic zone. However, according to case law of the International Court of Justice, states can extend the scope of the applicability of legal acts to the exclusive economic zone by stipulating this in the relevant act. Germany has, for example, extended the applicability of its renewable energies promotion system to the exclusive economic zone by Sec. 2 of the German Renewable Energy Act. Similar provisions exist in other North Sea coastal states such as Great Britain, the Netherlands, Denmark and Norway.

The aforementioned judicature means that a North Sea coastal state can create legislative acts which apply to offshore wind farms and cables on its territory, its territorial sea and in its exclusive economic zone. However, it cannot extend the scope of the act's applicability beyond these areas to the territory or exclusive economic zones of other states. As a consequence, nine national legal systems apply to different parts of the North Sea. Should the North Sea's infrastructure be classified as an electricity grid at some point in the future, it will be subject to these nine national regulatory regimes unless they are harmonised by an EU directive, a multilateral agreement, or an EU regulation providing a new regulatory regime for the offshore grid.

IV. Barriers resulting from the classification of infrastructure

As connections and interconnectors are defined in similar ways in all legal systems, no barriers to the development of an offshore grid are caused by different meanings of infrastructure concepts. With increased meshing, the infrastructure is likely to be classified as a transmission grid in the future. A question that will then have to be addressed is what degree of meshing is required to classify this infrastructure as a transmission grid. A transmission grid is mainly regarded as a meshed and interconnected infrastructure, consisting of a number of cables for the transmission of electricity for general supply. Only the Dutch law seems to have adopted a narrower approach. According to Art. 1 Sec. 1 lit. i Elektriciteitswet 1998, a grid consists of one or more cables. If the North Sea coastal states do not implement a joint and precise definition of what a grid is, this could constitute a barrier to the development and efficient regulation of an offshore grid, even if the national regimes themselves, which apply to the construction and the operation of this infrastructure, are coordinated or harmonised.

V. Barriers resulting from the plurality of the grid connection concepts

Barriers to the development and operation of offshore infrastructure in the North Sea also derive from the plurality of national grid connection concepts. The technical connection of a wind farm to the grid is currently only subject to national provisions which focus purely on the domestic situation. The national connection regimes only allow for a connection to the grid on the territory of the relevant state, thereby impeding cross-border grid connections. Such connections may carry lower costs and could therefore be more efficient than connections to the national grid at shortest linear distance to the wind farm. The grid connection point is currently not determined by the costs of the connection but primarily by the degree of economic incentives of national promotion systems and domestic obligations to set up connections.

The regulatory frameworks implemented by the North Sea coastal states also differ with regards to the market player which is deemed responsible for the connection of wind farms and the assignment of connecting cables to a specific infrastructure category.

1. Grid-orientated systems

In grid-orientated systems, implemented by the majority of North Sea coastal states, it is the transmission system operators who are responsible for the grid connection of wind farms. States such as Germany and Denmark have implemented such systems and also associated this responsibility of the transmission system operator with the obligation to bear the costs resulting from the connection. Given that these costs are included into the calculation of grid access charges, they are eventually passed on to the end users. Consequently, the connecting cable may become a component of the transmission grid.

Due to the fact that costs resulting from the grid connection can be passed on to the end users, neither the generation operator nor the grid operator is given a direct incentive to build a connecting cable according to economic criteria. Incentives may only be given by the regulatory authority that has to approve the total amount of grid charges. However, an efficient development of offshore infrastructure, which currently consists mainly of connecting cables and interconnectors, requires connection systems which directly incentivise the relevant actors to choose the most cost-efficient option.

The majority of the North Sea coastal states such as France, Belgium, the Netherlands and Sweden have adopted a more cost-efficient grid orientated system. Although obliging the transmission system operators to connect the wind farms, in these systems, it is the plant operator bearing the costs of the connection. The operator is thereby incentivised to choose a location for its wind farm that allows to build the connecting cable alongside economic criteria.

2. Installation-orientated systems

According to installation-orientated systems, the wind farm operators themselves have the right to connect their installations to the grid. Consequently, they have to bear the costs and after its completion the connecting cable will become a component of the installation.

In this system the wind farm operators are incentivised to build their cables according to economic criteria, as there is no possibility for them to pass the costs on to the general public. The installation-orientated regimes thus contribute to a cost-efficient development of offshore infrastructure in the North Sea. Disadvantages of these systems arise from the fact that more undertakings are involved in the grid connection process which can make an efficient coordination more difficult. States that have adopted an installation-orientated approach therefore do not benefit easily from coordinated and cost-efficient joint solutions with multiple grid operators.

3. Tender systems

Both, the advantages and the disadvantages of installation-orientated systems apply also to tender systems that allow commissioning third parties to build and operate connecting cables. In such systems, the competent regulatory authority publishes an invitation to tender and finally decides which person will be responsible for the construction and operation of a certain connecting cable, according to technical suitability and economic criteria.

Great Britain has combined both systems and applies an installation-orientated regime associated with elements of a tender-regime.

4. Consequences of the plurality

The plurality of grid connection concepts leads to different conditions for the development of offshore infrastructure in the North Sea. North Sea coastal states obliging grid operators to bear the costs and grant priority connection and access to wind farm operators, incentivise installation operators to connect their installation to the grid of the relevant state. Conventional plants can be at a greater disadvantage in grid-orientated systems than in installation-orientated systems. The same can apply to end users who are affected in two different ways: Firstly, the costs of the connecting cables will be passed onto them. Secondly, due to the fact that grid-orientated systems are often not directly designed according to economic criteria, end users are affected by costs resulting from grid connection which are higher than necessary.

VI. Barriers resulting from the limitation of addressees under an obligation to connect

In all three types of connection regimes, so far, electricity generation plants are only connected to transmission grids, not to interconnectors or connecting cables. Considering that the offshore infrastructure in the North Sea currently consists of a combination of connecting cables and interconnectors, the question arises if operators of connecting cables and of interconnectors ought to be obliged to connect offshore plants to their infrastructure. Currently, neither the EU's Regulation on cross-border exchanges in electricity, which applies to interconnectors, nor the North Sea coastal states' national laws oblige operators of existing offshore infrastructure to connect wind farms. It is only the onshore network operators who are obliged to build new connecting lines. This may also constitute a barrier to an efficient use of the existing infrastructure.

VII. Barriers resulting from the domestic limitation on connection regimes

As has previously been mentioned, the national connection regimes only require the connection of wind farms in the territory or in the exclusive economic zone of the relevant state. On the other hand, wind farms in the territory of other states or in their exclusive economic zones need not be connected. The connection regimes thus apply purely to domestic situations. Due to the principle of territoriality, only domestic transmission system operators can be identified as addressees of the obligation to connect. Cross-border grid connections are only possible on the basis of voluntary grid connection agreements between transmission grid operators and wind farm operators. Although cross-border connections may sometimes be more efficiently constructed and operated, neither the EU nor the North Sea coastal states provide for the relevant incentives. Once again, this may constitute a barrier to the development of an offshore grid in the North Sea according to criteria of cost-efficiency.

VIII. Barriers resulting from a lack of economic incentives

The development of an offshore grid in the North Sea causes significant costs. According to the 3E study mentioned above, the investment costs of the direct design amount to 86 billion Euros and the costs of the split design to 84 billion Euros. A large part of these costs would also be incurred if the planned offshore wind farms were conventionally connected to the grid by single or multiple connection cables. Still, the estimated costs of the meshing itself amount to 7.4 billion Euros for the direct design and 5.4 billion Euros for the split design. Private undertakings will only make these investments voluntarily if there are sufficient economic incentives. However, potential investors do not directly benefit from the macroeconomic advantages of a meshed solution which amounts to 21 billion Euros for the direct design and 16 billion Euros for the split design, according to the 3E study. Therefore, it is of the utmost importance for the realisation of an integrated offshore grid to find ways of sharing these economic benefits with potential investors. However, the question of economic incentives for offshore grid infrastructure is not addressed in a satisfying way by the current regulatory framework.

1. Addressees of investment incentives

Applying the division of powers known from onshore grids, the TSOs and ENTSO-E should play a significant role with regards to the planning, development and operation of an offshore grid, as well. According to Art. 12 lit. a of the Electricity Market Directive, the TSOs are responsible for ensuring the long-term ability of the system to meet reasonable demands for the transmission of electricity, and for operating, maintaining and developing, under economic conditions, secure, reliable and efficient transmission systems. Therefore, it is the TSOs who have to ensure that the transmission grids will be expanded in accordance with current and future demand. Investment incentives should therefore primarily be addressed to the TSOs.

In addition, efforts can be made to encourage investments in offshore grid infrastructure by undertakings which are not yet involved in the network operator business. Such undertakings can, for example, act as *Merchant Transmission Investors* or become shareholders in special purpose companies together with TSOs. As announced in January 2013, the Japanese Mitsubishi Corporation will, for example, invest 576 billion Euros in the construction of connecting cables in front of the German North Sea Coast.

2. Investment incentives as part of regulatory regimes

Currently, TSOs are primarily incentivised through the regulatory regimes for grid access charges. Most North Sea coastal states, e.g. Great Britain and Germany, have implemented an incentive regulation regime. Within such regimes, a regulatory authority sets a revenue cap for every regulation period for each grid operator. If an operator manages to reduce its costs below the revenue cap, it is allowed to keep the difference as a profit. This mechanism gives significant incentives to the grid operators to reduce their costs. However, it can have a negative impact on the grid operators' willingness to invest, as every investment carries initial costs.

Therefore, incentive regulation regimes have to be complemented by investment incentives in order to avoid underinvestment, which is detrimental from a macro-economic perspective.

In Germany, according to Sect. 23 of the Incentive Regulation Ordinance, regulatory authorities can privilege investments in offshore grid infrastructure by approving so-called investment measures, formally known as investment budgets. On the basis of such an approval, the costs of investment measures are regarded as costs which cannot be influenced by the relevant grid operator and which therefore increase the revenue cap without an efficiency reduction. Basically, this represents a *cost-plus regulation* which was otherwise intended to be replaced by the incentive regulation. Although interest market rates remain low, in the first regulation period until the end of 2013, grid operators in Germany received a statutory return on equity of 9.29 per cent for investments in the construction and development of electricity grids. For the second regulation period starting 2014, the statutory return on equity for grid operators is slightly reduced to 9.05 per cent.

Although investments in offshore-network infrastructure are considered to bear higher risks compared to investments in onshore grid infrastructure, in Germany, a higher return on equity for investments in offshore grid infrastructure has not been implemented. The construction of undersea cables is technically challenging and is so far only being offered by very few undertakings whose capacities are largely exhausted. The TSOs thus face the risk of not being able to connect offshore wind farms within the statutory period. Since existing offshore infrastructure is not sufficiently meshed, the breakdown of one connecting cable may prevent a high number of offshore wind farms from feeding their electricity into the electricity grids on shore. For TSOs, the building and development of offshore grid infrastructure is therefore associated with significant liability risks.

Against this background, the regulatory regimes should not treat investments in offshore grid infrastructure in the same way as investments in the onshore grid infrastructure. Instead, the additional risks of offshore investments have to be taken into account in an appropriate manner. In this context, there is no reason for treating offshore networks any different from offshore generation plants. Naturally, Member States promote offshore generation with higher payments than onshore generation from renewable energies. The same ought to apply to offshore grid infrastructure. The additional risks – which are not always reflected by higher costs – could, for example, be compensated by granting TSOs a higher return on equity. In particular, one could consider implementing a risk surcharge for offshore-investments within the regulatory regimes. Germany, however, has decided not to treat offshore investments differently from investments in onshore grid infrastructure in its regulatory regime. Instead, through recent amendments to the German Energy Act, the TSOs were, to a large extent, exempted from liabilities associated with delayed or disrupted offshore connections. Thus, the costs of compensation payments and insurance premiums are no longer part of the grid access charges but have to be borne by the grid users through an additional "offshore liability charge". Although this limitation on liability certainly removes existing barriers to offshore investments, it would have been more appropriate to address the problem by amending the incentive regulation regime. This would have allowed for an enhancement of cost efficiency and an increase in cost transparency.

Great Britain is currently introducing a new regulatory regime for interconnectors, wanting, thereby, to address some challenges of the planned offshore grid. For this purpose, the national regulator Ofgem made four proposals and carried out several consultations which resulted in a preference for introducing a *cap and floor* regulatory regime. The new regime will be tested for the first time with regards to the interconnector *NEMO* which is planned between Great Britain and Belgium. The *cap and floor* approach states that revenues above the revenue cap have to be passed onto the British TSO National Grid. However, if revenues fall below the revenue floor, the operator of the interconnector receives a compensatory payment from National Grid which in turn is reimbursed through increased grid access charges. This provides some investment certainty for the operators of interconnectors who are, at the same time, encouraged to operate efficiently in order to receive revenues at the upper end of the profit margin. According to Ofgem's plans, the *cap and floor* regulatory principles shall not only apply during the amortisation period but during the whole lifetime of an interconnector.

3. Investment incentives through direct and indirect State aids

The construction of connecting cables, interconnectors and other offshore grid infrastructure could further be incentivised through direct or indirect state aids or regulatory exemptions. So far, it is primarily the operators of offshore wind farms who receive direct state aids in form of non-repayable grants or state loans. Nevertheless, the development of offshore grid infrastructure has been significantly promoted by the European Energy Programme for Recovery (EEPR). The programme covers a budget of 3.98 billion Euros in total which is to be used for projects in the fields of gas and electricity infrastructure, offshore wind energy and carbon capture and storage. With regards to offshore grid infrastructure there are currently three projects promoted by the EEPR: the combined grid-solution for offshore wind farms at Kriegers Flak in the Baltic Sea, the Cobra Cable between the Netherlands and Denmark and the construction of an HVDC-Hub for the connection of wind farms north of Scotland. Furthermore, the North Seas Offshore Grid is mentioned in Annex I of the new Regulation 347/2013 on guidelines for trans-European energy infrastructure of 17th April 2013 and is thus to be treated as a priority electricity corridor. This means that offshore grid infrastructure in the North Seas can benefit from the planned "Connecting Europe Facility" with a budget of 5.85 billion Euros which is effective since the beginning of 2014. Indirect subsidies are, for example, tax reliefs and reductions, the reimbursement of external costs by the general public or liability exemptions as they have been introduced for offshore TSOs in Germany. Moreover, the European Regulation on cross-border exchanges in electricity allows granting regulatory exemptions to interconnect operators. However, the importance of such exemptions is likely to decrease with an increasing meshing of the offshore-infrastructure in the North Sea.

4. Anticipatory investments

The development of an offshore-grid in the North Sea is a long-term project which can only be completed on a step-by-step basis. For the time being, an exact planning of the required offshore grid infrastructure is not possible because of the high number of uncertainties arising from the European energy policy and the national energy policies of the North Sea coastal states. However, considering the current plans of the European Union and its Member States, it is clear that the grid infrastructure in the North Sea has to be significantly expanded in the years to come. It is therefore problematic that TSOs might find it difficult to obtain approval for their long-term investments from the regulatory authorities. Costs of grid development and expanding measures, the benefits of which are only recognisable from a long-term perspective, face the risk of being denied as necessary costs, as those measures could be postponed to a future date. This problem, first raised by the TSOs, is discussed under the headline of anticipatory investments.

In general, TSOs can be certain to get their investment costs approved by the competent regulatory authority if they align their investment activities to their statutory duties regarding network development. Thus, it should be emphasised that network operators and regulatory authorities are required by already existing law to consider the investment decisions from a long-term perspective. According to Art. 12 of the Electricity Market Directive, transmission demands are to be assessed applying a long-term approach. This provision expressively stipulates that each TSO shall be responsible for ensuring the system's *the long-term ability* to meet reasonable demands for the transmission of electricity.

European energy law thus obliges TSOs to meet an appropriate transmission demand on a long-term basis. Grid reinforcements therefore have to be included into the network development planning before they are actually required by concrete grid connection demands. The ten-year network development plans at European and national level show that there is already an institutionalised long-term plan of network operators. The costs of projects which are regarded as necessary to the TSOs' ten-year network development plans have to be approved by the regulatory authorities because they are necessary to fulfil the requirements of Art. 12 of the Electricity Market Directive. However, a period of ten years is far too short for the planning and development of offshore grid infrastructure. TSOs need certainty in planning for investments in offshore grid infrastructure that will be carried out over 15, 20 or even more years. The current concept of considering anticipatory investments through ten-year network development plans and corresponding decisions of regulatory authorities on cost approval has reached its limit. Therefore, it should be considered to implement additional instruments for the approval of anticipatory investments into European and national energy law, in order to improve the framework conditions for the long-term planning and development of offshore grid infrastructure.

IX. Barriers resulting from the promotion of offshore electricity generation

The EU obliges the Member States through the Renewable Energies Directive to expand the use of renewable energies. For this purpose, the Member States have to implement either a priority or guaranteed access to the grid. Furthermore, they can apply support schemes to economically incentivise electricity generation from offshore wind energy. The design of the support schemes, however, has been left to the discretion of the Member States. Consequently, the North Sea coastal states have implemented various instruments to promote electricity generation in the territorial seas and exclusive economic zones, in particular electricity generation in offshore wind energy. This variety of instruments may have the consequence of creating additional barriers to the development of an offshore grid in the North Sea.

1. Priority or guaranteed Grid Access

Art. 16 Sec. 2 of the Renewable Energies Directive provides for either a priority or a guaranteed access to the grid-system of electricity produced from renewable energy sources. There are different approaches to the interpretation of the term 'access'. Some Member States clearly differentiate between 'connection' as the technical linkage between a power plant and the grid on the one hand and 'access' as the usage of the grid by feeding in electricity on the other. Other states such as Great Britain and France have adopted a wider approach. In their national legal orders, the term 'access' comprises both the technical connection as well as the usage of the grid. The concept of access in Art. 16 Sec. 2 of the Renewable Energies Directive is to be broadly interpreted too, so that Member States are obliged to provide for a priority or a guaranteed connection *and* usage of the grid.

Whereas Member States such as Germany, the Netherlands, Denmark and Belgium have opted for the priority access, states such as Great Britain, Sweden and France have implemented a guaranteed access. The British system applies the so-called *connect and manage* approach. This means that the grid operator is obliged to connect the installation even if this requires an extension of the grid's capacity. From the German perspective, this does not establish a priority connection but rather a quasi-statutory, and therefore guaranteed, access.

With regards to the development of an offshore grid in the North Sea, the concept of priority grid access is preferable, as it ensures the marketing of offshore generated electricity, thereby also ensuring a constantly high demand for transmission capacities.

Considering that an efficient development of the North Seas offshore grid may require the connecting of wind farms to interconnectors by so-called tee-in connections, a further barrier results from the fact that the concept of priority access for electricity from renewable energies does not apply to interconnectors. This is due to a variety of reasons: Art. 16 of the European Regulation on cross-border exchanges in electricity, in conjunction with the congestion management guidelines in Annex 1 of that regulation, the framework guidelines on capacity allocation and congestion management (CACM Framework Guidelines) and the network code on capacity allocation and congestion management, which is still to be adopted, stipulate in detail how the capacity of interconnectors is to be allocated to market participants. The European target model for capacity allocation and congestion management regulates that transmission capacities of interconnectors have to be implicitly allocated by the electricity stock exchanges, on the basis of a so-called Market Coupling. The detailed set of rules for congestion management does not provide for priority access for renewable energies. When Market Coupling will be fully implemented between all participating states, explicit physical transmission rights which could be allocated on a priority basis to operators of particular generation plants will no longer exist. Furthermore, Art. 16 Sec. 2 of the Renewable Energies Directive only stipulates a priority access for renewable energies over conventionally generated electricity but not over cross-border trade. When applying European law, it cannot be argued that cross-border electricity transmission is considered less important than the feed-in of renewable energies. On the contrary, the Electricity Market Directive and the Regulation on cross-border exchanges in electricity focus on the completion of the European internal electricity market without deviating from this objective for the benefit of promoting renewable energies.

If offshore wind farms were directly connected to interconnectors with so-called tee-in connections as is being discussed with regards to the Cobra Cable, the existing legal framework would not allow interconnectors to be used primarily for transmission of offshore wind energy. Art. 2 Sec. 1 of the European Regulation on cross-border exchanges in electricity clearly defines what an interconnector is. The definition is not subject to discretion and there is no way to opt out from its application. If a cable is to be regarded as an interconnector, the requirements of Art. 16 of the regulation, in conjunction with the congestion management guidelines, the framework guidelines and the network code, have to be fulfilled automatically. A priority access for electricity from renewable energies is not provided for by these rules. Neither can it be implemented through contractual agreements, as this would lead to a conflict with the non-discrimination principle laid down in Art. 16 of the regulation. Therefore, operators of interconnectors would still have to allocate their transmission capacities to market participants according to the general rules for capacity allocation and congestion management. They could not give priority access to the operators of offshore wind farms connected to a certain interconnector. Therefore, it could not be guaranteed that electricity generated from offshore wind energy could be fully transmitted. Amendments to the existing legal framework are necessary to remove this barrier to the development of an offshore grid in the North Sea.

2. Economic Incentive Systems

North Sea coastal states have implemented various economic incentive systems to promote electricity generation from offshore wind energy and other renewable energies. In itself, the variety of these systems is a barrier to the development of a common grid infrastructure in the North Sea, as it might trigger detrimental competition between the North Sea coastal states on the development of offshore electricity generation capacities and grid connections. As previously outlined, the promotion acts of the North Sea coastal states only apply to domestic generation plants in their respective territorial sea or in the exclusive economic zone. Legally, this is not required, but it has been decided by the relevant national legislators for reasons of economic policy. The national focus of these policies bears the risk that the locations of offshore wind farms in the North Sea will be determined by the level of national support and not by their suitability for offshore electricity generation, because of e.g. good wind conditions. As a consequence, connection cables could also be inefficiently constructed – for example, over unnecessarily long distances.

Against this background, national objectives for the promotion of offshore generation capacities could lead to an inefficient development of offshore wind farms and offshore-grid infrastructure. This might endanger public acceptance for measures aiming at the development of such an offshore grid and pose a risk for the planning certainty of potential investors. A joint promotion system for offshore wind energy in the North Sea by multiple states could facilitate the development of offshore grid infrastructure while strictly adhering to economic criteria and ensure its cost-efficient and competitive development.

X. Barriers resulting from the direct selling of electricity

Whereas the German Renewable Energy Act obliges the grid operators to purchase electricity generated from renewable energies and provide for its marketing, the energy laws of the majority of the Northern Seas coastal states do not provide for such an instrument of indirect marketing. In these systems, it is mainly the wind farm operator who is responsible for selling the generated electricity. In those regimes, the question arises in which price zone the electricity can be sold. Considering that the North Sea offshore infrastructure can be efficiently developed by allowing wind farms to be connected to more than one transmission grid by either split connections or tee-in connections, it is necessary to assess whether the electricity can be sold in all possible price zones or only in one. This issue is not addressed by the existing legal framework, including the CACM Framework Guidelines. If wind farm operators were allowed to sell their electricity in all relevant zones, they may favour connecting their wind farms to more than one transmission grid in order to benefit from the choice where to sell their electricity. This may lead to unjustifiable disadvantages for conventionally connected wind farms and to barriers for an efficient development of the infrastructure.

XI. Barriers resulting from the current institutional framework

Barriers to the development of an integrated offshore grid infrastructure in the North Sea can also derive from outstanding institutional issues. A multilateral project such as the North Sea grid with far-reaching implications for generators, consumers, grid operators and other market participants can only be successful if duties and responsibilities are clearly defined. Generally, it is not necessary to define these responsibilities differently from those applicable to the planning and development of onshore grids. Art. 12 lit. a of the Electricity Market Directive obliges the TSOs to ensure the long-term ability of the system of meeting reasonable demands for the transmission of electricity. Moreover, the TSOs are obliged to operate, maintain and develop secure, reliable and efficient transmission systems under economic conditions. It is therefore the TSOs who are responsible for the development and expansion of electricity networks to meet both current and future demand. European secondary law does not differentiate between offshore and onshore grid infrastructure.

It is of the utmost importance that TSOs cooperate closely during the development of an offshore grid in the North Sea. The European TSOs cooperate on a bilateral basis as well as within the framework of the ENTSO-E. This kind of cooperation has a long tradition due to the fact that the European transmission grids have been operated as an integrated network since the 1950s. The fact that the ten-year network development plans, which ENTSO-E has presented, already cover a number of offshore-projects is indicative of the fact that the TSOs are willing to accept these common responsibilities. Against this background, it must be highly appreciated that, in 2012, ENTSO-E presented a Regional Investment Plan for the North Sea together with its network development plan for the first time.

According to Art. 38 of the Electricity Market Directive, the national regulatory authorities are also obliged to cooperate. They are responsible to oversee the whole grid infrastructure situated in the territory or in the exclusive economic zone of the relevant state. Given the fairly clear boundaries between the exclusive economic zones in the North Sea, the duties and responsibilities of national regulatory authorities are clearly divided between the authorities. As far as cross-border issues are concerned, as in the case of projects involving TSOs from more than one state, the relevant regulatory authorities are required by law to cooperate with each other. Art. 38 Sec. 3 of the Electricity Market Directive provides a legal basis for necessary cooperation agreements. Such cooperation agreements allow for the establishment of common and effective supervision. Thus, it is neither necessary to transfer the duties and responsibilities concerning regulatory supervision to the European Agency for the Cooperation of Energy Regulators (ACER), nor to establish a new regulator for the offshore-grid in the North Sea.

XII. Proposals for the further development of the regulatory framework

The following measures are recommended to remove the most severe barriers or reduce their detrimental impact regarding the development and expansion of offshore grid infrastructure in the North Sea.

1. Broadening of the grid connection obligation

If wind farm operators have the right to demand that their plants be connected to the grid according to the national energy law, they are usually only able to raise their claim against the operator of the energy supply network which has the shortest linear distance from the location of the generation plant. Operators of connecting cables and interconnectors are currently not under an obligation to connect generation plants, according neither to the national legal systems of the North Sea coastal states nor to the European regulatory regime which applies to cross-border trade in electricity.

Nor are operators of electricity supply networks in other states obliged to connect generation plants according to the current legal framework, not even in the case of a cross-border connection being technically or economically beneficial. The territoriality principle under international law does not allow putting grid operators abroad under an obligation to connect domestic electricity generation plants to their own grids. Conversely, from a legal point of view, there is no objection to putting a domestic grid operator under an obligation to connect generation plants abroad. If this was the case, wind farm operators could decide whether to demand a cross-border or a domestic connection. From a macro-economic perspective, only that connection to the electricity network which is at the shortest linear distance from the location of the generation plant can be economically efficient regardless of state boundaries. Broadening the national connecting regimes would therefore facilitate a cost-efficient development of an integrated offshore-grid in the North Sea. Furthermore, it should be considered whether to oblige operators of interconnectors to connect wind farms in the event that evaluations which are still to be conducted lead to the result that this is technically and economically feasible.

In the following years, several new interconnectors will be constructed and commence operation in the North Sea. Some of them, e.g. the Cobra Cable between Denmark and the Netherlands, will pass existing offshore wind farms or wind farms to be constructed. Considering this, it may prove to be economical to use capacities of interconnectors for the transport of offshore wind electricity either in part or principally. For this purpose, offshore wind farms would have to be connected to interconnectors. The so-called tee-in connections of offshore wind farms may be based either on voluntary agreement between the wind farm operators and the interconnector operators or on the basis of a statutory obligation to connect wind farms to interconnectors.

2. Coordination of Offshore Network Development Planning

In most North Sea coastal states the development of offshore grid infrastructure is the responsibility of the TSOs. All transmission grid operators are only active in one Member State with the exception of the Dutch TSO TenneT B.V. who also operates significant parts of the German transmission grid. These circumstances indicate the risk of an insufficient cross-border coordination of the network development planning. National authorities may not give sufficient consideration to the planning in other North Sea coastal states when making decisions on network development. Without a coordinated network development plan for the North Sea, the development of an offshore grid cannot be achieved. The European Network of Transmission System Operators (ENTSO-E) should be the leading institution. Given this, it is welcomed that ENTSO-E has presented a European Union-wide ten year network development plan as well as a regional investment plan for the North Sea area in 2012.

The instrument of a common network development plan should be further developed. Particularly, the identification of electricity transmission needs should be more closely coordinated between North Sea coastal states to ensure an efficient network expansion and avoid overcapacities. Furthermore, national regulatory authorities should be more strongly involved in the network planning to ensure planning and investment security for TSOs.

3. Amendments to the European Regulation on cross-border exchanges in electricity

If technical and economical evaluations lead to the result that direct connections of wind farms to interconnectors (tee-in connections) are feasible, an amendment to or an extension of the European regulation on cross-border exchanges in electricity ought to be considered. Art. 16 of this regulation clearly regulates how transmission capacity is to be used in the event of congestions. It is very unlikely that such congestions can be avoided in the existing and the planned North Sea interconnectors during the next years. According to Art. 16 of the European Regulation on cross-border exchanges in electricity, the capacity of interconnectors with congestions must be allocated to the market by applying non-discriminatory and market-based methods. The congestion guidelines laid down in Annex 1 of the Regulation, the CACM-Framework Guidelines which were adopted by the ACER in July 2011 and the CACM-Network Code presented by ENTSO-E in 2012 specify these requirements. Transmission capacities of interconnectors in the North Sea will in future be allocated on the basis of the so-called North-West European Market Coupling. This is a complex mechanism which allows the TSOs, together with the electricity stock exchanges to ensure that full use can be made of the capacity of interconnectors on the basis of daily demand for cross-border electricity supplies.

Art. 16 of the European Regulation on cross-border exchanges in electricity and other legal provisions relevant to congestion management do currently not allow using interconnectors primarily for the purpose of transmitting of offshore wind energy. According to Art. 16 of the regulation, the maximum capacity has to be offered to the market by applying the general principles for congestion management. The regulation only provides for certain exceptions so as to ensure network safety. A priority access for electricity from renewable energies has not been implemented by the regulation. The provisions of the European Regulation on cross-border exchanges in electricity take precedence over the Renewable Energies Directive as far as interconnectors are concerned, as the regulation fully regulates the use of interconnectors. Moreover, operators of generation plants connected to an interconnector are not able to buy physical transmission rights in the market, because the allocation of capacity will in future follow the implicit auctioning principle of the European target model for capacity allocation and congestion management.

The aforementioned barriers may be removed by an amendment to the European Regulation on cross-border exchanges in electricity. The purpose behind such an amendment would be to alleviate the strict requirements for congestion management regarding interconnectors. For this purpose, a further section could be added to Art. 16 of the Regulation to provide for an exemption for operators of interconnectors from the obligation to follow the principles of congestion management, in so far as the capacity of the relevant interconnector is to be used for the transmission of offshore wind energy. The provisions on capacity allocation would still apply if the capacity is not needed to transmit electricity from offshore wind energy, as for example in the absence of strong wind. It may be possible and appropriate to only adapt the Congestion Guidelines in Annex 1 of the regulation through the comitology procedure in order to implement the aforementioned amendments. The European legislator should thoroughly evaluate if such amendments have the ability to fulfil their purpose. Prioritising electricity generated from offshore wind energy may be required to ensure that operators of wind farms are willing to invest. On the other hand, it must be considered that interconnectors have a significant role regarding the cross-border trade in electricity and thereby contribute to the completion of the internal market in electricity. Interconnectors should therefore only be used as connecting cables if this does not impede cross-border competition.

Amending the definition of what an interconnector is could allow implementing a priority access for electricity produced in offshore wind farms connected to infrastructure which is currently to be regarded as an interconnector. The definition of an interconnector in the Regulation on cross-border exchanges in electricity could be narrowed to electrical lines between offshore-wind farms directly located beyond a national border. As a consequence, the infrastructure between offshore wind farms in the state's territory and onshore-infrastructure would not be regarded as an interconnector any longer. Instead it would be considered either a connection cable or (part of) a transmission grid that would be subject to the rules on priority or guaranteed grid access provided for by Art. 16 of the Renewables Directive. However, in the long run this option may lead to difficulties if the meshing of the infrastructure will be increased and if further wind farms beyond a national border will be build. In this case, the cable qualified as an interconnector would be shortened and the legal situation that applies to the rest of the cable would be changed in hindsight. The interconnector could then, for example, not be subject to regulatory exemptions any longer.

4. Amendments to national energy laws

States can only govern and apply their national law to the exclusive economic zones if they stipulate in the relevant act that the scope of its application shall be extended to the exclusive economic zone. Given that significant parts of the North

Sea infrastructure will be located in these exclusive economic zones, the North Sea coastal states ought to expressly extend the scope of application of their regulatory regimes to this area, as most states have done with regards to their support schemes.

Furthermore, the states should clarify that electricity generated by wind farms that are connected to more than one grid can be marketed only in a single price zone. It is recommended to select the price zone, which the wind farm is to be located in, by referring to its geographic position. This means that direct marketing of offshore generated electricity would be organised under the same structure as direct marketing of onshore generated electricity.

5. Harmonisation of national promotion systems for offshore generation

The North Sea coastal states should consider partly harmonising their systems for promoting the development of renewable energies in order to avoid the creation of contradictory incentives by their various national promotion systems. Art. 7 of the Renewable Energies Directive expressly allows Member States to implement joint promotion systems. Sweden has implemented such a joint scheme with Norway which is associated to the internal market of the EU and which is therefore subject to European energy law. At first, the regulatory framework for an offshore network in the North Sea could be improved by harmonising only the national instruments for promoting electricity generation from offshore wind energy.

The promotion of domestic generation through offshore wind energy is only in line with EU law if it does not significantly impede the principles of the internal electricity market due to its potentially discriminatory character. The foreclosure of a national market cannot be justified on the basis of the *Preußen-Elektra* judgment of the European Court of Justice. The ECJ clearly stated that a limitation on the principle of free movement of goods by the discriminatory German promotion system has only been justified by the principle of environmental protection. However, the impediment was deemed not to be significant, considering the small number of quantities of electricity from renewable energies at the time. It can be argued that national promotion systems which discriminate against undertakings in other Member States are in line with EU law if the quantities which are subject to the promotion system do not exceed, in any calendar year, 15 % of the overall primary energy in the relevant state. This derives from Art. 15 Sec. 4 of the European Electricity Market Directive. However, European secondary law does not allow for a more significant limitation of the principle of free movement of goods to achieve environmental and climate policy objectives. Therefore, the Renewable Energies Directive cannot legitimate discriminatory promotion systems which lead to a complete foreclosure of national electricity markets. The respective harmonising act would fail to fulfil the objective of the internal market and would instead lead to the dominance of national climate protection objectives. However, Art. 194 TFEU requires the development of energy policy concepts which balance both the common internal market objective and the climate protection objective.

It does not seem possible to justify a limitation on the principle of free movement of goods by national discriminatory promotion systems on the basis of Art. 3 Sec. 3 of the Renewable Energies Directive, either. This provision seems to leave it to the discretion of the Member States to decide whether or not they want to promote electricity generated abroad. However, the variety of provisions in the European Electricity Market Directive and in the Regulation on cross-border exchanges in electricity, obliging Member States to open their national electricity markets in a non-discriminatory manner, in addition to the principle of free movements of goods in primary law, clearly do not allow a foreclosure of national markets.

The promotion of renewable energies has to be in line with the principle of the internal electricity market according to Art. 194 Sec. 1 TFEU and the Electricity Market Directive. National provisions aimed at the protection of consumers, the environment and public health as well as national state aids must not alleviate the practical effects of provisions on the internal market and competition. In its energy strategy 2020, the European Commission has clearly interpreted the European Treaties' internal market objective as aiming for the development of a completely integrated internal energy market, enabling electricity to cross borders without restrictions, regardless of the type of electricity generation – be it fossil, nuclear fired or renewable energies. The third energy package allows for and further ensures the generation of electricity from various sources while taking into account free competition and a secure energy supply under a regime of effective competition.

6. Further development of the institutional framework

By gradually expanding the North Sea's offshore grid infrastructure, its actual development can only be achieved if duties and responsibilities are clearly divided. In accordance with the division of duties and responsibilities with regards to onshore facilities, the TSOs and ENTSO-E should also play the most significant role regarding the planning, development and operation of the offshore network. Art. 12 lit. a of the Electricity Market Directive requires TSOs to ensure the long-term ability of the system to meet reasonable demands for the transmission of electricity, as well as the operation, maintenance and development of secure, reliable and efficient transmission systems under economic conditions. It is therefore the TSOs who have to ensure that transmission grids will be expanded in accordance with both current and future demand. In doing so, the TSOs have to closely coordinate their work, as it is already being done inter alia by ENTSO-E.

The regulatory supervision of an offshore grid should largely be subject to the same legal framework as the oversight of onshore electricity supply networks. Art. 38 Sec. 1 lit. b of the Electricity Market Directive primarily obliges the national regulatory authorities to ensure that the TSOs and the owners of the network fulfil their legal obligations, particularly with regards to cross-border issues. Art. 38 of the Electricity Market Directive clearly stipulates that the national regulatory authorities are also responsible for cross-border issues. They have to cooperate with other national regulatory authorities at regional level. For this purpose, they have the right to enter into cooperative arrangements with each other. This allows for an efficient execution of a common regulatory review by several regulatory authorities which can be as effective as the regulation by one supranational institution.

It is therefore not necessary to transfer regulatory duties and responsibilities to the European Agency for Cooperation between Energy Regulators (ACER) or even to establish a new regulatory body for the offshore grid in the North Sea. ACER's duties are more or less limited to the status of an observer in terms of the development of the offshore grid infrastructure, according to Article 9 of the regulation on cross-border exchanges in electricity. ACER exercises executive functions mainly regarding access to interconnectors and their safety. According to Art. 8 of the ACER-Regulation, ACER can take decisions if the competent national regulatory authorities have not been able to reach an agreement within a period of six months or if they request a decision. This right can, on a case-by-case basis, prove an effective means to accelerate the decision-making process of the national regulatory authorities. However, it also shows that ACER has limited original powers, even with regard to cross-border issues. This supports the finding that the regulatory supervision of an offshore-grid in the North Sea must primarily be carried out by the national regulatory authorities.

XIII. Conclusion

A common cross-border offshore infrastructure would significantly contribute to the completion of a fully integrated electricity market. However, EU law does not contain detailed provisions on the construction and expansion of cross-border offshore grid infrastructure and generation of electricity from offshore wind energy. The regulatory regimes of the North Sea coastal states are thus so far essential for the development and expansion of the offshore grid infrastructure. These regulatory regimes provide, for instance, for the conditions under which operators of offshore grid infrastructure are required to expand their grids, connect installations and grant access to their grids. Furthermore, they stipulate under which conditions costs of grid operation and expansion may be passed on to the grid users. The design of the regulatory regimes thus determines the profitability of investments in offshore grid infrastructure. In a market-based electricity supply system, economic incentives for such investments are indispensable in order to ensure that undertakings follow the overall objectives of the European energy policy. However, the regulatory frameworks of the North Sea coastal states for the development and expansion of offshore infrastructure vary. Although the European Electricity Directive, the Renewable Energies Directive and the Regulation on cross-border exchanges in electricity provide a common legal basis concerning issues of grid connection, grid access and operational security, this secondary European legislation leaves some of the key issues of regulation up to the discretion of the Member States. National measures therefore bear the danger of impeding the objectives of European energy policy if they are not sufficiently coordinated.

The North Sea coastal states currently apply varying measures to varying degrees in order to promote the development of offshore infrastructure. This can hinder an efficient network development. The states will therefore face the challenge of supporting what is technically feasible by an appropriate national legal framework. This primarily requires a close coordination of the regulatory authorities and grid operators involved, as well as the willingness of these actors to align national regulatory approaches, so that existing legal disparities do not prove to be barriers to the technically feasible development and expansion of infrastructure in the North Sea.

This evaluation has highlighted the most severe barriers resulting from the current legal framework. Art. 16 Sec. 2 of the Renewable-Energies-Directive, for example, has been implemented in different ways by each Member State. The article provides for either priority or guaranteed access to the grid system of electricity produced from renewable energy sources, including the connection of the plants to the grid. The plurality of the grid connection regimes brings about several barriers to the development of offshore infrastructure in the North Sea. All of the barriers related to the grid access, including the connection of the wind farms, will impede a cost-efficient development of the grid.

Furthermore, this evaluation has shown that the North Sea coastal states have implemented different measures of varying intensity to promote electricity generation in their territorial seas and their exclusive economic zones, in particular the generation of electricity in offshore wind farms. The measures range from market-based approaches, as in Great Britain, to strongly regulated concepts, as in Germany. Moreover, the picture is just as mixed with regard to the design of the incentive schemes, set up to encourage investments in offshore network infrastructure. Most states incentivise investments through the regulation of grid access charges, for example by means of approved investment budgets in incentive-based regulatory regimes. Furthermore, some North Sea coastal states use State aids, public loans, guarantees, tax benefits or limitations of liability to promote the construction and expansion of offshore grid infrastructure. With regards to details, the picture is also mixed. A "small-state-mentality" concerning the regulatory questions raised would unnecessarily impede an efficient development and operation of the planned offshore infrastructure.

The aforementioned approaches to and proposals for the development of the necessary legal framework encompass the broadening of the national connection regimes, the implementation of the obligation for operators of interconnectors to connect generation plants, an enhanced common network development planning, as well as a minimum level of harmonisation of the existing promotion systems for renewable energy. In terms of the institutional design, coordination by the regulatory authorities is more preferable than the establishment of a supranational regulatory institution. Extending or amending the existing legislation, as well as cooperation agreements can serve as appropriate instruments. If the North Sea coastal states work together cooperatively, this can lead to the development of a regulatory framework which ensures an efficient development and competition-based operation of the North Sea offshore grid.

Literaturverzeichnis

3E/dena/EWEA/ForWind/IEO/NTUA/Senergy/SINTEF, Offshore Electricity Grid Infrastructure in Europe, Final Report, 2011

50Hertz/Energienet.dk/Svenska Kraftnät, Kriegers Flak Combined Grid Solution, Feasibility Study, Final Report, 24.2.2010

Aarts/Van Zijtveld, Netherlands: renewable energy – the promotion of electricity from renewable energy sources in: International Energy Law & Taxation Review 2007, S. 216 ff.

Baur, Jürgen F./Salje, Peter/Schmidt-Preuß, Matthias (Hrsg.), Regulierung in der Energiewirtschaft, 2011

Bettzüge, Marc/Kesting, Stefanie, Ökonomische Grundlagen der Regulierung von Energienetzen, in: Baur, Jürgen F./Salje, Peter/Schmidt-Preuß, Matthias (Hrsg.), Regulierung in der Energiewirtschaft, 2011

BET, Technische Optionen zur Verbindung von Offshore-HGÜ-Kopfstationen und deren wirtschaftliche Implikation, Kurzgutachten, 2012

Böttcher, Lief, Das Meer als Rechtsraum – Anwendbarkeit deutschen Sachenrechts auf Offshore-Windkraftanlagen und Möglichkeiten der Kreditsicherung, RNotZ 2011, S. 589, 590 ff.

Britz, Gabriele, Klimaschutzmaßnahmen der EU und der Mitgliedstaaten im Spannungsfeld von Klimaschutz und Binnenmarkt in: Schulze-Fieltiz, Helmuth/Müller, Thorsten (Hrsg.), Europäisches Klimaschutzrecht, 2009, S. 71 ff.

Bundesnetzagentur, Leitfaden zu Investitionsmaßnahmen nach § 23 ARegV, 28.2.2012

Bundesregierung, Energiekonzept für eine umweltschonende, zuverlässige und bezahlbare Energieversorgung, 28.9.2010

Cloppenburg, Jürgen, Die Lieferung und Errichtung sowie Wartung von On- und Offshore-Windenergieanlagen, ZfBR-Sonderausgabe 2012, S. 3 ff.

Cremer, Wolfram, Staatlich geförderter Klimaschutz und Gemeinschaftsrecht – Sind das Erneuerbare-Energien-Gesetz (EEG) und das Kraft-Wärme-Kopplungsgesetz (KWKG) seit dem 1.7.2007 gemeinschaftsrechtswidrig?, EuZW 2007, S. 591 ff.

Cremer, Wolfram/Pielow, Johann-Christian, Probleme und Perspektiven im Energieumweltrecht, 2010

EirGrid, Offshore Grid Study, Executive Report, 2011
ENTSO-E, Ten-Year Network Development Plan 2010–2020, 28.6.2010
ENTSO-E, Regional Investment Plan North Sea, 5.7.2012
Erk, Claudia, Die künftige Vereinbarkeit der EEG mit Verfassungs- und Europarecht, 2008
Europäische Kommission, Eine Strategie für wettbewerbsfähige, nachhaltige und sichere Energie 2020, 10.11.2010, KOM(2010) 639 endg.
Europäische Kommission, Erneuerbare Energien: Fortschritte auf dem Weg zum Ziel für 2020, 31.1.2011, KOM(2011) 31 endg.
Europäische Kommission, Bericht über die Durchführung des Europäischen Energieprogramms zur Konjunkturbelebung v. 20.4.2011, KOM (2011) 217 endg.
Europäische Kommission, Vorschlag für eine Verordnung des Europäischen Parlaments und des Rates zu Leitlinien für die transeuropäische Energieinfrastruktur und zur Aufhebung der Entscheidung 1364/2006, 19.10.2011, KOM(2011) 658 endg.
Europäische Kommission, Vorschlag für eine Verordnung des Europäischen Parlaments und des Rates zur Schaffung der Fazilität „Connecting Europe“, 19.10.2011, KOM(2011) 665 endg.
Europäische Kommission, Energiefahrplan 2050, 15.12.2011, KOM(2011) 885 endg.
Europäische Kommission, Erneuerbare Energien: ein wichtiger Faktor auf dem europäischen Energiemarkt, 6.6.2012, KOM(2012) 271 endg.
Europäische Kommission, Ein funktionierender Energiebinnenmarkt, 15.11.2012, KOM(2012) 663 endg.
EWEA, Oceans of Opportunity, Harnessing Europe's largest domestic energy resource, 2009
EWEA, Pure Power – Wind energy targets for 2020 and 2030, 2011
Frenz, Walter/Müggenborg, Hans-Jürgen (Hrsg.), Erneuerbare-Energien-Gesetz Kommentar, 2. Aufl. 2011
Hammer, Ulf, The Role of Energy Networks in Facilitating the Production and Use of Renewable Sources in Norway, in: Roggenkamp, Martha M./Baarera-Hernández, Lila/Zillmann, Donald N./Del Guayo, Inigo (Hrsg.), Energy Networks and the Law, 2012, S. 205 ff.
Haucap, Justus/Kühling, Jürgen, Zeit für eine grundlegende Reform der EEG-Förderung – das Quotenmodell, Ordnungspolitsche Perspektiven Nr. 33, November 2012
Hille, Sven Alexander/Schröder, Christoph/Dettmer, Michael/Visser, Marco, Offshore-Windkraftanlagen – Haftung und Haftpflichtversicherung, VersR 2010, S. 585 ff.

Ipsen, Knut, Völkerrecht, 5. Aufl. 2005

Isensee, Josef/Kirchhof, Paul, Handbuch des Staatsrechts der Bundesrepublik Deutschland, Band I, Grundlagen von Staat und Verfassung, 1987

Kindler, Johannes, Die erneuerbaren Energien und der europäische Energiemarkt, Vortrag auf der Konferenz „Eineinhalb Jahre EEG-Strom an der Börse", 12.7.2011

Knieps, Günter, Wettbewerbsökonomie, 2008

König, Carsten, Die Haftung der Übertragungsnetzbetreiber für den verzögerten Netzanschluss von Offshore-Windenergieanlagen, ZNER 2013, S. 113 ff.

König, Carsten, Die Pflicht zur Umsetzung eines Market Splittings in Deutschland, EnWZ 2013, S. 451 ff.

König, Carsten, Engpassmanagement in der deutschen und europäischen Elektrizitätsversorgung, 2013

Linnemann, Christian/Drees, Tim/Moser, Albert, Supergrid in der Nordsee – technisch-wirtschaftliche Bewertung von Netzstrukturen, ET 2011, Heft 9, S. 38 ff.

Ludwigs, Markus, Die Energierechtsgesetzgebung der EU zwischen Binnenmarkt und Klimaschutz, ZG 2010, S. 222 ff.

McHarg, Aileen, Evolution and Revolution in British Energy Network Regulation: From RPI-X to RIIO in: Roggenkamp, Martha M./Baarera-Hernández, Lila/Zillmann, Donald N./Del Guayo, Inigo (Hrsg.), Energy Networks and the Law, 2012, S. 313 ff.

Monopolkommission, Sondergutachten Energie 2011

Müller, Thorsten in: Cremer, Wolfram/Pielow, Johann-Christian, Probleme und Perspektiven im Energieumweltrecht, 2010, S. 142 ff.

Ofgem, Electricity interconnector policy, 26.1.2010

Ofgem, RIIO, A New Way to Regulate Energy Networks: Final Decision 2010

Ofgem, CREG, Cap and floor regime for regulation of project NEMO and future subsea interconnectors, 20.12.2011

Ofgem, RIIO-T1: Initial Proposals for National Grid Electricity Transmission and National Grid Gas, 27.2.2012

Ofgem, Proposed interest during construction approach for offshore transmission and Project NEMO, 18.10.2013

Rat der Europäischen Union, Schlussfolgerungen zu Erneuerbaren Energien, 3.12.2012

Reichert-Clauß, Andrea, Reformpotentiale und Überlegungen zu einer einheitlichen Regulierungsbehörde, 2002

Reshöft, Jan (Hrsg.), Erneuerbare-Energien-Gesetz, 3. Aufl. 2009

Roggenkamp, Martha M./Hendriks, Ralph L./Ummels, Bart C./Kling, Wil L., Market and regulatory aspects of trans-national offshore electricity networks for wind power interconnection in: Wind Energy 2010, 13, S. 483 ff.

Roggenkamp, Martha M./Baarera-Hernández, Lila/Zillmann, Donald N./Del Guayo, Inigo (Hrsg.), Energy Networks and the Law, 2012

Säcker, Franz-Jürgen/Meinzenbach, Jörg, Der Effizienzmaßstab des § 21 Abs. 2 EnWG im System der energierechtlichen Netzentgeltregulierung, RdE 2009, S. 1 ff.

Säcker, Franz-Jürgen, Die wettbewerbsorientierte Anreizregulierung von Netzwirtschaften, N&R 2009, S. 78 ff.

Säcker, Franz-Jürgen, Die Europäisierung des Energie-Umweltschutzrechts als nicht länger aufschiebbare Aufgabe, in: EWERK-Sonderausgabe im Gedenken an H. Scheer, 2011, S. 27 ff.

Säcker, Franz-Jürgen, The promotion of renewable energies in Germany and its compatibility with the Third Energy Package, 2013

Säcker, Franz-Jürgen, Der Umbau der Übertragungsnetze unter dem Regime der Anreizregulierung, in: Müller, Thorsten (Hrsg.), Schriften zum Umweltenergierecht Nr. 10, 20 Jahre Recht der Erneuerbaren Energien, 2012, S. 744 ff.

Scholz, Lydia, Die Rechtfertigung von diskriminierenden umweltpolitischen Steuerungsinstrumenten, 2011

Schulze-Fielitz, Helmuth/Müller, Thorsten (Hrsg.), Europäisches Klimaschutzrecht, 2009

Stein, Torsten/von Buttlar, Christian, Völkerrecht, 12. Aufl. 2009

TenneT TSO GmbH, SylWin1 – 160 km langes Seekabel zum Anschluss von Windparks vor Sylt, Informationsblatt

Toke, David, The UK offshore wind power programme: A sea-change in UK energy policy, Energy Policy 39 (2011), S. 529 ff.

The North Seas Countries Offshore Grid Initiative, Initial Findings, Working Group 1: Grid Configuration, 16.11.2012

The North Seas Countries Offshore Grid Initiative, WG 2, Deliverable 1, Final Report, Januar 2012

United Kingdom, DECC. UK Renewable Energy Roadmap, 2011

Weigt, Jürgen, Die Förderung der Stromerzeugung aus erneuerbaren Energien in der EU, 2009

Woolley, Olivia/Schaumberg, Peter/St. Michel, Graham, Establishing an Offshore Electricity Grid: A Legal Analysis of Grid Development in the North Sea and US Waters in: Roggenkamp, Martha M./Baarera-Hernández, Lila/Zillmann, Donald N./Del Guayo, Inigo (Hrsg.), Energy Network and the Law, 2012, S. 180 ff.

Veröffentlichungen des Instituts für deutsches und europäisches Wirtschafts-, Wettbewerbs- und Regulierungsrecht der Freien Universität Berlin

Herausgegeben von Franz Jürgen Säcker

Band 1 Franz Jürgen Säcker (Hrsg.): Deutsch-russisches Energie- und Bergrecht im Vergleich. Ergebnisse einer Arbeitstagung vom 31. März / 1. April 2006. 2007.

Band 2 Franz Jürgen Säcker / Walther Busse von Colbe (Hrsg.): Wettbewerbsfördernde Anreizregulierung. Zum Anreizregulierungsbericht der Bundesnetzagentur vom 30. Juni 2006. 2007.

Band 3 Dirk Zschenderlein: Die Gleichbehandlung der Aktionäre bei der Auskunftserteilung in der Aktiengesellschaft. Zum Problem der Zulässigkeit der Weitergabe von Informationen an einzelne Aktionäre und Dritte. 2007.

Band 4 Simone Kirchhain: Die Anwendung der Vertikal-GVO auf innerstaatliche Wettbewerbsbeschränkungen nach der 7. GWB-Novelle. 2007.

Band 5 Franz Jürgen Säcker: Der Independent System Operator. Ein neues institutionelles Design für Netzbetreiber? 2007.

Band 6 Stefanie Otto: Allgemeininteressen im neuen UWG. § 1 S. 2 UWG und die wettbewerbsfunktionale Auslegung. 2007.

Band 7 Jochen Eichler: Vertragliche Dritthaftung. Eine Auseinandersetzung mit der Frage der Dritthaftung von sogenannten Experten und anderen Auskunftspersonen im Rahmen des § 311 Abs. 3 BGB. 2007.

Band 8 Markela Stamati: Die Anforderungen der operationellen Entflechtung nach den Beschleunigungsrichtlinien der Europäischen Kommission. Umsetzung in Deutschland und Griechenland. 2008.

Band 9 Franz Jürgen Säcker: The Concept of the Relevant Product Market. Between Demand-Side Substitutability and Supply-Side - Substitutability in Competition Law. 2008.

Band 10 Renate Rabensdorf: Die Durchgriffshaftung im deutschen und russischen Recht der Kapitalgesellschaften. Eine rechtsvergleichende Untersuchung. 2009.

Band 11 Franz Jürgen Säcker: Der beschleunigte Ausbau der Höchstspannungsnetze als Rechtsproblem. Erläutert am Beispiel der 380-kV-Höchstspannungsleitung Lauchstädt – Redwitz – Grafenrheinfeld mit Querung des Rennsteigs im Naturpark Thüringer Wald. 2009.

Band 12 Helen Mahne: Eigentum an Versorgungsleitungen. 2009.

Band 13 Franz Jürgen Säcker (Hrsg.): Russisches Energierecht - Gesetzessammlung. 2009.

Band 14 Franz Jürgen Säcker / Maik Wolf: Integrierte Energieversorgung in geschlossenen Verteilernetzen. Zum Gestaltungsspielraum des Gesetzgebers zur Neuregelung des § 110 EnWG im Lichte des Dritten EG-Energiepakets. 2009.

Band 15 Franz Jürgen Säcker (Hrsg.): Das Dritte Energiepaket für den Gasbereich. Deutsch-Englische Textausgabe mit einer Einführung. 2009.

Band 16 Franz Jürgen Säcker (Hrsg.): Das Dritte Energiepaket für den Elektrizitätsbereich. Deutsch-Englische Textausgabe mit einer Einführung. 2009.

Band 17 Thomas Dörmer: Die Unternehmenspacht. Rechtsstellung der Vertragsparteien unter besonderer Berücksichtigung der Pflicht des Unternehmenspächters zur ordnungsgemäßen Unternehmensführung sowie der Rechtslage bei Vertragsbeendigung. 2010.

Band 18 Klaas Bosch: Die Kontrolldichte der gerichtlichen Überprüfung von Marktregulierungsentscheidungen der Bundesnetzagentur nach dem Telekommunikationsgesetz. 2010.

Band 19 Geng-Sook Leem: Einheitliche Corporate Governance-Grundsätze für die Europäische Aktiengesellschaft (SE). Eine rechtsvergleichende Untersuchung anhand der Ausgestaltung der SE im deutschen und britischen Recht. 2010.

Band 20 Wiebke Gebhardt: Gentechnik und Koexistenz nach der Gesetzesnovelle von 2008: Zivilrechtliche Haftung im Vergleich Deutschland und USA. 2010.

Band 21 Cathrin Isenberg: Die Geruchsmarke als Gemeinschaftsmarke. Schutzfähigkeit und Einsatzmöglichkeiten. 2010.

Band 22 Franz Jürgen Säcker / Jochen Mohr / Maik Wolf: Konzessionsverträge im System des europäischen und deutschen Wettbewerbsrechts. 2011.

Band 23 Judith Antonia Loeck: Die unzumutbare Belästigung nach der UWG Novelle 2008 und dem Gesetz zur Bekämpfung unerlaubter Telefonwerbung und zur Verbesserung des Verbraucherschutzes bei besonderen Betriebsformen. 2011.

Band 24 Jörg Jaecks: Konzernverrechnungsklauseln und verwandte einseitige Verrechnungsbefugnisse im Mehrpersonenverhältnis. 2011.

Band 25 Franz Jürgen Säcker: Marktabgrenzung, Marktbeherrschung, Markttransparenz und Machtmissbrauch auf den Großhandelsmärkten für Elektrizität. 2011.

Band 26 Susanne Wende: Die einheitliche Auslegung von Beihilfen- und Vergaberecht als Teilgebiete des europäischen Wettbewerbsrechts. 2011.

Band 27 Leonie Kempel: Die Anwendung von Art. 102 AEUV auf geistiges Eigentum und Sacheigentum. Die Voraussetzungen des Kontrahierungszwangs nach Art. 102 AEUV und der Essential-Facility-Doktrin unter besonderer Berücksichtigung der Unterschiede zwischen geistigem Eigentum und Sacheigentum. 2011.

Band 28 Christoph Schuldt: Werbejingles – schützenswerte Kompositionen!? Die urheberrechtliche und markenrechtliche Schutzfähigkeit von Werbejingles vor unbefugter Nachahmung. 2012.

Band 29 Lydia Scholz: Die Rechtfertigung von diskriminierenden umweltpolitischen Steuerungsinstrumenten. Eine Untersuchung der Reichweite der Warenverkehrsfreiheit und ihrer Begrenzung durch den Umweltschutz als Vertragsziel am Beispiel der deutschen Energiefördergesetze EEG und KWKModG. 2012.

Band 30 Franz Jürgen Säcker: Investitionen in Kraftwerke zur Sicherung einer zuverlässigen Elektrizitätsversorgung nach der Energiewende. Rechtliche und ökonomische Rahmenbedingungen. 2012.

Band 31 Florian Leib: Kartellrechtliche Durchsetzungsstrategien in der Europäischen Union, den USA und Deutschland. Eine rechtsvergleichende Darstellung. 2012.

Band 32 Holger Hoch: Marktverschlusseffekte und Effizienzen vertikaler Zusammenschlüsse. Kartellrechtliche Beurteilung nach europäischem und deutschem Recht. 2012.

Band 33 Sebastian Kemper: Gasnetzzugang in Deutschland und in Spanien. 2012.

Band 34 Elena Timofeeva: Unbundling in der russischen Elektrizitätswirtschaft im Vergleich zum deutschen und europäischen Energierecht. 2012.

Band 35 Gisela Drozella / Harald Krebs: Marktbeherrschung im Bereich Stromerzeugung / Stromgroßhandel. Eine kritische Analyse der neueren Sicht des Bundeskartellamts. 2013.

Band 36 Christian Rehm: Die Einzel- und Gesamtverantwortung der Vorstandsmitglieder der Aktiengesellschaft. Die Verantwortung für die Leitung und Geschäftsführung im mehrköpfigen Vorstand in der unabhängigen und der herrschenden AG. 2013.

Band 37 Ann-Christin Richter: Mengen- und umsatzbezogene Rabatte marktbeherrschender Unternehmen in den Grenzen des Art. 102 AEUV. 2013.

Band 38 Nikolaos Pitsos: Die erhebliche Behinderung des wirksamen Wettbewerbs (SIEC-Test) im Fusionskontrollrecht. Zugleich ein Beitrag zur Problematik der oligopolistischen Marktbeherrschung unter Vergleich mit dem amerikanischen SLC-Test. 2013.

Band 39 Mirko Heinemann: Das Markenzeichen als Anknüpfungspunkt des Markenimages. 2013.

Band 40 Sylvia Lorenz: Der Immaterialgüterschutz virtueller Ladengeschäfte. Ein Vorschlag für die rechtliche Erfassung virtueller Güter. 2014.

Band 41 Anke Reimers: Wettbewerbsrechtliche und regulatorische Analyse der Kapazitätenvergabe an Grenzkuppelstellen im Elektrizitätsbinnenmarkt. 2014.

Band 42 Franz Jürgen Säcker / Carsten König / Lydia Scholz: Der regulierungsrechtliche Rahmen für ein Offshore-Stromnetz in der Nordsee. 2014.

www.peterlang.com